LUMINAIRE

光启

守望思想　逐光启航

阿拉伯人的大航海

Arab Seafaring

In the Indian Ocean in Ancient and Early Medieval Times

从古代到中世纪早期

[英]乔治·胡拉尼——著
[英]约翰·卡斯威尔——修订
孙博——译

上海人民出版社　光启书局

总 序

刘 东　刘迎胜

自石器时代人类散布于世界各地以来,由于地理和区隔的作用和自然禀赋的差异,不同人群沿着各自的社会轨迹运行,发展出不同的文明。

"丝绸之路"这个词背后所含的意义,主要是指近代以前各国、各民族间的跨文化交往。从地理上看,中国并非如其字面意义所表示的"天下之中",而是僻处于旧大陆的东部,与世界其他主要文明中心,如环地中海地区与南亚次大陆相距非常遥远,在20世纪初人类发明航空器以前很长时期内,各国、各民族间的交往只有海陆两途。

讲起"丝绸之路",很多读者也许会认为中国是当然的主人和中心。其实,有东就有西,既然讲交往,就有己方与对方之别,因此以"大秦"所代表的古希腊、罗马等东地中海世界,以印度所代表的佛教文明,以大食为代表的伊斯兰文明,在汉文语境中一直是古代东西远距离交流中主要的"西方"和"他者"。

"东方"与"西方"之间并非无人地带,沿陆路,若取道蒙古高原和欧亚草原,会途经各游牧部落和草原城镇,若择路沙漠绿洲，则须取径西域诸地、"胡"、"波斯"和"大食"等概念涵盖的中亚、西亚；而循走海路，则必航经南海、东南亚和北印度洋沿岸与海中名称各异的诸番国——它们不仅是东西交通的中继处，那里的人民本身也是跨文明交往的参与者。而东西交往的陆路（transcontinental routes）和海路（maritime routes）研究，正是我们这套丛书的主题。

东西交往研究关注的不仅是丝路的起点与终点，同时也涉及陆海沿线与之相联系的地区与民族。自司马迁编《史记》时撰《匈奴传》《朝鲜传》与《西南夷》之始，古代中国的史学就形成了将周边地区纳入历史书写的传统。同时，由于历史上的中国作为一个亚洲大国，其疆域北界朔漠以远，南邻东南亚与印度次大陆，西接内陆亚洲，因而依我们的眼界而论，汉文与边疆民族文字史料对丝路沿线地域的记载，既是"他者"性质的描述，在某种程度上也是一种"在地化"的史料。而地中海世界的文明古国希腊和罗马，以及中世纪的欧洲也与东方有着密切的联系，因而欧洲古典文明研究中原本就包含了对古波斯、埃及、红海与北印度洋以及中世纪中近东交往的探索。"文艺复兴"与"大航海"以后，随着殖民主义的扩张，欧洲人与东方的联系更为密切，"东方学"（Oriental Studies）也因之兴起。

记录东西交往的史料，以东方的汉文世界与西方的希腊、罗马（古典时期）和伊斯兰（中世纪）为大宗，还包括居于东西之间的粟特、突厥和蒙古等文字材料。进入20世纪，丝路沿线地区发现与发掘了许多古遗址，出土了大量文物与古文书。新材料的发现为丝路研究注入了新动力。20世纪后半叶以来，随着民族解放运动的发展，亚非国家学界对自身历史与文化研究的也发展起来，学者们通常将中国史料与西方史料视为"他者"视角的记载，在运用东、西史料时，则以"在地化"的视角加以解释。日本明治以后师法欧洲形成的"东洋学"，也是一种以"他者"视角为中心的学问，而与中国有所区别。所以从整体而言，东西交流史研究涉及地域广，时间跨度长，有关民族与语言各异，出版物众多，是其重要的特点。

20世纪以来，在我国新史学形成的过程中，中西交流研究也有了长足的进步。有汇集汉文史料与将欧洲学者研究集中介绍入华者，如张星烺；有以译介欧洲汉学成果为主者，如冯承钧；有深入专题研究者，如向达。他们都是与西方学界有较密切关系的学者。而我国当代学界主流，迄今研究所据史料以汉文或边疆民族文献为主，受关注较多者基本为国内的遗址与文物，引述与参考的大致限于国内学术出版物的特点是明显的，换而言之，我们的话语多聚焦于东西交往的中国一端，对丝路沿线国家的史料、遗址、文物及研究团体和学者知之甚少，而对欧美日等发达国家同行的新近成果、研究进展以及学术动向也不够了解。这不仅与我国当今的国际地位不符，也不利于提升我国学术界在世界的话语权。因此东西文化交流的研究如欲进一步发展，就应花大气力填补知识盲点，不但要借鉴欧美日学术同行的成果，也需不断跟踪与了解丝路沿线国家的考古新发现与本地学者的研究。

我们希望通过这部丛书，逐步将国外与丝路研究有关的重要学术著述与史料引入国内，冀他山之石能化为探索未知和深化研究之利器，也相信将有助于我国学界拓宽视野，能促进新一代学人登上更高的台阶。

致莱洛

我曾目睹旧船航行,
　如沉睡的天鹅,
　静静划开水面。

　　　　　　——J. E. 弗莱克:《旧船》

目 录

译者序 ··· 1
修订版介绍 ··· 8
序 ··· 11

第一章 前伊斯兰时期的贸易路线 ····················· 1
  史前史与地理学 ································· 3
  亚历山大东征之前的东方 ························· 5
  希腊化和罗马时期的波斯湾 ······················· 11
  希腊化和罗马时期的红海 ························· 17
  萨珊帝国和拜占庭帝国时期 ······················· 40
  附录：前伊斯兰时代波斯湾与中国之间的直航 ········ 50

第二章 哈里发统治时期的贸易路线 ··················· 67
  伊斯兰扩张的总体结果 ··························· 69
  阿拉伯人在地中海的活动 ························· 71
  波斯和阿拉伯与远东的海上贸易 ··················· 80
  东非和阿拉伯海岸 ······························· 99

  后期时代·· 105

第三章　船舶·· 117
  总论·· 119
  船体及船上设备·· 120
  船桅和船帆·· 133
  航海和海上生活·· 139
  附录：四个海上故事·· 148

第一章注释·· 168
第二章注释·· 188
第三章注释·· 206

参考文献·· 216
索　引·· 235

译者序

阿拉伯人的航海史是一部跨越千年的海洋文明史诗。早在前伊斯兰时期，阿拉伯半岛南部的绿洲与港口（如阿曼和亚丁）便成为航海据点，早期操闪米特语族诸语言的阿拉伯先民通过掌握印度洋的季风规律，开创了从波斯湾直航印度西海岸的壮举，并发展出独特的拉丁帆（三角纵帆）技术，显著提升了迎风航行能力。至 7 世纪伊斯兰教兴起，阿拉伯人进一步整合波斯、印度及希腊的航海智慧，将贸易网络扩张至巅峰：东至中国泉州、广州（唐代"蕃坊"见证其活跃），西达东非桑给巴尔，南抵东南亚马六甲，垄断了海上丝绸之路的香料、瓷器与丝绸贸易。他们依靠星盘导航和《剌那麻》精确测算纬度，建立了一套基于天文观测的航海科学体系，其船舶因适应印度洋无礁海域而成为跨文明技术融合的典范。

乔治·胡拉尼（George Hourani, 1913—1984）的经典著作《阿拉伯人的大航海：从古代到中世纪早期》（*Arab Seafaring in the Indian Ocean in Ancient and Early Medieval Times*）自 1951 年问世以来，始终占据海洋史尤其是印度洋研究领域的重要地位。这部仅十余万字的著作以惊人的学术密度，系统重构了阿拉伯海洋文明的发展谱系，成功挑战了以费尔南·布罗代尔《地中海与菲利普二世时代的地中海世界》为代表的欧洲中心主义海洋史观。该书初版于1951年，全书结构清晰，共分为三个部分。第一部分花了很长的篇幅去讲解从史前社会到伊斯兰教诞生以前的西方航海史，尤其是希腊罗马的跨印度洋贸易史；第二部分则详细叙述了自阿拉伯帝国建立至公元1000年左右的阿拉伯航海历史，包括阿拉伯航海著作、作者等；第三部分聚焦于阿拉伯造船史，特别是对阿拉伯拉丁帆与缝制船只的技术特征与历史演变进行了深入探讨。该书在20世纪90年代经英国考古学家与艺术史学家约翰·卡斯威尔（John Carswell）进行了关键性的修订与扩展，新增了一篇引言、一份详尽的参考书目以及若干学术注释。卡斯威尔的修订工作恰逢水下考古学趋于成熟的时期，因此他的注释特别注重将最新的水下考古发现与文献研究相结合，用以补充和验证阿拉伯航海史的相关论述。例如，通过对沉船遗址中阿拉伯船只残骸的分析，卡斯威尔进一步证实了阿拉伯拉丁帆的技术优势及其在印度洋贸易中的广泛应用，同时也为阿拉伯缝制船只的建造工艺与材料选择提供了更为精确的考古学依据。这一修订不仅提高了原著的学术价值，也为阿拉伯航海史的研究提供了更为坚实的物质文化基础。

  《阿拉伯人的大航海》的划时代意义凝结于三大范式突破。

  其一，史料整合的跨文明突破。本书以跨文明互动的全球史观为理论框架，首次系统性地整合了散见于希腊语、阿拉伯语、波斯语及汉语文献中的航海记录，完成了从古典时代至中世纪航海知识谱系的重构。作者基于详实的史料，深入梳理了从史前社会到伊斯兰教诞生之前的西方航海史发展脉络，尤其聚焦于希腊罗马航海传统的研究。尤其是，作者并未将希腊罗马航海技术与阿拉伯航海技术割裂看待，而是将其视为后者的先驱与重要来源，揭示了希腊罗马航海传统对阿拉伯人在技术积累与文化影响方面的深远意义，从而展现了跨文化传播与融合的全球史视角。

其二，方法论的跨学科创新。作者在研究中运用历史比较语言学方法，通过对航海术语的语源分析与语义解构，揭示了文明迁徙与技术传播的轨迹。例如，作者以阿拉伯语"mīzān"（ميزان，本义为"天平/平衡"）为切入点，系统考察了其与意大利语"mezzana"（后桅帆）、法语"misaine"（前桅帆）及英语"mizzen"（后桅）之间的词源关联（这几种桅杆的作用是辅助主桅保持平衡，因此又被称为"平衡桅"），构建了一条完整的语言学证据链。这一分析不仅证实了阿拉伯拉丁帆技术在航海史上的重要地位，还揭示了该技术经由西西里岛向欧洲传播的具体路径。这一跨学科研究方法为探讨技术传播与文化交流提供了新的视角，同时也凸显了语言学在历史重构中的独特价值。

其三，考古学的预见性洞见。在 20 世纪中期水下考古技术尚未成熟之际，作者基于波斯湾潮汐规律与中世纪文献记载，提出了关于阿拉伯半岛南部阿曼、波斯湾尸罗夫港与东非地区贸易路线及规模的假说。这一假说随后得到了奇蒂克（H.N. Chittick）于 20 世纪 70 年代发掘的曼达遗址（Manda）以及马克·霍顿（Mark Horton）于 20 世纪 80 年代发掘的上加遗址（Shanga）的实证支持。两地出土的萨珊-伊斯兰风格釉陶（如天青釉及绿釉陶器）和玻璃器皿，与同期波斯湾尸罗夫港及阿曼苏哈尔港（Sohar）的产品在形制、工艺及装饰风格上高度一致。这些器物通过阿拉伯商人（即"大食"商人）经由印度洋航线输入东非，不仅证实了阿曼与东非之间直接的贸易联系，同时也揭示了跨区域物质文化交流的深度与广度。这一发现为重构印度洋西部贸易网络提供了关键性考古学证据。

此外，胡拉尼在《阿拉伯人的大航海》一书中，不仅以跨文明互动视角探讨历史问题，更以技术适应性为核心视角，深入考察了阿拉伯船舶技术的物质文明史。他不仅对阿拉伯拉丁帆的技术性优势进行了系统分析，包括其空气动力学效率、操纵灵活性及其在多种海况下的适应性，还将这一技术置于全球帆船演进史的宏观框架中，探讨其形态变迁及可能的传播路径。在此基础上，胡拉尼进一步以详实的文献与考古证据，对阿拉伯船只的缝制技术（如缝合式船体建造方法）、船体构造（包括龙骨设计与舱室布局）及航海技术（如星象导航与季风利用）展开了细致研究，揭示了阿拉伯航海技术在印度洋贸易网络中的核心作用及其对全球航海文明的深远影响。这一研究视角不仅凸显了技术适应性在物质文明史中的关键地位，也为理解跨区域技术传播与文化交流提供了新的学术路径。

胡拉尼对跨文明海洋交流史的研究范式中具有开创性意义，但其学术框架仍存在一定局限性。书中主要聚焦于公元1000年前的阿拉伯航海活动，对后世的航海文献关注不足，这种学术偏向导致其对宋元时期中阿航海互动的探讨陷入单向度叙事。尽管中国宋元时期的经典海事文献，如周去非的《岭外代答》(1178)、赵汝适的《诸蕃志》(1225)与汪大渊的《岛夷志略》(1349)，系统记录了印度洋西岸的贸易网络与航海实践，但由于胡拉尼在研究时间范围上的自我设限，未能充分实现中阿文献的互证与对话。尤为值得注意的是，胡拉尼基于20世纪中期的考古材料与学术视野，对中国航海者远航至印度洋西岸的可能性持谨慎态度，这一认知偏差反映了其研究的历史局限性。近年来，随着东南亚、东非等地的港口考古遗址的发掘，以及以"南海一号"为代表的中国沉船遗址的出水，大量实物证据与文献记录相互印证，为重新审视中阿航海互动提供了新的视角。这些考古发现表明，跨海域文明研究亟需突破单一文献传统的束缚，构建多维度、跨学科的研究范式。通过水下考古、器物传播研究以及多语种文本的批判性分析，形成立体的证据链条，方能更为全面、动态地重构海上丝绸之路的历史图景。这一研究路径不仅有助于弥补胡拉尼研究框架的不足，也为深化全球航海史研究提供了方法论上的启示。

2022年末，我刚刚完成博士学业不久，便有幸收到南京大学刘迎胜教授的邀约，询问我是否有兴趣参与翻译胡拉尼的《阿拉伯人的大航海》，作为其主编"海路与陆路"系列丛书中的一册。作为一名海交史专业毕业的博士，我对这部著作早已耳熟能详，因此毫不犹豫地接受了这一重任。回想起来，我与胡拉尼先生著作的初次邂逅，得益于我的博士生导师——南京大学杨晓春教授的引荐。彼时，我初入学术之门，对海洋史的研究尚显懵懂，正是导师的悉心指导为我打开了这一领域的大门，而胡拉尼先生的这本著作堪称我的海交史学术启蒙之作之一。

在翻译的过程中，我采用了系统化的地名转译层级处理原则。首先，严格遵循"名从主人"的史学传统，对伊斯兰兴起之前的西方地名，均采用国际学术界公认的现代标准译法，以确保学术表述的规范性与通用性。其次，基于"时空对应原则"，对伊斯兰时代以降且与中国历史文献相关的域外地名，采用"古今对照标注体系"，即在首次出现时以"古称（今地名）"的格式进行标注，如"报达（巴格达）"、"瓮蛮（阿曼）"及"马八儿（马拉巴尔海岸）"等，这既实现了与现代学术话语的对接，又保持了与中国古代史料的互文性，从而有效维护了文献的时空完整性。最后，针对特殊语境实施"动态调适机制"：在进行特定文本的类型学分析时保留古称（如直接引用古籍原文的语境），在宏观历史地理论述中则采用现代标准译名。此外，在涉及船舶建造及技术史专业术语的译介过程中，我始终遵循科技史学科的学理规范性，优先采用权威著作中的定型译法，或者是权威词典的解释。然学力有所不逮，加之译事仓促，虽经七校七改，犹恐存在一些专业概念的阐释偏差。祈请学界同仁不吝指正，俾使这部凝结三代学人心血的译作，能在后续修订中臻于完善。

谨以此译作付梓之际，向所有给予本书关怀与支持的师友同仁致以最诚挚的谢忱：承蒙刘迎胜教授垂青，拙译有幸忝列"海路与陆路"学术丛书，在此谨向刘老师致以崇高敬意。特别要感念恩师杨晓春教授多年来的悉心栽培,老师渊博的学识与严谨的治学态度,始终是照亮我学术道路的明灯。同样需要感谢南京大学元史研究室的各位老师,诸位师长在我攻读博士学位期间给予的无私帮助和学术指导,为我的研究之路注入了持续前行的动力。上海人民出版社光启书局诸位编辑的专业素养令人钦佩,尤其是肖峰老师从设计排版到编校付梓全程的倾力协助,使本书得以呈现。李子阳、蔡梓两位青年学人的襄助之功,亦铭记于心。在本书的翻译的过程中,仿佛有那么几次恍然间又回到了金陵求学的日子,字斟句酌的译校过程,不仅锤炼了专业素养,更让我深切体悟到学术共同体的温度。唯愿以这本小书作为薪火相传的见证,将前辈学人的治学精神继续传递。

孙　博

二〇二五年　正月二十九日　于中国矿业大学文昌山下

修订版介绍

说来也怪,我第一次接触乔治·胡拉尼(George Hourani)的杰作,并非是因为学术研究,而是因为在很久之前就对这个主题很感兴趣。当时我住在黎巴嫩,在贝鲁特美国大学教书,而保罗·卡亚特(Paul Khayat)是一位富有事业心的黎巴嫩书商,他的书店就在大学对面。他决定成为一名出版商,问我是否愿意加入他的新创业项目,担任他的策划者。他开始再版一系列与阿拉伯有关的绝版历史著作,甚至着眼于书店对面的学生读者群体,向他们的教授征求建议。因此,克里西(Creasy)的《奥斯曼土耳其人史》(*History of the Ottoman Turks*)、菲利普·K. 希提(Philip K. Hitti)的《十字军时代:一位阿拉伯-叙利亚士绅和战士》(*Memoirs of an Arab-Syrian Gentleman*)和蒙德雷尔(Maundrell)的《阿勒颇到耶路撒冷之旅》(*Journey from Aleppo to Jerusalem*)都被重印,也包括《阿拉伯人的大航海》(*Arab Seafaring*)。

我的任务很简单,就是确保它忠实无误地完成,唯一的创新就是做了一个新的封面。1951年的普林斯顿版本第一次重印于1963年,现在早已绝版。

《阿拉伯人的大航海》只有不到一百页,是一部看似简单的作品。事实上，它是一个思想的宝库，这本书的容量可以扩展到现在的十倍。但简明扼要是它的基本属性，所有翻过这本书的人都可以证明这一点。

胡拉尼的序言明确说明了这部作品所关注的内容，以及其中不包括的内容。这本书涉及印度洋及其东部的海上航线，但不涉及地中海。它讲述的是阿拉伯人的航海史，但并不是一本航海手册。虽然这本书只涉及截至公元1000年的时代，但后来时代的阿拉伯和欧洲有可以阐明这段历史的材料，这些也都被审慎地借鉴了。总之，这本书将大量材料融合在一起；正如胡拉尼所说，这是一部写在时空中的历史。

整本书都是精心构思的，因此修改本书的基本框架是不恰当的。对于这个新版本，虽然可以从文学和技术的角度对胡拉尼的序言进行评论，但我认为，从他那个时代之后的考古研究结果中寻找一些材料来添补更有价值。附加材料已经以每章注释的形式添加，对此，我要深深感谢几位学者，特别是大卫·怀特豪斯（David Whitehouse），本书的大量评论都是来自他的详尽补充。我还必须感谢霍纳·弗罗斯特（Honor Frost）、马克·霍顿（Mark Horton）、大卫·金（David King）、杰弗里·金（Geoffrey King）、彼得·摩根（Peter Morgan）、乔治·斯坎伦（George Scanlon）和亨利·赖特（Henry Wright），他们在各自领域的工作成果为本书提供了宝贵的经验。最近出版的两本书也提供了许多相关信息。第一本是《罗马与印度：古代海上贸易》（*Rome and India: The Ancient Sea Trade*），这是由维玛拉·贝格利（Vimala Begley）和理查德·D. 德·普马（Richard D. De Puma）编辑的一本论文集，主要考察了前伊斯兰时期的海上贸易结构；第二本是 S. 索切克（S. Souçek）、V. 克里斯蒂迪斯（V. Christides）、G. R. 蒂贝茨（G. R. Tibbetts）和 G. 奥曼（G. Oman）最近在《伊斯兰大百科全书》（*Encyclopaedia of Islam*）修订版中编写的"milāḥa"（即阿拉伯语"航海"）词条，这对于讨论文献证据特别有价值。

所有的新内容都在每节末尾以作者缩写的形式进行标注。我还添加了一个修订的索引，包括地图上提到的地名，并附加了一幅新地图，标出了补充注释中所提到的地点。参考书目是根据胡拉尼的脚注进行收集整理的，里面尽可能地涵盖了所有引用的参考书目、文献等资料。我要特别感谢莫娜·埃尔·马蒙（Mona El Mamoun）在新书印刷和参考文献检查方面提供的宝贵帮助，感谢莫伊拉·戴（Moira Day）、劳尔·苏斯蒂尔（Laure Soustiel）在早期修订阶段提供的帮助。我也特别感谢普林斯顿大学出版社的玛格丽特·凯斯（Margaret Case）的耐心鼓励和建议，这让我受益匪浅。

最重要的是，我必须感谢阿尔伯特·胡拉尼（Albert Hourani）的明智建议和慷慨邀请。同时，他也允许我在新版中灵活地处理他兄长的作品，这将使所有未来研究这个迷人课题的学生受益。遗憾的是，阿尔伯特没能在生前看到他期待的这本新书出版。

约翰·卡斯威尔
于伦敦，1994 年

序

阿拉伯人的航海史，无论从时间还是空间上来说，都是个广泛且有延伸性的课题，其中的片段已经在许多学术文章和章节中探讨过。本书旨在对该课题的大约四分之一内容进行一般而连续的描述。在空间上，本书仅探讨东部水域，对地中海区域只做简短的探讨，因为自伊斯兰教诞生以来，阿拉伯人一直在东部水域航行。这种划分可以通过对比过去与阿拉伯人接壤的两个海洋和陆地之间的诸多差异来证明：比如二者之间的地理条件、与其他民族的联系、船舶类型、航行方法等。在时间上，本书讨论的范围集中在早期时期：前两章的历史叙述只延伸到公元1000年左右，尽管第三章讨论的内容往后跨越了几个世纪。

这本书是关于印度洋贸易路线及航行于其上的船只的历史。但它并不是一部经济史，作为产品被运输的货物只是顺带提及。我甚至很少利用各国之间已知的商业往来事实作为航海史的证据。究其原因，这些商业证据除了能证明航海的存在外，对于我们的课题并没有其他帮助。如果在巴比伦尼亚（Babylonia）发现了印度人制造的物品，并且可以追溯到某一时期，这是非常好的发现。但在表象之外，我们仍想进一步了解这些物品是谁运输到那里的：是印度人、巴比伦人，还是像阿曼人这样的阿拉伯中间商？从技术层面来说，本书也不是一门专门讲述"航海学"的历史，那是一门只有受过训练的航海家才能充分掌握的学科。这些是我基于各种原因对我的工作所设置的主要限制，无论是在物质层面还是方法层面。此外，在某种程度上，这本书超出了其标题所体现的范围。我会自由探讨除阿拉伯人以外的其他民族的航海史，主要是为了展示阿拉伯人奋斗的历史背景和环境，因为一旦人们进入海洋和活动在港口后，有时就很难将不同民族的航海活动区分清楚。

这本书源自我在1938—1939年就读于普林斯顿大学时所写的博士论文，其题目是《第九与第十世纪印度洋上的阿拉伯人航海史》(*Arab Navigation in the Indian Ocean in the Ninth and Tenth Centuries*)。我首先要感谢的是菲利普·K.希提教授和哈罗德·H.本德尔（Harold H. Bender）教授。我在普林斯顿大学期间，受到了他们睿智的指导。并且事实上，希提教授是第一位建议我去研究阿拉伯航海这一亟待研究的课题的前辈学者。这篇博士论文被改写并扩充为了这本书。当我利用假期在耶路撒冷工作期间，巴勒斯坦考古博物馆的馆长和图书馆工作人员也为我提供了各种便利。我还要感谢其他学者和朋友的建议和批评，希望他们能对这篇统一的致谢感到满意。另外，还要感谢阿伦·维里埃（Alan Villiers）先生、已故的费琅（Gabriel Ferrand）教授、已故的詹姆斯·霍内尔（James Hornell）先生等其他在注释中提到的文章的作者。感谢授权引用作品的作者或出版商。我还要感谢《英国皇家亚洲学会会刊》(Journal of the Royal Asiatic Society)的编辑允许我重新印刷第一章的附录,其中的部分内容曾在这本期刊的1947年12月号中刊登过。

  关于插图,我要感谢以下人员:感谢阿伦·维里埃先生私人提供的插图1及8的照片;感谢法国国家图书馆馆长提供插图5、6及7的照片以及复制许可;感谢巴勒斯坦考古博物馆提供插图2及3的照片,这些照片来自博物馆图书馆中的藏书;感谢这两本藏书的出版商:皇家出版局(H. M. Stationery Office)和帕约出版社(P. Payot);感谢牛津大学出版社提供插图4的照片,并感谢其尊贵的海得拉巴大君(Hyderabad Nizam)*殿下许可复制这一插图。

  我要感谢普林斯顿大学出版社在准备文本、制图和插图方面的耐心工作。最后,我要感谢我的父母为我提供在普林斯顿大学学习的机会,感谢我的妻子对我完成这本书的不断鼓励。

乔治·胡拉尼
于安阿伯,1950年8月

---

* 即印度海得拉巴土邦末代大君阿萨夫·贾赫七世。本书*号脚注均为译者注,下同。

第一章

前伊斯兰时期的贸易路线

كأنّ حدوج المالكيّة غدوة   خلايا سفين بالنواصيف من دد
عدولية او من سفين ابن يامن   يجور بها الملّاح طوراً ويهتدي
يشقّ حباب الماء حيزومها بها   كما قسم الترب المفائل باليد

当马立克人（Mālik）的驼轿队，行进在黎明时分的达德干谷（the valley of Dad），就像阿杜利斯（Adulis）抑或伊本·亚明（ibn-Yāmin）的巨舟，由水手驾着，时而斜航，时而直行；船头劈开千层细浪——好比玩藏物游戏时用手划开沙方。

——塔拉法（Ṭarafah）：《悬诗》（*Muʻallaqāt*），第 2 部分，第 3—5 节

史前史与地理学

早在历史记载出现之前,阿拉伯人便如同其他地区的人类族群一样,[1]用兽皮、空心树干或其他合适的材料制作船只,在平静的水域用桨划行或用篙撑行。他们在海上捕鱼,并开始潜水寻找珍珠;也许他们学会了使用摇橹船。随着人在海上探险的深入,正是从这些简单的活动中发展出了真正意义上的航海。

但这本书并不涉及那些未证实的原始船只的模糊演变过程。我们的叙事起点可以追溯到那些首次竖起桅杆和风帆的阿拉伯人,他们倚靠着辽阔海洋上的风走入大海,也虔诚地祈求神明保佑航行顺利。这也是一件史前事件。我们只能依靠推测去还原阿拉伯人最早期帆船的特征。他们的船壳板可能不是用钉子钉在一起的,而是用麻绳缝在一起的。不过也存在一种可能,但远远还无法确定:史前时期阿拉伯人船帆的形式是横帆(也叫四角帆),而非他们在历史时期使用的纵帆。[2]

从特定的角度来看,地理环境促进了阿拉伯沿岸地区航海事业的发展。阿拉伯半岛三面临海,从苏伊士湾一直延伸到波斯湾的尽头,构成了一条非常长的海岸线。这条海岸线附近是阿拉伯半岛最繁荣的地区,即也门(al-Yaman)、哈达拉毛(Ḥaḍramawt)和阿曼('Umān);与穿越分隔这些地区的沙漠和山脉的陆路交通相比,通过海路进行沟通显然更为方便。借由此等便利,阿拉伯半岛与邻近地区的贸易应邀而至,涵盖范围向西延伸到非洲东北部的漫长海岸,向东北延伸到伊朗的海岸。上述两个方向都顺着阿拉伯海岸平行延伸,而且这些地区本身以及它们海岸线的终点都距离阿拉伯半岛的沿海地区不远。如此一来,阿拉伯人就可以越过红海和波斯湾的封闭水域,与两个最古老的财富和文明中心——埃及和伊朗——接触,更不用说他们可以通过海路或陆路到达美索不达米亚了。在阿拉伯半岛的西南方向,阿拉伯人可以轻松地穿过通向东非的海域,并沿着东非的海岸寻找热带产品;向东走,伊朗海岸线会通向印度——最终季风会帮助前往非洲和印度的航行。

最重要的是,红海和波斯湾,再加上尼罗河、幼发拉底河和底格里斯河,是地中海盆地和亚洲东部地区之间的天然通道,是阿拉伯人横跨世界的两条重要贸易路线。

但是,这种地理位置的优势只有在克服了某些困难之后才能得到充分利用。阿拉伯半岛没有也从未出产过适合建造坚固海船的木材。同时,它没有钉船所需的铁,也不靠近任何生产铁的国家。它没有可通航的河流,也几乎没有什么一流的港口。绵延约1 200英里的红海,在早期主要起到了隔离埃及和阿拉伯半岛西南部而非联结这两个地区的作用。特别是这个海域的北半部分存在许多严重的障碍,这些障碍给航行带来了极大的困难。它的两侧紧挨着数百英里的荒漠。为数甚多的珊瑚礁沿着两岸延伸，有些地方甚至深入海中；要避免在这些珊瑚礁上失事，需要相当丰富的知识和技巧。珊瑚岛有利于进行海盗活动，两岸饥饿的游牧民族都极易沦为海盗，并将海盗活动视作他们沙漠掠夺的简单的海上延伸。这里几乎没有好的港口，因此没有安全的避难所来躲避风暴或海盗的危险。对早期的海员来说，向北航行尤其困难，因为北风一年四季都在吹着这片海域。[3] 与面对来自红海的恐惧相比，阿拉伯人选择沿着半岛的西侧开辟了依靠骆驼的陆路贸易路线。波斯湾的情况虽然更为有利，但这里的两侧也都缺乏淡水资源，众多的岛屿和沿海居民的贫困助长了海盗行为。[4] 因此，阿曼与美索不达米亚和伊朗的联系都不太密切。

再往外，在印度洋上，通往印度的海岸是非常荒凉的，除非能够建造足够强大以经受强劲季风的船只，人们无法借助季风穿越阿拉伯和印度之间以及非洲东部之间的开阔海域。

在自然优势被利用之前，这些自然障碍必须由人类的发明来克服。但是，西南阿拉伯和阿曼的孤立趋势往往会延续。因为如果不与古代文明的中心——埃及、西亚和印度——保持持续的交流，阿拉伯人很难受到这些地区的造船和航海等进步技术的影响。甚至建造坚固船只的材料也必须从印度输入。[5]

亚历山大东征之前的东方

在希腊人征服近东之前，人们对阿拉伯人的航海活动了解甚少。然而，其他民族在此之前已经在阿拉伯海域留下了自己的航海记录。这些简短的记录可以证明，在各个历史时期，阿拉伯沿海地区与其他民族之间始终存在着海上交流。

公元前第三千纪的苏美尔语（Sumerian）和阿卡德语（Akkadian）碑文记载了美索不达米亚与迪尔蒙（Dilmun）、马甘（Magan）和梅禄克哈（Melukhkha）国家之间的海上联系。迪尔蒙很可能是巴林（al-Baḥrayn）的岛屿，而马甘通常被认为是现在的阿曼。据说在那里发现了木材和铜，并且在大约前2050年的舒尔吉（Shulgi）时代，拉伽什（Lagash）的一段碑文中提到了"马甘的造船工人"。在碑文中，梅禄克哈经常与马甘联系在一起，但它在这一时期的位置还不能更加准确地确定。[6]

在阿拉伯半岛的西部，自第五王朝的萨胡拉（Sahure）统治开始（约前2470），埃及船只就在红海上航行了。在第六王朝时期（约前2341—前2181），人们经常通过陆路或海路前往蓬特国（Punt），该地可能位于阿拉伯半岛对面的索马里海岸。在这个时期，能够进行这种航行的埃及船只均是在苏伊士湾的入口处建造的，这样他们就可以穿过整个红海，并逆风返回——在这样一个时代和在这样一个海域，这是一项了不起的成就。埃及文字中有时将它们称为"迦巴勒（Gebāl）船"，这表明它们要么是从这个腓尼基（Phoenician）城市学来的，要么是用来航行到那里的那种船。埃及人还从迦巴勒获得了建造船只所需的松木和树脂。在中王国时期（约前2000—前1800），法老们还通过海路前往考察蓬特国。这些都在著名的"荒岛求生"故事中有体现，在这个故事中,一艘埃及船只在红海上失事,唯一的幸存者漂泊到一个距离底比斯有两个月路程的岛上。岛上有条蛇自称是蓬特王子,并掌握着各种香料和非洲动物。在新王国时期,哈特谢普苏特(Hatshepsut)女王大约在前1495年派出了蓬特考察队。德尔·巴赫里(Dayr al-Baḥri)的浮雕和铭文展示了这五艘大船是如何被派往红海的,埃及人在蓬特是如何被接待的,以及他们是如何返回的。

三个世纪后,拉美西斯三世(Ramesses III,前1198—前1167)从科普托斯(Coptus)对面的港口派出了一支由大型船只组成的舰队前往蓬特,同时往西奈半岛的铜矿派出了一支海军探险队。[7]

在埃及势力衰落后,腓尼基人作为红海的航海者出现。他们可能在许多世纪以前就已经存在了,但最早的明确证据来自《列王纪·上》:"所罗门王在以东地(Edom)红海边,靠近以禄(Eloth)的以旬迦别(Ezion-geber)制造船只。希兰(Hiram)差遣他的仆人,就是熟悉泛海的船家,与所罗门的仆人一同坐船航海。他们到了俄斐(Ophir),从那里得了四百二十他连得(talent)金子,运到所罗门王那里。"

以旬迦别现在可以确定是位于亚喀巴(al-'Aqabah)以西的凯利费废丘(Tall al-Khulayfah)遗址,该遗址在1938—1940年被一个美国考古队发掘,包含城镇和一座大型炼铜厂。很有可能是所罗门本人(约前974—前932)在他的父亲大卫(David)征服以东人之后,建造了这个城镇以及炼铜厂。但上述引文清楚地表明,所罗门的船只是由推罗王希兰(King Hiram of Tyre)派出的

第一章 前伊斯兰时期的贸易路线

腓尼基人驾驶的，后续的经文也提到了希兰的另一支舰队与他的盟友一同航行。

9   这些船一定建造于以旬迦别，而且事实上，在凯利费废丘也发现了大铁钉和铜铁合金的钉子、大粗绳碎片、用于填缝的沥青块和用于涂船的树脂。用于制作船壳板的木材可以从生长于以东的橡树林中砍下来。这些船只驶往的"俄斐"很可能位于印度，因为这航行每三年才有一次。从"俄斐"带回的商品——黄金、白银、珠宝、"檀香木"（almug wood）、象牙、猿猴和孔雀——从词源学和经济学的角度，均与印度有关。《列王纪·上》也有同样的段落描述了示巴（Sheba）女王拜访所罗门的故事，但值得注意的是，她是跟随驼队前往，而非从海路乘船。从也门到叙利亚的内陆路线，沿着与红海平行的沙漠，显然是古代示巴人所使用的，就如同穆罕默德时代的麦加人一样。[8] 在所罗门的王国分裂后，海上贸易停滞了一段时间。犹大国王约沙法（King Jehoshaphat of Judah，约前873—前849）试图恢复贸易，并再次建造船只，以便从俄斐运回黄金；但它们在以旬迦别"被摧毁"，估计是被亚喀巴湾的强风摧毁的。[9]

10   在波斯湾，几乎可以确定古老的"海国王朝"（Sealand）位于阿拉伯半岛的东北部，掌控着从幼发拉底河口附近到迪尔蒙的海岸。这个王国在公元前第一千纪似乎是由迦勒底人（Chaldaean）和阿拉伯人组成。前7世纪初，海国王朝在反抗亚述霸主西拿基立（Sennacherib，前705—前681）失败后，带着一些追随者越过波斯湾，在埃兰避难。这一事件表明了其至少具备基本航海能力，但更耐人寻味的是西拿基立的反应。西拿基立把腓尼基人带到尼尼微来为自己打造强大的战船。随后他派遣来自推罗（Tyrian）、西顿（Sidonian）和塞浦路斯（Cyprian）的水手们驾驶船只，沿着内陆水道航行。在某些不便行船的地方，还要将船拖上岸经过陆路运输，一直到达幼发拉底河口为止。战士们在那里登船，而远征军继续驶往乌莱河（Ulai，即卡伦河/Kārūn）的入海口：这条河现在汇入阿拉伯河（Shaṭṭ al-'Arab），但彼时是直接流入波斯湾，那时的波斯湾向北和向西延伸的也比现在更远。远征部队在这里登陆海岸，攻打沿岸列队部署的海国人，并取得了胜利。这场战役被一篇亚述铭文生动地记录下来，同时也暗示了波斯湾缺乏技艺精湛的工匠，因为即使面对如此短促的航程，也难以打造可靠的船只。或许西拿基立早有预料将会在海上遭遇冲突，因此需要建立一支更为强大的海军。而用于造船的木材可能是腓尼基人从黎巴嫩运输到尼尼微的，因为美索不达米亚几乎没有适合造船的木材产地。[10]

没有实质性的证据表明在新巴比伦王朝（前626—前539）时期存在海上活动。[11]但是他们的继承者——波斯人——通过将整个西亚和埃及统一在一个持久的帝国中，开创了经济发展的新可能。大流士一世（前521—前485）认识到了将波斯与印度和埃及通过海路和陆路连接起来的价值，并以此为目的组织了一些著名的海上行动。他派遣一支舰队沿印度河而下，然后绕过阿拉伯半岛到达埃及。其中一位舰队指挥官被希罗多德（Herodotus）称呼为"卡里安达的西拉克斯"（Scylax of Caryanda）。大流士还

第一章　前伊斯兰时期的贸易路线

图 1 古代的东方世界

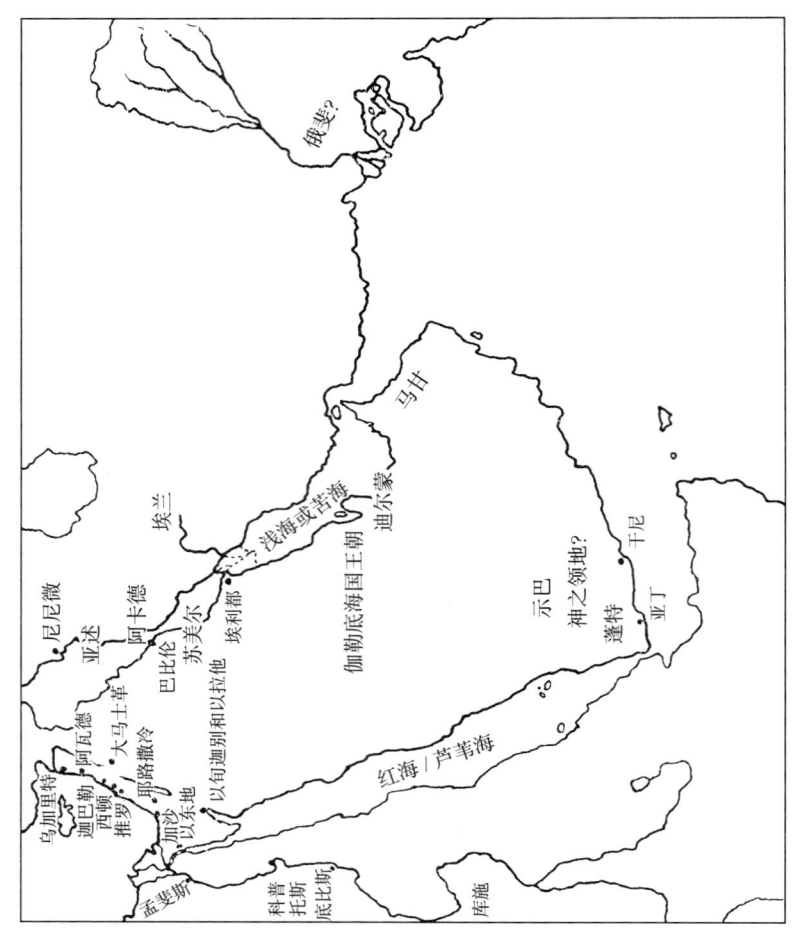

挖掘或重新挖掘了从老培琉喜阿河（Pelusiac），即尼罗河的一处靠近扎加齐格（Zaqāzīq）的支流，沿着图米拉特干谷（Wādi Tūmīlāt）穿越湖泊直达苏伊士的一条船运运河。然后他派了一支舰队从尼罗河沿着这条运河和红海来到波斯。这些船甚至可能从地中海通过，因为在前 460 年—前 454 年的埃及叛乱期间，雅典海军曾沿着尼罗河向南航行远至孟菲斯。[12]

  这些是希腊扩张之前关于阿拉伯水域的主要已知事实。通过回顾这些事实，我们可以注意到腓尼基人在东方海域的显著地位。在将精力从地中海转移到这一地区时，腓尼基人或许发现，在学习阿拉伯半岛的闪米特人表亲的方言以及理解他们的思维方式和习俗方面可能没有什么困难。关于古代东方的阿拉伯水手，我们没有发现任何证据。但是，考虑到米奈人（Minaean）和示巴人在公元前第一千纪的繁荣状况，以及根据目前所知他们在希腊化时期的航海活动。我们可以合理推测，在亚历山大之前的许多世纪里，阿拉伯人在他们那个时代的航海生活中发挥了一些作用。

希腊化和罗马时期的波斯湾

  亚历山大大帝（前 356—前 323）在位时期标志着近东历史上的一个新纪元。如果他活得更久，他的影响将更为深远。他有可能在波斯帝国的领土上建立另一个永久统一的帝国。毫无疑问，他也将会完成他计划中的阿拉伯海岸探险，这将使人们对这些海岸有更多了解，就像尼阿库斯（Nearchus）对伊朗海岸的探索一样。随之而来的便是对这些地区的征服，进而可能导致希腊与印度的商业往来会比实际上早两个世纪。事实上，马其顿征服的影响已经相当深远了。波斯人已经将地中海东部与印度洋的两个海湾的海岸连接在一起，然而希腊的经济活动将更加充分地利用这种统一的优势，希腊人的好奇心将揭开长期笼罩在阿拉伯半岛地区的神秘面纱。

亚历山大在他生平的最后一年，一直忙于雇用腓尼基人在波斯湾航行，并命令其在海岸开拓殖民地；根据他的命令，众多船只在腓尼基拆解后运往美索不达米亚，并利用巴比伦附近的柏树建造了一些新船；同时，他改善了幼发拉底河的通航能力和巴比伦内陆港口的容量，并派遣三艘船前往波斯湾进行初步的探索。其中一艘船停靠在巴林岛，并考察了当地的珍珠渔业。然而，没有一艘船能够越过穆桑代姆角（Cape Muṣandam），这些努力最终被证明是徒劳无功的。[13] 在亚历山大逝世后，他的这些准备工作未能被继任者跟进，同时塞琉古帝国的希腊人在波斯湾上也未表现出太多的活动迹象。

在前3世纪，整个地区最活跃的商人是格尔哈人（Gerrha）*。格尔哈是一个位于哈萨（al-Ḥasa）海岸的迦勒底城镇，当时可能已经居住了许多阿拉伯人。格尔哈人与南阿拉伯的香料之地进行了商队贸易，而且可能还与底格里斯河上的塞琉西亚（Seleucia）

---

* 或为《后汉书》所记之"于罗国"。

进行海上和陆地贸易，塞琉西亚是美索不达米亚继巴比伦之后的新商业中心。海船可以直接航行到塞琉西亚，这使得塞琉西亚成为海湾交通的终点站。[14] 在幼发拉底河河口的特里顿（Teredon）和底格里斯河与埃拉亚斯河（Eulaeus，即卡伦河）交汇处的喀拉塞（Charax）也有市场。安条克三世（Antiochus III）于约前205年远征格尔哈，不过却被当地人用白银、乳香和没药等大量贡品收买后撤军。

"格尔哈人恳求国王不要毁灭神赐给他们的永恒和平与自由。"[15] 除了安条克三世对格尔哈的远征这种半心半意的努力之外，鲜有证据表明他还有其他在海上扩张的动向。这一点令人惊讶；人们本来期望塞琉古王朝的君主能够沿着尼阿库斯的海上航线穿越他们的帝国，经过美索不达米亚和叙利亚北部，在印度和地中海中间的海域世界开发有利可图的贸易。事实上，他们与印度的贸易似乎主要依靠穿越伊朗陆路；至少他们的大象是通过这种途径运来的。不过，海上贸易的存在是有可能的，只是我们在塞琉古历史资料的碎片中未见到相关记录。

当帕提亚人在前140年至前130年占领巴比伦和塞琉西亚时，他们已经错过了这个时机。西方通往印度和中国的陆上贸易路线贯穿帕提亚全境，因为该国的君主们可以利用这个得天独厚的地理条件获得丰厚的收入，所以拒绝提供便利条件给西方商业团体（如希腊人或罗马人），从而担忧后者建立与之竞争的海上贸易路线。

纵观整个罗马帝国时期，波斯湾贸易一直掌握在人口以阿拉伯人为主的小型中转港口城市的手中：喀拉塞及其邻近的阿坡洛古斯（Apologus），它们与叙利亚沙漠中的帕尔米拉（Palmyra）有密切联系。罗马人只有一次尝试过打破这种体系，即图拉真（Trajan）征服了美索不达米亚并接受喀拉塞的投降（116）；但帕提亚人很快夺回失地。在此之后，帕尔米拉达到了其最繁荣的时期；罗马似乎已经同意让这个地区保持半独立地位，这样该地的商人就可以在两大帝国之间进行贸易。

喀拉塞最初是一座希腊城市，由亚历山大创立，后来由塞琉古王朝的一位君主重建；在后来某个时期，再次由附近的阿拉伯地区酋长史帕西纳（Spasinus）重建，并以自己的名字命名为"喀拉塞·史帕西纳"（Charax Spasinou）。普林尼（Pliny）说，在他那个时代（公元77年以前），喀拉塞是阿拉伯半岛的一个城镇，位于帕提亚的边界上。当图拉真发现它时，它还只是属于阿坦贝洛斯（Athambelus）的一块小领地，而这位阿坦贝洛斯显然是一个闪米特王子。阿坡洛古斯仅在约公元50—60年的《厄立特里亚海航行记》（*Periplus of the Erythraean Sea*）* 中被简短地提到过。作者称它为一个"属于波斯"的集镇，也就是帕提亚，并记载该地向也门出口了许多珍珠、紫色染料、葡萄酒、枣子、黄金和奴隶。这两个港口的居民大概率混合了阿拉伯人、迦勒底人和波斯人。从这两个港口的其中一个或两个出发，航行绕过阿拉伯半岛。中国旅行者** 对帕提亚（即波斯帝国）的客观报道证实了这

---

* 又译作《红海回航记》，以下简称《航行记》。
** 即甘英。

一点。西汉（前202—后8）的编年史*中记载，从"条支"（该地被认定为"迦勒底"）开始，你可以向西航行超过一百天，直到抵达日落之地。**由于同一段落提到了"条支"是帕提亚的一个附属国，这必定指的是前140年之后的某个时期。更有趣的是，东汉编年史中***的一段文字，提到了97年的一件事。在这一年，"……将军班超护送甘英（来自中亚）作为大使前往（叙利亚）的大秦，他到达了大海岸边的条支。当他准备横渡海洋时，西部边疆的帕提亚海员告诉甘英：'海洋广阔无垠，如果顺风的话，三个月就可以横渡，但如果遇到缓慢的风，可能需要两年时间。因此，那些出海的人会携带三年的粮食。海洋里有一种东西使人容易思乡，有几个人因此丧失了生命。'甘英听到这个消息后停止了前行"。****通过与普林尼的记载对比，这里提到的登船港口似乎很可能是喀拉塞。同一段文字还宣称，"大秦"也被称为"犁鞬"；由于这个地方被认为是佩特拉（Petra），是纳巴泰（Nabataean）阿拉伯人的城市和土地。我们可以推测，海上航行的终点是阿拉伯西北部的雷乌凯克美（Leuce Come）或埃拉（Aela）。毫无疑问，这次航行可能需要两年的说法是夸张的。

---

* 即《汉书》。
** 原文为："从条支西行二百余日，近日所入。"
*** 即《后汉书》。
**** 原文为："和帝永元九年，都护班超遣甘英使大秦。抵条支。临大海欲度，而安息西界船人谓英曰：'海水广大，往来者逢善风，三月乃得度。若遇迟风，亦有二岁者，故入海者皆赍三岁粮。海中善使人思土恋慕，数有死亡者。'英闻之乃止。"

喀拉塞和阿坡洛古斯也都与印度进行贸易。从阿坡洛古斯输往也门的产品也出口到坎贝湾（Cambay）的婆卢羯车（Barygaza），从那里返回的"大型船只"满载了铜、乌木和各种木材。当图拉真站在喀拉塞岸边心怀对亚历山大的钦羡时，他目睹一艘船驶往印度，后悔自己年岁已高而无法完成这样的航行。[16]

《航行记》的作者还提到了一个名为"阿曼那"（Omana）的偏远港口，书中记载该地位于卡尔马尼亚（Carmania）的波斯海岸，距离忽鲁谟斯（Hurmuz）*海峡以东六天的航程。然而，老普林尼明确否认了该地位于卡尔马尼亚，并认为其地望在忽鲁谟斯海峡以西的阿拉伯海岸。

但这两位作者对这些地区都没有可靠的了解，在我看来，"阿曼那"最有可能是阿曼的一个港口，可能是苏哈尔（Suḥār）、马斯喀特或者其他地方。正如《航行记》所说的那样，它可能是处于帕提亚的统治之下。无疑，这名字指的就是阿曼。此外，《航行记》提到的输出品更多地指向阿拉伯半岛而非伊朗：因为它们与阿坡洛古斯的输出品相同，只是增加了一种被称为"马达拉塔船"（madarata）的缝制船只；而这个词在无论在形式还是构词方式上都具有阿拉伯语的典型特征。这些船是为出口到南阿拉伯而建造的；其他货物则从阿坡洛古斯输往对岸和婆卢羯车。除了坎尼（Cane，即《以西结书》中的干尼）向阿曼那出口了乳香外，其他的进口货物都与阿坡洛古斯相同。普林尼还提到格尔哈

---

* 今霍尔木兹。

是一个大城镇，而穆桑代姆角附近的阿西拉（Acila）是前往印度的发船港口。[17]

因此，在这个时期，从波斯湾到讷尔默达河（Narmada 或 Nerbudda）河口以及西南阿拉伯半岛之间存在着一种定期的海上贸易，而波斯湾的阿拉伯人可能在这种贸易中起着主导作用。不过，波斯湾的辉煌世纪还没有到来。当时的海上交通仍属于红海的时代。

希腊化和罗马时期的红海

到了这个时期，资料来源开始变得更加丰富，尽管仍然不够充足。大约在前110年，亚历山大学者阿伽撒尔基德斯（Agatharchides）写了一篇关于红海的宝贵短文，其内容有两个版本，分别存于狄奥多罗斯·西库洛斯（Diodorus Siculus）和佛提乌（Photius）的百科全书中。阿伽撒尔基德斯告诉我们，他对红海的描述基于目击者的表述和亚历山大的皇家档案中的书面报告，而且他可以查阅这些档案：在皇家档案中，他参考了一个名叫阿里斯顿（Ariston）的人留下的报告，后者是生活在托勒密王朝时期的一个人，可能是在托勒密二世斐勒达奥弗乌斯（Ptolemy II Philadelphus，前285—前246）统治期间，探索了阿拉伯半岛西海岸。因此，我们并不能确定他作品中的某一特定段落是发生在前3世纪还是前2世纪；但至少他相当清楚地表明，他描述的是前120年后与印度进行海上贸易的新发展之前的一段时间。[18]关于前1世纪，我们的信息资料仍然匮乏。在较为稳定的奥古斯都（Augustus）时代，斯特拉波（Strabo）开始撰写他的巨著《地理学》（*Geography*）。该书完成于提比略（Tiberius）时期，时间最早也不会早于公元23年。从克劳狄乌斯（Claudius）或尼禄（Nero）时代开始，或许在公元50—60年左右，我们有了宝贵的《厄立特里亚海航行记》。该书的作者是一位活跃于埃及的希腊商人，我们不知道他的名字；他编写了这本印度洋西海岸的手册，供商人和水手使用。手册详细描述了红海海岸、索马里兰（Somaliland）和印度西部的航行条件、港口和出产物品，这表明作者是亲历过这些地区的。关于瓜达富伊角（Cape Guardafui）以外的东非、坎尼以东的阿拉伯半岛和孟买地区以南的印度地区，显然斯特拉波是依靠他与其他商人接触时所听到的陈述来描述的；但即使如此，对我们来说，关于遥远国家的信息，这种他人的转述仍然比那些古代学者常常提供的传说或过时的事实更有价值。

《航行记》是我们在讨论本主题时最重要的古代文献。[19]最后，在老普林尼出版于公元77年的《自然史》（*Natural History*）中，有一些关于罗马帝国和印度之间海上贸易的有用数据。通过阿伽撒尔基德斯之作、斯特拉波之作、《航行记》和普林尼之作，以及其他著作中一些偶尔提到的陈述和一些铭文，我们能够对希腊化时期和早期罗马时期的红海和阿拉伯海形成相当清晰的认识。

亚历山大大帝曾经派遣一支探险队，从埃及和美索不达米亚出发，试图绕过阿拉伯半岛但这支队伍到达曼德海峡（Bāb al-Mandab）后就折返了。但相比于亚历山大在埃及的伟大创举——

图 2　印度洋上的现代阿拉伯帆船

一艘于 1939 年进行远洋航行的阿拉伯"布姆船"（būm），在科威特和桑给巴尔之间进行贸易。这艘船在某些方面与中世纪的阿拉伯帆船不同：（1）它船体的板材是钉装的，而非缝合的；（2）它的船舵是尾舵，而不是边舵；（3）它的索具（帆索）有些现代化。不过，它可能也保留了中世纪阿拉伯船的一些特点：（a）它是"艏艉同型船"，即船的艏艉的形状是相同的，都具有相似的尖端；（b）船上有两根桅杆；（c）船上配有高耸的拉丁帆（lateen sails），*并且船帆前部具有"纵帆前缘"（luff）。（阿伦·维里埃供图）

---

* 一种源自阿拉伯的传统帆装，其独特之处在于采用了斜置的大型三角帆，故常被称作"三角帆"。然而，需特别指出的是，拉丁帆与本文第三章所述船帆发展历程中第四阶段的地中海式纯三角帆有所区别，其形状并非严格意义上的三角形。

第一章　前伊斯兰时期的贸易路线

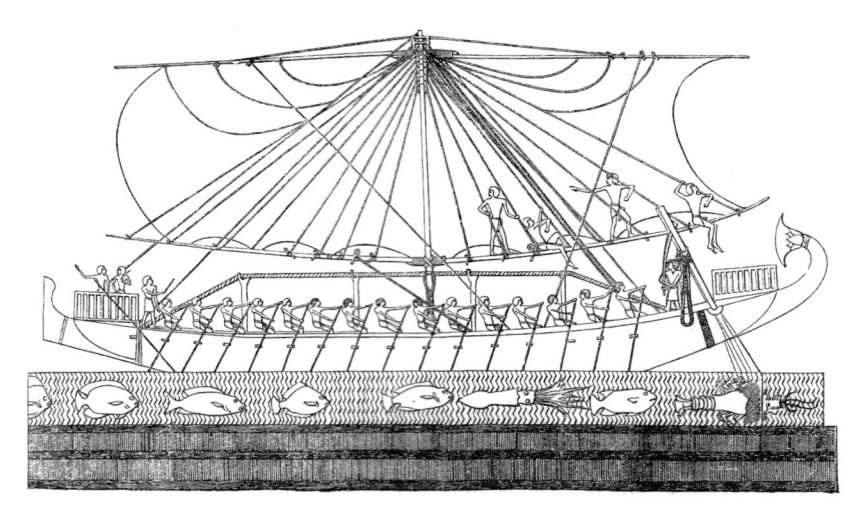

图 3　一艘古埃及的船只

这是哈特谢普苏特女王在大约前 1495 年派往蓬特的船队其中的一艘船；该图是根据德尔·巴赫里神庙（Dayr al-Baḥri）上的浮雕绘制的。其最显著的特点是宽大的船帆。虽然这幅图中的比例关系并不可靠，但我们注意到每根帆桁（yard）都由两根圆材（spar）捆绑在一起，因为找不到足够长的单根桅杆。船帆实际上并不是真的被设置为纵帆；这个显然并不准确的位置是作者对透视的无知所造成的。帆下的绳索支撑是为了加固船体，防止船身下弯。船桨和船帆同时使用。索具（帆索）很多。有两个舵手，每个舵手控制一根边舵。

图片摘自 G. S. L. 克洛斯（G. S. L. Clowes）:《帆船》(*Sailing Ships*)，伦敦，1932 年，第 23 页。原始图稿收录于 E. 纳维尔（E. Naville）:《德尔·巴赫里的神庙》(*The Temple of Deir el Bahari*)，第 3 部分，伦敦，1898 年，插图 73。巴勒斯坦考古博物馆藏书。

建立亚历山大港,这一尝试的失败就显得微不足道了。这座强大的希腊城市位于亚非、地中海和印度洋的交汇处,其经济地位十分优越。由于早期托勒密国王的政治智慧和希腊商人们的活力,亚历山大港成为各个地方的商业中心,并促使商业发展到前所未有的规模。[20]

亚历山大港注定会对阿拉伯半岛南部和印度的经济产生巨大影响。不过,这种情况起初并没有发生。当希腊化世界从最初的混乱中走出来时,托勒密二世开始关注红海沿岸的非洲地区,但他的主要目的是获得战象,以对抗塞琉古王朝的印度象兵,而战象就好比古代世界的"坦克"。

为此,他在阿比西尼亚海岸建立了殖民地,在那里,大象被装上坚固的运输船,并被运往贝伦尼斯(Berenice),一个位于赛伊尼(Syene)东部的开放泊地。押送队从贝伦尼斯出发,穿过沙漠来到科普托斯。托勒密二世已经在沿途的路线上设置好了驻扎地以及足够的食物和水源,而他安排这条路线则是为了避开红海北部的强风和海盗。然而,苏伊士湾并未被完全忽视,理由是托勒密二世再次开通了通往尼罗河的古老运河(约前275)。此外,我们有理由相信,他对阿拉伯西海岸的整个地区都表现出了一定的兴趣。他或许就是那个命令阿里斯顿经苏伊士湾航行到曼德海峡的君主,而后者在航行途中探索了阿拉伯海岸;也许正是在他的庇护下,米利都人(Milesian)的小型殖民地安培罗内(Ampelone)才得以在红海海岸北部建立起来。如果这些事业都在他的统治之下发生的,那么他很可能就是阿伽撒尔基德斯所提及的"亚历山大国王"之一。而皆因得到了他的允许,商人们才有可能在亚喀巴湾(Gulf of 'Aqabah)通航。托勒密二世的这些举措,结合阿里斯顿之前的探索,可能表明托勒密二世的目的是重新开辟所罗门和希兰的航线。鉴于当时巴勒斯坦和腓尼基均已归属于托勒密王朝,这一推测似乎合乎逻辑。不过,这一企图引起了纳巴泰人的强烈反应,他们控制着一条从南阿拉伯延伸到北方终点的陆路商队路线,并赖以为生。

阿伽撒尔基德斯写道:"很久以前,纳巴泰人通过养殖牲畜谋生,通过公正的手段赚取生活所需,过着体面的生活;但后来,亚历山大国王们允许商人们通航于亚喀巴湾,他们便开始袭击遭遇船难的人们,同时建造了海盗船,抢劫航海者,其残忍和无法无天程度堪比'庞蒂克的塔乌里人'(Pontic Tauri)。但之后他们在辽阔的海洋上被四列桨战舰抓获,并受到了应有的惩罚。"[21]

然而,尽管托勒密进行了一些活动,一些希腊商船可能也已经到达了南阿拉伯,但在前3世纪,南阿拉伯与埃及之间的陆地和海上贸易很可能还是主要掌握在阿拉伯人手中。关于这个情况有两个确凿的证据。一个证据是阿伽撒尔基德斯的一句话:"因为似乎没有哪个民族比示巴人和格尔哈人更富有,他们是亚洲和欧洲'一切以运输之名而称之的事物'的代理人。正是他们使托勒密时期的叙利亚富有黄金,并为腓尼基人的事业提供了有利可图的贸易和成千上万的其他事务。"

很明显,这段文字是指前3世纪,当时的托勒密王朝势力还未被驱赶出叙利亚和巴勒斯坦。尽管作者似乎主要考虑的是以腓尼基港口为终点的陆路商队交通，但短语"一切以运输之名而称之的事物"（*pān to pipton eis diaphorās logon*）必定是包括船运的；而我理解的示巴人和格尔哈人所谓的"代理人"（*ektetamieumenōn*）是指积极参与者，而不仅仅是掌控者。另一个证据是来自吉萨（al-Gīzah）的一则葬礼铭文，用古也门字母（South Arabic script）和米奈语书写，日期为"托勒密之子托勒密"纪年的第 22 年，如果这指的是托勒密二世，该年份便极有可能是前 263 年。在这段描述中，有一个名叫宰德二世（Zayd-II）的米奈人，他是宰德（Zayd）的儿子，也是埃及神庙的一名祭司。他从自己的国家进口了没药和菖蒲，以供神庙使用。之后，他用"自己的商船"出口名为"拜苏丝"（*byssos*）的埃及亚麻制成的精美服装。很自然地可以推测，宰德二世被任命为埃及祭司，其目的明显就是进口供奉神灵所需的香料。[22]

假使米奈人和示巴人在前 3 世纪可以航行到埃及，那么我们可以提出疑问，这个情况在此之前持续了多少个世纪呢？数千年来，阿拉伯香料一直被用于埃及的防腐和祭祀。那么在鲜为人知的埃及南下航行之间的间隙期，这些产品是由阿拉伯船只北上带来的吗？根据我们来自早期希腊化时期的证据，这似乎是可能的：但并没有什么可用的证据，因为总是还有另一条替代路线，即通过骆驼穿过阿拉伯半岛和西奈沙漠的陆运路线。

阿伽撒尔基德斯用令人难忘的句子描述了沿南阿拉伯海岸的航行，他可能利用了一些想象力来去填补知识上的空白。"一种如天堂般的、难以形容的芬芳似乎触动并刺激着每个人的感

第一章　前伊斯兰时期的贸易路线

官。即使在远离陆地的地方航行，你也不会错过这种享受。因为在春天，每当有风从陆地吹来时，没药丛和其他类似植物上散发的芬芳气味会被吹到附近的海域。"然后这位可敬的地理学家继续谈到"极乐岛"（Happy Isles），这个名字显然是梵文（*Dvipa Sukhatara*）的希腊译名，即索科特拉（Socotra）。他声称，商人们从四面八方来到这些岛屿，包括印度河口的帕塔拉（Patala）、波西斯（Persis）和卡尔马尼亚。因此，索科特拉已经具备了一种国际性特色，印度人、阿拉伯人、希腊人，可能还有波斯人和非洲人，在这里的市场上互动交流。

根据流传于6世纪的传说，托勒密王朝曾派遣希腊"殖民者"前往该岛，但更有可能是这些商人自发前往定居的。[23]

确实有充分的理由相信，南阿拉伯半岛和索科特拉是这个时期埃及与印度之间所有往来的"中转港"（entrepôt）。除了上面提到的阿伽撒尔基德斯关于示巴中间商和索科特拉的陈述外，《航行记》中也提到了阿拉伯半岛的"福地"尤达蒙［Eudaemon，即亚丁（Aden）］："此处被称为'福地尤达蒙'，曾为一座城市，彼时还未有人从印度航行到埃及，人们亦不敢从埃及穿越这片海洋到达其他港口，然而所有人都会聚集于此；彼时，'福地'尤达蒙接收来自两国的货物，就像亚历山大这座城市现在接收了来自国外和埃及境内的物品一样。"托勒密二世与孔雀王朝（Maurya）的月护王旃陀罗笈多（Chandragupta）以及阿育王（Asoka）进行外交活动所交换的使节，以及他在前271—前270年的凯旋游行中展示的印度妇女、牛和大理石，可能都是以这种方式通过示巴港口进行转运的。[24]

在前 2 世纪，我们有证据表明，阿拉伯商人曾活动于爱琴海的提洛岛（Delos），这里是当时东方与地中海世界贸易的中心，特别是在岛上发现了米奈人和示巴人的铭文，这些铭文是用来供奉南阿拉伯的神祇的。[25]在那个世纪末，托勒密与印度的交往出现了两个重要的发展，不过这可能起初让南阿拉伯人感到沮丧。

（1）托勒密七世（厄葛提斯二世/Euergetes II，前 146—前 116）似乎对发展红海商业很感兴趣；前 130 年的铭文提到了一位"负责航行"以及通往科普托斯沙漠的路线的官员。然后，在前 120 年至前 110 年之间，为我们所知的是，埃及派遣了一个名叫欧多克斯（Eudoxus）的齐库斯人（Cyzicus）领导一支海上远征队直接前往印度。从这个时候开始，似乎有前往印度的定期航行，埃及国王对此进行了一定的监督：其证据是，我们在埃及发现了四篇前 110 年至前 51 年间的题献铭文，其中提到了"负责红海和印度洋"的托勒密王朝官员。[26]（2）不论是在欧多克斯的远征中还是几年后，一个名叫希帕卢斯（Hippalus）的希腊人学会了利用夏季吹拂的西南季风直接横渡印度洋的航海技术。起初，这项新知识只用于穿越阿拉伯海最北部的区域，即马赫拉（Mahrah）海岸和印度河三角洲之间的海域；但船长们逐渐变得更加大胆，直到他们能够从红海的入口处径直航行到马拉巴尔（Malabar）。这些事件未见诸任何早于《航行记》和普林尼著作的文献记载中，而希帕卢斯过去的发现常常被认为发生在克劳狄乌斯统治时期（41—54）；但最近的研究倾向于将这一事件置于托勒密王朝晚期。希帕卢斯可能是陪同欧多克斯的领航员；有鉴于此，既然根据《航行记》的表述，希帕卢斯并非第一个航行到印度的人，那么可以推断在欧多克斯之前一定存在这样一个时期，彼时希腊人已经可以沿着海岸航行到印度了。抑或，欧多克斯就是第一个进行沿岸航行到印度的希腊人，而希帕卢斯紧随其后；但无论如何，做出此项壮举的时间都不可能晚于前90年，这样才能给普林尼提到的航线发展的后续阶段留出时间。

25　　希帕卢斯的发现是一个具有深远意义的重要事件，这也给历史学家带来了问题。出于这两个原因，我们可以更详细地审视它。希帕卢斯到底发现了什么？《航行记》给出了如下的描述："整个航程如上所述，从迦南（Cana）和阿拉伯半岛的'福地'尤达蒙出发，他们通常使用小船，沿着海湾的海岸附近航行；而希帕卢斯是一位通过观察港口的位置和海洋的状况，首次发现了如何直接横渡大洋的航海员。因为当我们在这里吹着地中海季风的时候，印度海岸的风从大洋深处吹来，这种西南风被称为希帕卢斯风。从那一天开始直到现在，有些船从迦南直接出发，有些船从香料之角（Cape of Spices）*出发；而那些前往达米里卡港（Damirica）的船需要将船头调整到明显偏离风向；而那些前往婆卢羯车和西徐亚（Scythia）的船只沿岸航行不超过三天，在其余时间则直接朝着大海航行。它们保持相同的航线从这些地区出发，在有利的风向下远离陆地，这样就驶过了前面提到的海湾。"

---

* 即瓜达富伊角。

首先要明确的是，希帕卢斯并非首个发现季风"存在"的人。自从尼阿库斯从印度河返回（前326—前325）以来，季风的存在及其季节变化已经是希腊人所知晓的常识了；即使他们不知道，第一批在红海之外度过完整一年的希腊人也会意识到这些。阿拉伯人无法将季风视为"商业秘密"，就像他们无法将太阳或月亮视为秘密一样。进而需要注意的是，无论《航行记》和普林尼都没有将从印度返航的任何发现归功于希帕卢斯。显然，无论是阿拉伯人还是希腊人，都会利用东北季风在冬季返航，这为向西航行提供了最佳的航行条件。

正如《航行记》明确指出的那样，希帕卢斯发现的是"如何利用"自西向东的季风"回航"印度。进而言之，毫无疑问，他利用的是夏季的"西南"季风。《航行记》和普林尼在多个篇章提到了"季节"——在7月离开埃及。他们不仅都指出希帕卢斯风的"方向"是西南或西，《航行记》还明确指出这种航行是危险的，而"危险"这一修饰仅适用于西南季风。

尽管承认事实如此，我们仍然需要寻求解释。这个问题会迅速浮现在任何了解印度洋的现代水手的脑海中。从6月到10月，当西南季风来临时，风势通常很猛烈，海面也波涛汹涌，有时候没有一艘帆船能够面对它。此外，马拉巴尔海岸缺乏港口，因此在强劲的西风中停留在近海是不安全的。现代阿拉伯船只从亚丁出发航行的做法是在冬季启程，在哈达拉毛海岸的背风处"随风缓进"* 前

---

* 原文为 ghosting，此处含义为在风力较弱时，缓慢航行。

行，然后在足够靠北和靠东的某个地点等待，在东北季风到来之前离开。他们按照这种方式航行时并不会遇到困难。那么，希腊人和罗马人为什么选择在另一个充满危险的季节进行航行呢？

对于这个问题的回答在一定程度上是具有推测性的。最稳妥的方法是从现存史料给出的理由入手：利用西南风航行是"因为它更快"。普林尼从奥塞利斯（Ocelis）到穆吉里斯（Muziris）的航行耗时"四十天"，似乎并不特别快；但无论如何，它肯定比之前的沿岸航行要快。这就是"更快"的直接含义。不过，如果在向东的航行中也能利用到东北季风，那么这句话也意味着西南季风比东北季风更快——否则希腊人就会选择东北季风出航。此时考虑两个方面的原因可能会使从埃及返回的希腊船只在东北季风条件下遇到一些不利情况。第一个原因是，当他们启程驶过红海南部时，将会遇到整个东北季风季节（从11月到3月）之前和其间在那里盛行的逆风，主要是来自东南和东部的风。另一个原因是，一旦他们到达印度洋，希腊的船只（假设它们在地中海时候一样，都配有横帆）无法像阿拉伯的纵帆船那样适应逆风航行。因此，他们需要沿着南阿拉伯的海岸继续前行，然后等待转向印度的东北风。而他们可以通过利用西南季风来避开上述两个困难。因为在夏季期间，红海南部盛行西北风，这解释了为什么人们认为7月离开埃及是个好时机。在印度洋中，船只可以在8月份利用西南季风的作用直线航行，并在9月初相对安全的时候抵达马拉巴尔海岸。航线尽管更为崎岖，但速度很快。奇妙的是，希帕卢斯"通过观察港口的位置和海况"，学会了如何进行这种航行。其他希腊人开始效仿并改进了希帕卢斯的方法,在接下来的两百年甚至更长时间里,以这种大胆的方式继续前往印度。[27]

现在可能要问一个关于阿拉伯人的问题。他们是如何航行到印度的呢?据我所知,没有关于这段时期航行的直接证据。但我们可以利用其他证据做出一些推断。首先,如果希帕卢斯是借助西南季风航行的,并且这种航行方式是一个"新的发现",那么在他之前的阿拉伯人肯定不是这样航行的。其次,希腊的船只是用钉接工艺结实地建造的,而阿拉伯人的船只则是用椰子纤维缝合起来的,后者是适应晴朗天气的船只,因为会在恶劣海况中解体。所以,阿拉伯人几乎不可能在西南季风中出海。那么,余下便只剩下两条路线可供选择了。一种可能是阿拉伯人或许一直沿着阿拉伯半岛和伊朗的海岸航行。希帕卢斯之前的希腊人就这样做过,很可能他们是在效仿阿拉伯人的做法。另一种可能是阿拉伯人通过上文所描述的那种方式利用东北季风,他们如今便是如此,而且几乎可以确定他们在中世纪也是这样做的。这个解释也是合理的。很可能两条路线都在同时被使用。

关于前1世纪的情况,我们对罗马共和国末期之前的航海活动知之甚少。但很可能在托勒密王朝晚期的软弱统治和罗马内战的混乱时期,从埃及到印度的航运量有所下降。斯特拉波下文的记载可能谈及的便是这段时期:"以前[每年]甚至没有20艘船敢于穿越阿拉伯湾[红海],到海峡之外……"。[28]

随着奥古斯都(前31—后14)恢复了地中海世界的和平,各地的交往也得到了改善,而普遍的繁荣使得罗马、亚历山大等

第一章 前伊斯兰时期的贸易路线

大城市对东方奢侈品的需求增加。整个朱里亚·克劳狄王朝和弗拉维王朝时期（前31—后96）是希腊-罗马与印度和阿拉伯贸易的黄金时代。早在奥古斯都统治时期，斯特拉波就报告说，与往昔相比，现在每年至少有120艘船从米乌斯·赫尔穆斯（Myus Hormus）航行到印度。

在尼禄时代（54—68），普林尼抱怨罗马帝国的货币正在流失，并记录了这位皇帝在其第二任妻子波培娅（Poppaea）的葬礼上所燃烧的大量乳香。在印度出土了大量罗马硬币，同时在马拉巴尔的穆吉里斯存在一座奥古斯都神庙，这证明了那里曾经居住着相当数量的希腊和罗马商人。这种贸易在历史文献中时常有所记载，我也是仅仅提一下《航行记》和普林尼的著作中所揭示的这种贸易的显著特点。这一贸易的西方终点是亚历山大港。从那里，商品——葡萄酒、青铜、锡、黄金和各种制成品——被带到了尼罗河更往上的科普托斯；接着，从科普托斯前往米乌斯·赫尔穆斯或贝伦尼斯需通过陆路。从这些港口出发的是大型船只。如果它们的目的地是南阿拉伯，那么交易乳香和示巴人的其他香料的市场就在穆扎（Muza）。但是前往印度的船只并不在那里停靠；他们在奥塞利斯或坎尼（该地离贝伦尼斯有30天的航程）上船。然后，前往马拉巴尔海岸——穆吉里斯（迈索尔）或其他地方——的船只将直接横渡印度洋。普林尼认为从奥塞利斯到穆吉里斯需要40天，并说要带弓箭手上船以防止海盗袭击。但如果目的地是婆卢羯车（今布罗奇，近代曾用名Broach）或印度西北部的任何港口，他们会沿着海岸航行，到达斯亚格鲁斯角（Cape Syagrus）*后才开始横渡印度洋的航程。另一条航线是沿着非洲海岸一直走到香料之角，在确定前往印度的航线之前，也许会在索科特拉岛停靠。在印度北部，船只装载着丝绸、棉花和其他高级布料；在南部，则装载着珠宝和胡椒。锡兰岛（Ceylon）已为人所知，尽管当时还没有与锡兰岛进行任何定期的来往。但斯特拉波提到，一些商人已经航行到了恒河口，而且那里的大使也来到了奥古斯都身边觐见。来自埃及的希腊人也与索马里海岸的港口进行贸易，其范围从阿克苏姆（Axum）王国的阿杜利斯一直到远在香料之角以外的欧波尼（Opone）。这个地区的主要出口产品是象牙、兽皮、肉桂和奴隶。[29]

所有这些沿红海南下的宝贵贸易活动，其重要性足以使其成为罗马帝国关注的对象。商人需要保护自己免受海上盗匪的袭击，同时他们也必须面对港口中的敲诈勒索行为。然而，政府也需要考虑到商人所带来的税收收入，以维持国库的平衡。为了向南阿拉伯人展示罗马的实力，也或许是为了占领他们的一个首都，奥古斯都派遣了埃利乌斯·加卢斯（Aelius Gallus）进行阿拉伯远征（前25或前24）。然而，这次远征的计划不周，选择了最糟糕的路线。这个路线首先从苏伊士湾穿过红海的一段糟糕的海域，到达阿拉伯西北海岸的雷乌凯克美，然后在可怕的西阿拉伯半岛地区长途跋涉数百英里，最终到达也门。陆地上的行军情况并不是我们关心的主要对象，但斯特拉波对渡海过程做了一个有趣的简

---

* 即今也门"法塔克角"，英文名为 Ras Fartak。

短描述。

斯特拉波记载道："第一个错误是建造长船［有桨战舰］，而当时海上并没有战争，也不会有战争。因为阿拉伯人即使在陆地上也不是善战之辈，他们更像贸易商人，在海上毫无战斗力。"最后一句话有些过于武断，因为在托勒密时代就有纳巴泰人海盗出没。但是，彼时的纳巴泰人仍是罗马可以信赖的盟友。在这些地区，没有任何民族可以建立起足够的海上力量去抵抗这一切。意识到自己的错误后，加卢斯建造了130艘运输船（$skeuag\bar{o}ga$）。而且，这些船都是帆船，它们只需要很少的船员就能运送大量的军队。

"在经历了许多苦难和艰辛之后，他们在15天内到达纳巴泰的雷乌凯克美，该地是一个大型商业港口。他们在航行中失去了许多船只，其中一些船只上的人全部遇难，而这并非因为敌人的袭击，而是因为航行的艰难。"[30]

在克劳狄乌斯统治时期（41—54）或更早的时候，罗马人占领了阿拉伯半岛的"福地"尤达蒙港，从而尝试重新开始控制阿拉伯半岛南部。《航行记》中对此事件有这样一句简短的描述："但在我们这个时代不久之前，恺撒［Καῖσαρ］（Caesar）征服了它。"但这个说法一直备受争议。我至多只能断定，在海上进行这样的征服活动是有可能的。从米乌斯·赫尔穆斯或贝伦尼斯到亚丁的航程，不会超过从普特奥利（Puteoli）到亚历山大港的距离。如果红海南部沿岸的国家没有战舰，那罗马就不需要战舰了——而且没有迹象表明他们确实拥有战舰。在这种情况下，只需要一些看似无害的商船，运送着几百名罗马军团士兵。一旦士兵们登陆上岸,当地国王的军队将难以与之匹敌,即使反抗也是徒劳无功。整个行动相较于加卢斯的远征或 6 世纪波斯从海上入侵阿拉伯半岛南部要容易得多。[31]

更为确定的是,在《航行记》写就的年代,罗马正与也门山脉希木叶尔(Ḥimyarite)的佐法尔(Ẓafār)王子结成联盟。希木叶尔部落被希腊人称为"霍默利泰人"(Homeritae),他们正在取代示巴人成为南阿拉伯的主要力量。他们的联盟,可能加上在阿拉伯半岛"福地"尤达蒙的罗马驻军,将足以确保南阿拉伯人遵守规则,避免发生挑衅行动的可能性。[32]

尽管希腊-罗马进行了商业和海军上的干预,但仍然给予了阿拉伯商人充足的活动空间。《航行记》记载了阿拉伯人在 1 世纪中叶的海外贸易,同时描述了阿拉伯半岛及邻近国家的海岸线状况。从阿拉伯半岛西北部开始,《航行记》将雷乌凯克美描述为纳巴泰人在阿拉伯半岛进行本地海洋贸易的市场。除这个地方以外,其余的阿拉伯海岸都是肮脏和荒凉的。并且若有船只触礁沉没,贝都因人会洗劫并奴役那些不幸困在礁石上的人们。我们"尽可能快地"驶过这个国家,以便来到也门,因为那里的人们更加和平。我们在穆扎附近停泊,这是一个"依法建立的集镇",位于现代的穆哈(Mukha)或附近的地方。

"……整个地方都挤满了阿拉伯船主和航海者,他们忙于商业事务;因为他们与遥远的海岸[厄立特里亚和索马里兰]和婆卢羯车进行贸易,并派遣自己的船只到那里。"下一个停泊地是曼德海峡的奥塞利斯,它只是船只前往印度途中的一个简单的补

第一章　前伊斯兰时期的贸易路线

给点。在此之后是阿拉伯的尤达蒙，也被称为阿拉伯半岛的"福地"，这是阿拉伯半岛上唯一真正的港口。正如我们所见，尤达蒙是此前阿拉伯半岛用于交换印度和埃及货物的市场。但是现在，它甚至不再作为希腊和罗马船只前往印度的停靠港，已经沦为"海边的一个村庄"，而此前的繁荣可能是因为有罗马驻军。在阿拉伯半岛尤达蒙的东边是坎尼，该地位于乌鸦城堡（Ḥiṣn al-Ghurāb）*地区。该地因为集中了这个国家种植的所有乳香而成为集市，而这些乳香都是通过骆驼、当地的皮筏和船只运到这里的。这个地方也与远方的集镇，[以及] 婆卢羯车和西徐亚 [印度河流域]，还有阿曼那和附近的波西斯地区都有贸易往来。然后《航行记》提到了哈达拉毛海岸的摩沙（Moscha）以及其他一些较小的地方；而索科特拉岛，是"乳香国国王"（位于南阿拉伯）的附属地，其北岸居住着阿拉伯、印度和希腊商人。[33]

以上引用的段落表明，来自穆扎和坎尼的阿拉伯商船与婆卢羯车进行着定期贸易。在《航行记》中，没有显示出阿拉伯人曾在婆卢羯车以南地方活动的证据。但很有可能他们在长达几个世纪的时间里，一直航行到马拉巴尔海岸，以获取建造自己船只所需的木材（请参阅第三章）。《航行记》中提到的停靠在马拉巴尔海岸主要港口穆吉里斯的船只包括希腊的船只以及疑似来自今孟买附近的阿里亚兹（Ariace）的印度船只。在《航行记》中还提到了停泊在马拉巴尔海岸的一种被称为"桑伽拉"（sangara）的

---

* 其地位于也门哈达拉毛省穆卡拉市，英文版原文为 Ḥiṣn al-Ghurāb，译者据阿拉伯文拼写修正。

非常大型的印度船只，而航行到恒河的其他一些船只则被称为"科兰迪亚"（colandia）。尽管阿里亚兹和婆卢羯车将它们的产品（包括糖）运往了非洲的索马里海岸，但《航行记》却没有提到在阿拉伯海岸的任何地方有印度船只活动的迹象。[34]

在东非海岸，阿拉伯商人随处可见，一直往南延伸至桑给巴尔（Zanzibar）附近的拉普塔（Rhapta）。在红海区域内部，南阿拉伯殖民者建立了一个年轻的独立王国阿克苏姆。索马里兰和其他地区，也都正由阿拉伯的王公统治着，就像桑给巴尔仍然存在的阿拉伯苏丹一样。《航行记》中关于拉普塔的描述是："摩法里蒂克（Mopharitic）首领［一位也门王公］根据某种古老的权利来统治这个地方，这个地方受到阿拉伯海岸上第一个抵达的城镇［穆扎］的主权支配。穆扎的人民现在处于他的管辖之下。同时他也派遣商船前往该地，在大多数商船上雇用阿拉伯人作为船长和代理人。这是因为他们熟悉当地居民，有些人与当地人通婚，并了解海岸的情况和当地语言。"该书作者写道，在拉普塔之外，"大海未曾探索，并且向西弯曲"。[35]

在图拉真（Trajan）、哈德良（Hadrian）以及安敦尼王朝（Antonines）诸帝统治时期（98—192），地中海世界和印度洋沿岸地区之间的贸易继续蓬勃发展。图拉真改善了红海和地中海之间的交通。在红海的东岸，他于106年将纳巴泰的臣属国降为罗马的一个行省，即"阿拉比亚"省。并从亚喀巴湾的尽头埃拉出发，修建了一条主干道，经过佩特拉和波斯特拉（Bostra）到达大马士革。此时，埃拉业已取代雷乌凯克美成为纳巴泰的主要港口。由于这些变化,纳巴泰人成为经济上的受益者,因为2世纪的佩特拉从未如此繁荣。在埃及这一侧,图拉真清理了自托勒密时代以来再次淤塞的古老运河,并在其西端开凿了一段新的运河,将其引入埃及巴比伦堡的尼罗河,即旧开罗的位置;这将更好地连接尼罗河三角洲西部或卡诺皮克(Canopic)支流,从而更加便捷地通往亚历山大城。图拉真运河与红海交汇的地方此刻发展成了克里斯玛港(Clysma)。图拉真的这些工程表明,在这个时期,苏伊士湾和亚喀巴湾对希腊和罗马水手来说并没有什么可怕之处;其中一个原因是红海存在一支罗马舰队,可以随时打击海盗。有一篇引人注目的铭文,来自哈德良统治期间(117—138)的埃及,提到了红海中一个繁荣的且得到皇家认可的帕尔米拉(Palmyrene)船长行会。这些沙漠商队习惯于组织远距离商业探险,因此即使他们的城市位于沙漠中央,转身投向海上也毫不费力。[36]

克罗狄斯·托勒密(Ptolemy Claudius,约150—160)的《地理学》(Geography)表明,在安敦尼王朝时期,希腊人对印度洋的了解比《航行记》和普林尼时代的人们更深入。他们当时正沿着东非一直航行到远至拉普塔。他们比《航行记》的作者更熟悉哪怕远至阿曼的阿拉伯半岛偏远海岸。在阿拉伯半岛的西南部,托勒密提到了穆扎、奥塞利斯、坎尼和在亚丁的"阿拉伯贸易港"(Arabias emporion)*,即古阿拉伯半岛的"福地"尤达蒙港。

---

* 希腊化和罗马时代分布于地中海及里海沿岸附近的商业定居点或者贸易港口,最初被称为"Emporia"。

图 4　一艘罗马帆船

这幅画出自一个约 2 世纪时期的石棺，发现于西顿（Sidon），现藏于贝鲁特博物馆。此画描绘的是过去往返于亚历山大港和罗马之间的运粮船。请注意船上的"阿尔特蒙桅"（artemōn）和小斜杠帆（small spritsail）。摘自 G. 孔特诺（G. Contenau）的《腓尼基文明》（*La civilisation phénicienne*），第 272 页。巴勒斯坦考古博物馆藏书。

图 5 阿旃陀船

摘自孟买东北的阿旃陀石窟的壁画，推测时间为 630 年左右。这艘船使用了三块横帆，看起来像是中式帆船，帆面高大而窄。请注意船头上的艏斜桅帆（bow oculusspritsail）、船艏上绘制的圆眼、船艉楼甲板上的罐子、两个边舵，以及前桅帆（jib sail）。图片摘自 G. 亚兹达尼（G. Yazdani）等编《阿旃陀，彩色与黑白复制品》（*Ajanta, The Colour and Monochrome Reproductions*），第 2 部分，插图第 42。

当时希腊人正航行到锡兰，托勒密对其进行了描述。当时的人们已经了解到深入孟加拉湾的恒河口，一些冒险家曾航行到马来半岛，即"黄金半岛"（The Golden Chersonese）。在那之后，某位名叫亚历山大的旅行者曾深入到"卡蒂加拉港"（Cattigara）。汉朝帝王后期编年史*显示，在亚历山大之后还有其他人继续前往卡蒂加拉，并且提供了比托勒密更多关于"卡蒂加拉"位置的线索：166年，"大秦国王安敦[马可·奥勒留·安敦尼]派出一个使团，从日南边境[安南]进献象牙、犀牛角和龟甲。与这个国家的直接交往就是从那个时候开始的。他们的贡品清单上没有任何珠宝，这让人们对这一传闻产生了怀疑。"**事实上，该"使团"可能是由来自东非的跨区域商人组成的，所以他们的"贡品"中才没有地中海的贵重物品，取而代之的则是非洲的产品。另外，史书中没有提到贡品中存在珠宝的这一事实，这更加坐实了这个传闻的真实性，而不是令人对其真实性产生怀疑。从埃及到中国边境的壮阔航行，奠定了希腊人在波斯人和阿拉伯人的远东水域活动中的先驱者地位。[37]

在3世纪，随着罗马帝国经济的衰退和货币的贬值，几乎所有这些希腊人的海上交通都凋零了。尽管目前我们很少能够找到关于这方面的证据，但在罗马皇帝卡拉卡拉（Caracalla，212—217年在位）统治时期以后，印度的罗马硬币几乎完全消失了，该事

---

* 即《后汉书》。
** 原文为："大秦王安敦遣使自日南徼外献象牙、犀角、玳瑁，始乃一通焉。"

实充分证明了这一点。[38]

萨珊帝国和拜占庭帝国时期

在伊朗方面，波斯萨珊王朝于225年左右征服了帕提亚人的安息帝国；而在地中海帝国（即罗马帝国）方面，君士坦丁堡于330年取代了罗马，成为新的首都。萨珊王朝的建立激发了波斯人的民族主义，但罗马的迁都使得帝国的权力中心随之东移，两相作用之下，波斯与罗马的冲突趋于尖锐化。在这样的矛盾冲突的趋势之下，马兹达派教徒（Mazdean）和基督徒之间的宗教冲突也进一步加剧。在南阿拉伯，希木叶尔将示巴和其他王国吸收并融合成一个统一的国家。而在红海对岸，阿比西尼亚的阿克苏姆王国则日益壮大。

目前我们可以见到的3—5世纪的资料是最贫乏的。虽然对生活的方方面面充满了强烈的好奇心，不过落实在文献记录中，古希腊人却对寻求灵魂的福祉给予了更大的关注。之后几个世纪，阿拉伯历史学家和地理学家对伊斯兰教之前的这段悠久历史几乎没有提供任何独立有价值的信息。这一时期幸存下来的波斯以及任何时期的叙利亚文献资料，几乎完全是宗教性的，而印度的各种文学作品在对尘世事实的回避方面一直是无与伦比的。因此，在这个时代，我们只能获得一些关于东方航海的零星片段。[39]

萨珊王朝似乎鼓励波斯本土的航海业，此项事业在之前从未兴盛过。第一任君主阿尔达希尔一世（Ardashir I, 225—241年在

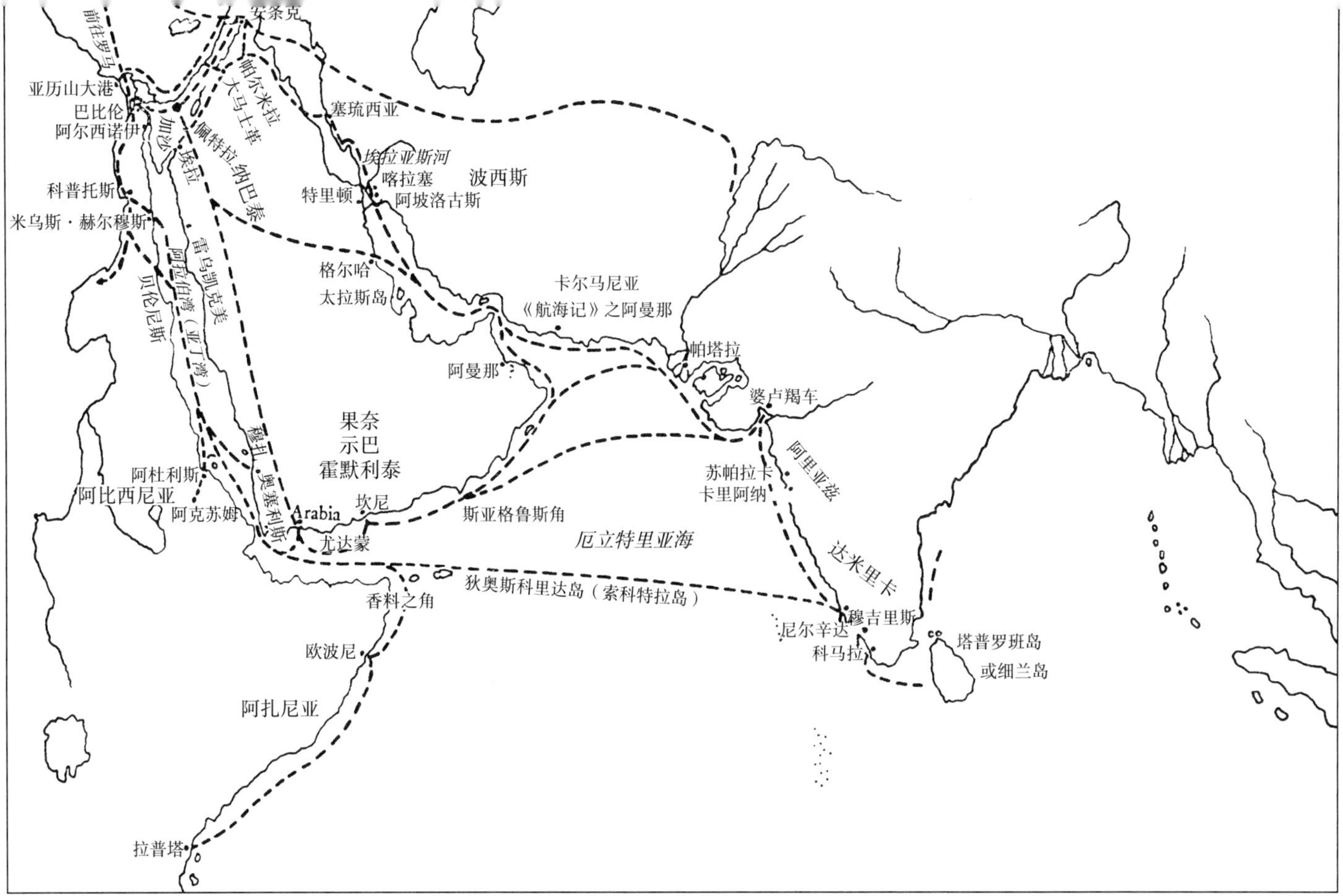

图 6 希腊-罗马时期的中东

位）建立了许多海港和内河港口。纳尔斯（Narseh，293—302年在位）与"赞德-阿弗里克-沙赫"（Zand Afrik Shah）——东索马里兰的僧祇（Zang）族国王——有联系。在4世纪早期，我们发现巴林和其后方海岸的阿拉伯人穿越波斯湾袭击了波斯帝国（约310年）；数年以后，萨珊王朝的君主沙普尔二世（Shāpūr II）回击了巴林，同时屠杀了许多巴林人，并将波斯殖民者安置在那里。在同一个世纪晚些时候，拉丁历史学家阿米阿努斯·马塞林努斯（Ammianus Marcellinus）在描述萨珊王朝时指出，波斯湾有很多航行活动，并且海上船只的终点站是幼发拉底河入海口处的"特里顿"——这个古老名字的再次出现令人惊讶。邻近的阿拉伯人被描述为拥有几个避风港和停泊地，并且能够充分开发陆地和海洋财富的民族。一部涵盖386—556年的中国编年史*再次记载道："从帕提亚［现在的波斯］的西部边界，沿着弯曲的海岸线，你也可以到达大秦［叙利亚］，总路程需要绕行10 000里［1 000英里］。"**在公元5世纪，另一份中国文献***记录了中国与印度、东非和叙利亚之间的海上贸易；根据稍后的情况来判断，无论情况如何，中国的船只可能在锡兰的港口与来自西方的船只相遇。414年，中国僧人法显在锡兰注意到有"许多示巴（中文史料记载为"萨薄"）商人"。[40]

在这几个世纪里，希腊罗马与印度的往来下降的程度体现

---

* 即《魏书》。
** 原文为："从安息西界循海曲，亦至大秦，回万余里。"
*** 即《宋书》。

在这一事实：在那时的很多时候作家们常常把"印度人"的名称转嫁到了阿比西尼亚人（Abyssinian）和希木叶尔人之上。即便冒着可能会犯"乞题谬误"的风险，但我仍然坚持认为这种解释必须适用于以下两个陈述，而这两个陈述早在 3 世纪下半叶就出现了。在伽利埃努斯（Gallienus, 253—268）的时代，我们得知"僭君"埃米利安努斯（Aemilianus）在埃及准备对"印度人"发动远征，但这个远征在他被捕时失败；此外，富有的东方商人菲尔穆斯（Firmus）也从埃及"频繁地向印度派遣商船"（约 275）。以上这些记录不太可能指的是真正的印度人。在那个世纪末，阿克苏姆国王从他位于阿杜利斯的港口派遣了一支远征军，征服了希贾兹（al-Ḥijāz）*海岸的阿拉伯人，并在一段时间内镇压了他们长期以来的海盗和抢劫行为。此后不久，也门遭到入侵，希木叶尔被并入阿克苏姆王国；但这种状况并没有持续多久，因为在 4 世纪中叶之前，希木叶尔再次赢得了独立。大约在 345 年，一个名叫西奥菲勒斯（Theophilus）的人领导了一个阿里乌派（Arians）的基督教传教团前往那里。据称此人是一名"印度人"，来自"迪波斯"（Dibos）岛，而该地可能是极乐岛（索科特拉岛）。这个传教团在亚丁（即阿拉伯半岛的"福地"尤达蒙）建立了一座教堂，那里是希腊-罗马商人的市场和港口；换而言之，他们定期从埃及航行到这里，并有足够多的商人聚居，以至于需要建立一座教堂。红海北端的港口有克里斯玛港和埃拉；雷乌凯克美虽然

---

* 又称"汉志"。

在3世纪末仍然存在,但已经不再被人提及。[41]

与这种长期的不为人知形成鲜明对比的是,6世纪的第二个二十五年提供了相当多的信息可供参考。查士丁尼(Justinian)统治时期的历史学家普罗柯比(Procopius)在其《波斯战争》(*Persian Wars*)一书中,有一段关于红海周围事件和地点的富有启发的短篇。理论地理学家科斯马斯·印第科普莱特斯(Cosmas Indicopleustes)能够根据个人知识写下红海及其以外的贸易情况,而这仰赖于他年轻时拥有作为商人访问阿杜利斯以及曾经航行穿过曼德海峡的经验。《圣阿雷塔斯殉道记》(*Martyrdom of St. Arethas*)的作者不详,该书记载了阿比西尼亚对也门的入侵。这些作者的记载得到了约翰·马拉拉斯(John Malalas)、泰伯里(al-Ṭabarī)等人的补充。

这一时期的商业状况如下。锡兰是中国与近东之间进行海上贸易的"中转港"(*entrepôt*)。同时,锡兰也是中国和其他远东国家的船只可航行到的最西处,并从此处开始,再往西的贸易就被波斯人和阿克苏姆人所掌握了。希腊商船曾经最远可以航行到阿杜利斯,偶尔也会稍微超出曼德海峡。关于阿拉伯人的航海活动,我们一无所知。[42]

波斯航海活动在6世纪可谓非常活跃。科斯马斯记录了波斯船只曾进入锡兰的港口的历史事件,以及基督教聂斯脱利派(Nestorian)的传教士曾派遣波斯主教前往该岛的情况。波斯人是中国和西方世界之间丝绸贸易的中介人,同时与从"赛里斯"(Seres)出发的中亚路线以及从"秦奈"(Sinae)出发的海上商人进行贸易；通过海路运输的丝绸，由他们在锡兰的市场上购买后再运到波斯的港口。科斯马斯所知道的"中国"，其笔下的名称本身就是波斯语的形式："秦尼斯坦"（Tsinistan）。这位虔诚的地理学家断言："在秦尼斯坦之外，没有人航行，也没有人居住。"可能在伊斯兰教传入之前，波斯的船只就已经从伍布拉（al-Ubullah，阿坡洛古斯）*航行到中国了，而中国的船只到达波斯湾的可能性虽然较小，但仍然存在。本章的附录调研了关于这些问题的证据。波斯人在马拉巴尔海岸的马累（Male）和孟买附近的卡里阿纳（Calliana）建立了教堂。阿拉伯地理学家伊本·鲁斯塔（ibn-Rustah）认为，在伊斯兰教传入之前，来自印度的远洋船只常常沿着底格里斯河航行，最远可到达"双城"（al-Madā'in，即泰西封）。泰伯里提到了伍布拉在伊斯兰教传入之前的名字是"法尔吉·印地"（Farj al-Hind），即"印度边境"——足见该港口与印度之间存在着非常密切的海上联系。泰伯里还补充说，该地的波斯总督不得不与印度人在海上作战，这表明了印度人在波斯湾或阿曼湾存在海盗活动。在阿拉伯半岛南部水域，波斯人在索科特拉岛建立了他们的教堂。在阿杜利斯发现了波斯人的船只。毫无疑问，他们曾经造访过希木叶尔，这为下文要提到的波斯远征也门提供了一些背景；但这个时期也门的宗教影响主要反映了其与阿克苏姆和拜占庭帝国的联系。[43]

  发现阿比西尼亚人在海上航行是令人惊讶的，因为我们不

---

* 《新唐书》作"乌剌国"。

第一章　前伊斯兰时期的贸易路线

认为他们是一个善于航海的民族。但是科斯马斯的记录揭示了阿杜利斯的水手们在僧伽罗（斯里兰卡）港口出没的情况，并且这一点也得到了普罗柯比的证实。在本章开头引用的塔拉法的诗句中，一艘船被修饰以阿拉伯语单词"'Adūlīyah"* 或"'Adawlīyah"**；如果这个词的意思是"阿杜利斯的船"，那么这就表明在波斯湾存在这样的船，因为希拉的诗人对这些水域很熟悉。根据科斯马斯的说法，从阿克苏姆出口到印度、波斯、希木叶尔和罗马帝国的象牙很可能是由阿比西尼亚的船只运来的。[44]

红海中的希腊商人有两条航线。一条从亚历山大港出发，沿尼罗河而上，穿过沙漠到达某个海港，再沿红海而下，到达阿杜利斯，如果需要的话，还可以到达阿比西尼亚的内陆首都阿克苏姆。另一条从埃拉出发，沿着阿拉伯海岸航行；船只过夜时通常停泊在该海岸的一个天然锚地上，以避免夜间经过浅滩。航行目的地可能是希木叶尔港口：索科特拉岛上也有希腊人；但毫无疑问，阿杜利斯当时是拜占庭帝国和印度洋国家之间的主要商业交流中心。[45]

波斯人、阿比西尼亚人、希腊人，甚至索马里兰北部的"蛮族"柏柏里亚人（Barbaria）也成为航海者。那当时的阿拉伯人在做什么？即便科斯马斯和其他作家对他们的航运只字未提，这也并不能证明阿拉伯人没有航海活动；但是这也确实清楚地表

---

* 阿杜利斯之意。
** 阿杜利斯的另一种阿拉伯语拼写形式。

明了，此时阿拉伯人的航海在辽阔海洋上没有发挥任何值得注意的作用。这种衰落是阿拉伯半岛南部在6世纪经济普遍衰退的现象中的一个方面。很快，非阿拉伯势力对希木叶尔进行了政治征服，这种统治一直持续到伊斯兰时代。在524年或525年，阿克苏姆国王埃拉·阿兹贝哈（Ela Atzbeha）经过精心准备，从阿杜利斯派遣了一支庞大的远征军，他们越过大海，在也门登陆。虽然这次登陆在海滩上遭遇了阻碍，但值得注意的是，希木叶尔的暴君祖·努瓦斯（Dhū Nuwās）没有舰队可以在海上与敌人作战。阿比西尼亚人在希木叶尔建立了一个统治区，他们可以自豪地宣称他们既有阿拉伯血统又有传播基督教的使命，以此作为此次行动的正当理由。[46]

不久之后（531），普罗柯比记录了基督教皇帝查士丁尼向阿克苏姆派遣的一个使团，这段记录反映了那个时代的经济竞争。查士丁尼要求阿比西尼亚人"应该从［印度］的印度人那里购买丝绸，然后将其卖给罗马人；这样他们不仅能赚很多钱，同时也会把这些收益带给罗马人，这样他们［罗马人］就不必再被迫把自己的钱寄给敌人［波斯人］了"。阿比西尼亚人同意了，但却无法履行他们的承诺。"阿比西尼亚人不可能从印度人那里买到丝绸，因为居住在印度邻国的波斯商人总是习惯在印度船只最先停靠的港口［锡兰］买下印度人带来全部的货物。"波斯与锡兰的近邻关系，并不是波斯人垄断印度海上贸易的一个令人信服的原因；事实可能是，波斯商人已建立了长期的客户关系，而锡兰人不愿因与竞争对手做生意而得罪他们。然而，20年后，拜占庭帝国通过从中国陆路秘密运送并引入到西方的蚕蛾，解决了这个问题。[47]

阿克苏姆的国王们无法牢固地控制他们在阿拉伯的领地。总督艾卜拉哈（Abrahah）及其部队于540年左右发动了一次叛乱，阿克苏姆的国王两次出征都未能平息。最终，国王还是承认了总督的权威，不过条件是总督得支付一笔贡金。这个小小的封邑维持了大约30年，直到约570年被波斯人从阿比西尼亚人手中夺取。萨珊王朝的皇帝霍斯劳·阿努什尔旺（Khusraw Anūshirwān）对希木叶尔人的请求做出了回应。根据最详细的记载，他派出了8艘船，船上载有800名被释放的囚犯，由一个名叫瓦里兹（Wahriz）的人指挥；在海上损失了两艘船之后，幸存的600人登陆并推翻了阿比西尼亚总督的统治。这次征服是在当地武装力量的支持下才得以实现的。一位希木叶尔人首先被扶植为傀儡王公，但他在与阿比西尼亚人的对抗中未能独善其身；此后，在波斯总督的统治下，加强了波斯驻军，直到穆斯林征服该地区。[48]

因此，在先知（穆罕默德）的有生之年，希木叶尔人在阿拉伯地区的地位已经并不那么重要了。在神秘的历史进程中，活力的中心已经转移到北部的阿拉伯人身上，包括希拉和加萨尼王国（Ghassān），以及阿拉伯半岛中部地区尚未显露的势力。此刻，这些人还并非航海者：由于先天地理条件的安排，他们的生活与半岛自南向北运输的商队贸易密切相关，这些商队运载着非洲和亚洲的财富，将其运往近东和中东的两个雄伟帝国。诚然，《古兰经》对海洋有着生动的认识，并通过多次提及海洋的益处和危险来阐释真主的恩赐。也确实，麦加的古莱什部落与红海对岸的阿比西尼亚存在密切联系，正如一些最早的穆斯林移民便是迁移到那个国家（大约在615年）所证明的那样。但是，古莱什人似乎没有自己的船只，因为他们无法追击逃往海上的移民。他们宁愿等待外国船只在他们的海岸上失事，比如一艘失事的希腊船只的木材被用来修建他们克尔白（Ka'bah）的屋顶。在前伊斯兰时代，生活在沙漠的阿拉伯人创作的诗歌很少有涉及海洋的。[49]

在阿拉伯半岛东海岸，巴林和阿曼有他们的航运业，因此我们发现伊斯兰教兴起后不久，阿拉伯人就从那里发动了几次突袭。但他们的港口有很强的波斯元素，他们或多或少地成为萨珊帝国的附庸；阿曼的艾兹提（Azdite）部落中的许多阿拉伯人变成了马兹达派教徒。在伍布拉，海上人口很可能是波斯人和阿拉伯人的混血。伍布拉是波斯帝国在阿拉伯边境的一个城镇。[50]

北部阿拉伯人在航海方面的弱点有助于解释伊斯兰教第一次征服的方向。我们本来以为可能会有一次向苏丹和索马里兰的扩张活动。先知很可能曾致函给阿比西尼亚的尼格斯（Negus）*，要求其皈依伊斯兰教，但他缺乏船只和运输能力来强制执行这一要求。当然，穆斯林选择向北扩张还有其他原因。拜占庭和萨珊帝国在各个方面都比贫困的阿克苏姆王国更值得征服；并且两者在610—628年之间经历了波斯对叙利亚和埃及的灾难性入侵及其被击退的战争，因而实力严重削弱。

---

* 即阿比西尼亚国王的尊称。

附录：前伊斯兰时代波斯湾与中国之间的直航

人们常常声称，萨珊帝国与中国之间有直接的海上贸易，但其证据并不充分，因此有必要仔细注意每段文字所展示的内容。我将依次讨论相关的文献。

（1）一位中国旅行者义净的游记：《大唐西域求法高僧传》，第 2 卷，对开本第 5a 页，高楠顺次郎（J. Takakusu）英译本（*A Record of the Buddhist Religion*），牛津，1896 年，第 28 页："在初秋［公元 671 年］……，我来到了广东，在那里，我和一艘波斯船的船主约好了日期，准备乘船南下……最后我从广州城［广州（Canton）］海岸出海……"* 这艘船将他载到了苏门答腊。

如果文中的"波斯"（Po-sse）指的是"西亚的波斯"（见第二章第 62 页和注释 57），** 那便说明在萨珊王朝被穆斯林推翻后的不到四分之一个世纪，就有波斯人航行到中国。但是这些富有冒险精神的航行，似乎不可能是波斯人在被阿拉伯人打败后才立即开始的。更有可能的是，他们的这种航海活动可以追溯到萨珊王朝时期。

（2）这个结论得到了白拉祖里（al-Balādhuri）陈述的证实，在《征服诸国史》（*Futūḥ al-Buldān*）第 341 页，以及泰伯里《历

---

* 原文为："于时咸亨二年，坐夏扬府。初秋，忽遇龚州使君冯孝诠，随至广府，与波斯舶主期会南行。……至十一月遂乃面翼轸，背番禺。"

** 此处为原书页码和注释编号。对应为中文版第 81 页及该页注释 7。

代民族与帝王史》第 1 部分第 5 卷第 2383 页（两者显然是依据同样的传闻材料）。即在穆斯林征服时期，乌剌（伍布拉）是中国、印度、瓮蛮*和白莲**的船只所停靠的一个港口。泰伯里著作中的措辞"sufun min al-Ṣīn"即"来自中国的船只"，不一定指的是中国的船只。即便是由阿拉伯地理学家和历史学家使用的"sufun Ṣīnīyah"***，在一些时候无疑指的是驶往中国的穆斯林船只——例如在布祖格（Buzurg）《印度珍奇录》（Kitāb 'Ajā'ib al-Hind）第 85 页（引用于第三章附录，起始处），就有一个由波斯人担任船长的"中国舶"（markab Ṣini）。（见第二章，第 66 页）

到目前为止，所有的证据都使我们有理由认为，在伊斯兰教之前有波斯船只与中国进行贸易。不过在这个时期，中国的船只是否能够抵达波斯湾就是另一回事。除了泰伯里的记录外，还有三篇文章被认为是支持这种航行的证据：例如，J. T. 赖瑙德（J. T. Reinaud）：《阿拉伯人、波斯人在印度和中国等地的旅行交往研究》（Relation des voyages faits par les Arabes et les Persans dans l'Inde et la Chine, etc.），巴黎，1845 年，第 35 页；亨利·裕尔（H. Yule）英译：《马可·波罗游记》，伦敦，1903 年，第 83 页；L. 卡塔尼（L. Caetani）：《伊斯兰年鉴》，米兰，1905—1926 年，第 2 卷，第 2 部分，伊斯兰教历 12 年，第 133 节，注释 1，以及第 3 卷，伊斯兰教历 16 年，第 328 节；E. H. 沃明顿：《罗马帝国

---

*　即今之阿曼，《诸蕃志》作"瓮蛮"。
**　即今之巴林，《诸蕃志》作"白莲"。
***　阿拉伯语"中国船只"的意思。

第一章　前伊斯兰时期的贸易路线

与印度之间的贸易》，剑桥，1928年，第138页和第358页，注释146。不过我将尝试说明，这三段引文都不能成为中国船只航行到波斯湾的有力证据。

（3）马苏第（Al-Mas'ūdi）：《黄金草原》（Murūj al-Dhahab），第1卷，第216页。该书是这样说的，以前的幼发拉底河"……在那里［希拉下面］流入印度洋。因为在那个时候海洋的范围覆盖了现今被称为纳杰夫（al-Najaf）的地方；中国和印度的船只（sufun al-Ṣīn w-al-Hind）曾到达那里并返回至希拉国王那里"。这种说法不能当真，因为在历史上，大海从来没有靠近过纳杰夫地区。这个传闻的传奇色彩在第1卷第219页的对应段落中得到证实，据说这一说法来自哈利德·本·瓦利德（Khālid ibn-al-Walīd，约630年）与一位350岁的老人的谈话！

（4）阿米阿努斯·马塞林努斯：《晚期罗马帝国史》，第14册，第3章，第3节：在靠近幼发拉底河上游宙格马（Zeugma）附近的巴达尼（Batne），在4世纪时每年9月都会举办一次盛大的集市，吸引许多人前来，他们"来交易印度人和赛里斯人运来的货物，以及通过陆路和海路带来的许多其他商品"。沃明顿（前文所引）从中得出结论，印度人和中国人曾航行到波斯湾参加这个集市。不过，这个结论是没有根据的。巴达尼是一个自然形成的集市地点，因为它位于或靠近两条重要贸易路线的交汇处：一条是从波斯湾经过美索不达米亚经由驳船和骆驼运输的路线；另一条是横穿中亚和帕提亚的沙漠商队路线（见喀拉塞的伊西多尔《帕提亚驿程志》，第1页）。那么问题来了，中国人是通过哪条路线运送他们的货物的？答案可以从"赛里斯"这个名字中得到答案：与"秦奈"相对，"赛里斯"这个名字一般指代的是那些通过陆路到达的中国人。无论如何，这段话甚至没有说赛里斯人"到达了"，只是说他们的货物"运来了"。

（沃明顿也参考了普罗柯比《查士丁尼战争史》，第 2 册，第 12 章，第 31 节，但这段话没有提到任何集市；它只是将巴达尼描述为"一个不重要的小据点，该地距离埃德萨[51]有一天的路程"。）

（5）《宋书》卷 97《夷蛮传》（涵盖 420—478 年）确实记录了中国的船只向西最远航行至印度，但我并不认为我们可以从中提取更多的信息。由于这段记录模糊不清，我将全文引用给读者判断："至于大秦［叙利亚］和天竺［印度］，远在西洋之外，我们不得不说，尽管两个汉朝的使者经历了这条路线的特殊困难，但商品贸易已经实现，货物已经运送给外族，风的力量把它们驱赶到大海的波浪中……所有宝贵的陆地和水域之物都来自那里，还有由犀牛角和翡翠制成的宝石，蛇珠和石棉布……；还有对世界主宰［佛陀］的专注中心观念的教义——所有这些都导致了航海和贸易向那些地区的扩展。"* 转引自夏德英译：《大秦国全录》，莱比锡，1885 年，第 46 页。

综上所述，我得出结论，在伊斯兰教传播之前，没有证据证

---

* 原文为："若夫大秦、天竺，迥出西溟，二汉衔役，特艰斯路，而商货所资，或出交部，泛海陵波，因风远至。又重峻参差，氏众非一，殊名诡号，种别类殊，山琛水宝，由兹自出，通犀翠羽之珍，蛇珠火布之异，千名万品，并世主之所虚心，故舟舶继路，商使交属。"

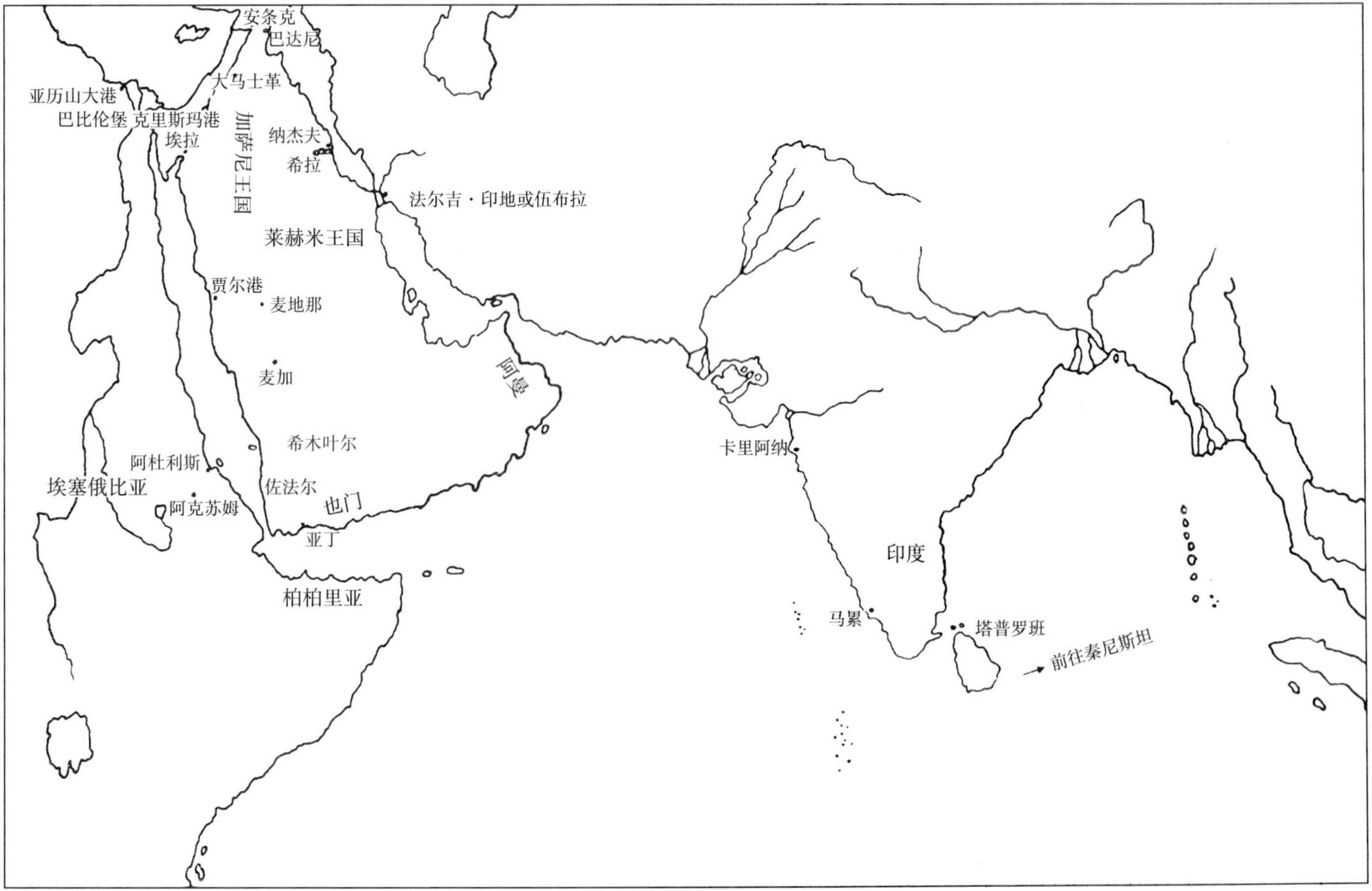
安条克
巴达尼
大马士革
亚历山大港
巴比伦堡
克里斯玛港
埃拉
加萨尼王国
纳杰夫
希拉
法尔吉 · 印地或伍布拉
莱赫米王国
贾尔港
麦地那
麦加
阿曼
希木叶尔
阿杜利斯
埃塞俄比亚
佐法尔
也门
阿克苏姆
亚丁
柏柏里亚
卡里阿纳
印度
马累
塔普罗班
前往秦尼斯坦

图 7　6 世纪的中东地区

明中国人曾经直航到美索不达米亚。同样地，我相信在伊斯兰教传播后的许多世纪中，我们也找不到这样的证据（参见第二章，第 75 页）。关于这个问题，中文史料同样支持这个结论；夏德和柔克义（W. Rockhill）指出，12 世纪广东帆船到访的印度西南部的奎隆（Quilon）是中国船只在明朝之前到达的最西端，参见夏德和柔克义译注：《诸蕃志》英译本，圣彼得堡，1911 年，导言，第 18 页。

注释

[1] 在这本书中，"阿拉伯人"（Arab）指说阿拉伯语的人，"波斯人"（Persian）指说波斯语的人；"大食人"（Arabian）指阿拉伯地区的居民，"伊朗人"（Iranian）指伊朗地区的居民。在前伊斯兰时期，除了尼罗河和红海之间的埃及沙漠中的一些部落外，所有的"阿拉伯人"都是"大食人"；如果我们把希米叶尔语（Himyaritic）和其他南阿拉伯方言作为阿拉伯语的分支，那么所有"大食人"都是"阿拉伯人"。在伊斯兰教扩张之后，讲阿拉伯语的伊朗居民可能被称为"阿拉伯人"或"伊朗人"，抑或被整体称为"大食人"；相反，"波斯人"是继续说波斯语的人。但是我们并不总是知道人们在家里说什么语言，所以在某些情况下，这些术语的使用必然会有选择的余地。

[2] 见第三章。关于"原始船只"的部分，参见：詹姆斯·霍内尔：《水上交通：起源和早期演变》（Water Transport: Origins and Early Evolution）；霍内尔：《早期的海上贸易》（Sea-trade in early times），载《古物》（Antiquity），第 15 卷，1941 年，第 234—256 页。

[3] 参见《大英百科全书》（Encyclopaedia Britannica），第 14 版，"红海"（Red Sea）词条；《红海和亚丁湾引航手册》（The Red Sea and Gulf of Aden Pilot），第 1 章；M. 卡里（M. Cary）：《希腊和罗马历史的地理背景》（The Geographic Background of Greek and Roman History），第 87—88 页。

[4] A. 威尔逊（A. Wilson）：《波斯湾》（The Persian Gulf），第 1 页及后续页。

[5] 见第三章，第 89 页及后续页。

[6] 关于马甘，请参考 H. 皮克（H. Peake）：《马甘的铜山》（The copper mountain of Magan），载《古物》，第 1 卷，1928 年，第 452—457 页；霍内尔在《古物》第

15卷（1941年）也有相关的文章。马甘的木材可能是从印度进口并转出口的，参见威尔逊《波斯湾》，第27页。

在前王朝时代的埃及艺术品中出现了具有弯曲船体以及高耸到几乎垂直的船艏和船艉的美索不达米亚船型。例如可以在希拉孔波利斯（Hieraconpolis）的"彩绘坟墓"和"格贝尔阿拉克匕首"（Gabal al-'Arak knife）的刀柄上看到，参见 H. 弗兰克福特（H. Frankfort）:《埃及纪念建筑的起源》（*The origin of monumental architecture in Egypt*）; H. J. 康托尔（H. J. Kantor）:《前王朝文化的最后阶段》（*The final phase of predynastic culture*）。弗兰克福特认为，美索不达米亚的影响，可能通过哈玛玛特干谷（Wādi Ḥammāmāt）和红海抵达希拉孔波利斯，或来自美索不达米亚本土，或来自伊朗或阿拉伯海岸的一些受美索不达米亚影响的国家。但这种推论的证据很少，我对公元前第四千纪的此类航行表示怀疑。埃及人同样可以经由叙利亚了解到美索不达米亚的船型。

[7] P. 蒙泰（P. Montet）:《比布罗斯和埃及》（Byblos et l'Égypte），载《文献》（*Texte*），第6、284页。该文将"迦巴勒之舟"与乌加里特语（Ugarit lexicon）中的"马里船"（Mari-boats）、"乌尔船"（Ur-boats）和"阿卡德船"（Akkad-boats）进行比较，后三者出自另一篇文章，该文章收录于 F. 图劳-德温（F. Thureau-Dangin）编:《叙利亚》（*Syria*），第1卷，第228—230页。关于"荒岛求生"的故事，请参见: A. 埃尔曼（A. Erman）著、A. M. 布莱克曼（A. M. Blackman）英译:《古埃及文献》（*The Literature of the Ancient Egyptians*），第29—35页。

关于哈特谢普苏特的远征，请参考: J. H. 布雷斯特德（J. H. Breasted）:《埃及的古代记录》（*Ancient Records of Egypt*），第2卷，第246—287节; E. 纳维尔（E. Naville）:《德尔·巴赫里的神庙》（*The Temple of Deir al Bahari*），第3部分，插图第69—85。R. P. 多尔蒂（R. P. Dougherty）的《古代阿拉伯半岛的海国王朝》（*The Sealand of Ancient Arabia*）认为德尔·巴赫里文本中的"神的土地"可能在南阿拉伯，见该书第170—172页；也许蓬特也包括南阿拉伯地区。布雷斯特德认为（第248节），这些船只可能从底比斯（Thebes）沿着尼罗河航行，穿过古尼罗河-苏伊士运河，然后向南进入红海。不过，没有确凿的证据表明运河在公元前第一个千年之前就存在了，德尔·巴赫里也没有证明船只实际上是从底比斯出发的，参见 G. 波斯纳（G. Posener）:《托勒密统治前尼罗河至红海之间的运河》（*Le canal du Nil à la mer rouge avant les Ptolemées*），载《埃及编年史》（*Chronique d'Égypte*），第26卷，1938年7月，第259—273页。此外，布雷斯特德的路线绕行了约800英里。更有可能的是，远征队从底比斯走陆路，沿着哈玛玛特干谷（Wādi Ḥammāmāt）而下，舰队从古塞尔地区（al-Quṣayr）的一个港口出发，就像拉美西斯三世的舰队一样。另见 P. E. 纽伯利

（P. E. Newberry）:《关于航海船只的随笔》（Notes on Sea-Going Ships），载《埃及考古学杂志》（Journal of Egyptian Archaeology），第28卷，1942年，第64—66页。

[8]《列王纪上》9：26—28（文中所引）和后续部分。关于以旬迦别，参见：N. 格吕克（N. Glueck）:《美国东方研究学院通报》（Bulletin of the American Schools of Oriental Research），第71、72期（1938年10月、12月）、第76期（1939年10月）、第80期（1940年10月）的几篇文章；以及《史密森学会年度报告》（Annual Report of the Smithsonian Institution），1941年，第453—478页。关于俄斐的资料，参见：J. 蒙哥马利（J. Montgomery）:《阿拉伯半岛与圣经》（Arabia and the Bible），第176页及后续页；B. 莫里茨（B. Moritz）:《阿拉伯半岛》，第63页及后续页；霍内尔：《所罗门王时期的海军活动》（Naval Activity in the Days of Solomon），载《古物》，第21卷，1947年6月，第66—73页。

[9]《列王纪下》22：47—49；《历代志下》20：35—37。《以西结书》27：23显示了前6世纪初推罗人的海外交通涉及示巴、干尼（Canneh）和伊甸等地，但可能是通过商队进行的。我认为，关于腓尼基人在大约前600年绕过非洲航行的故事（《希罗多德全集》，第4册，第42章）只是传说而已。那样一次大约16 000英里的航行，远远超过了人类在15世纪之前完成的任何航行。如果这次航行确实发生过，古代人是不可能对非洲的形状毫无所知的。而且，太阳在非洲南部海岸出现在右舷的情况，对于希罗多德的埃及知情者来说是很容易推导出来的。他们必然听说过夏季太阳在上尼罗河谷的位置，而该地位于回归线以南。参见 J. O. 汤姆森（J. O. Thomson）:《古代地理学史》（A History of Ancient Geography），第71—72页。

[10] S. 卢肯比尔（S. Luckenbill）:《亚述和巴比伦的古代记录》（Ancient Records of Assyria and Babylonia），第2卷，第318—321节。关于"海国王朝"，请广泛参考多尔蒂的文章；"海国"这个名字可能是由于靠近大海或者幼发拉底河附近的沼泽，或者是形容如同海洋一般的沙漠。关于海岸线和河床的变化，参见威尔逊《波斯湾》，第42页。

[11] 尤西比乌斯（Eusebius）:《福音的准备》（Praeparatio Evangelica），第9册，第41章，保留了尼布甲尼撒二世（Nebuchadnezzar II，前605—前562）在特里顿（Teredon，可能是早期的埃利都，即"Eridu"）的幼发拉底河口实施公共工程的传统；有一种解释认为，《以赛亚书》43：14提到了迦勒底人的船只；埃斯库罗斯（Aeschylus）在《波斯人》（Persians）一书的第54行模糊地提到了巴比伦的船只。参见威尔逊《波斯湾》，第32—34页。

[12] 关于西拉克斯，参见：希罗多德：《历史》，第4册，第44章；E. 赫茨菲尔德（E. Herzfeld）:《琐罗亚斯德和他的世界》（Zoroaster and his World），第2

第一章　前伊斯兰时期的贸易路线

卷，第 652—669 页。"运河铭文"被收录在波斯纳：《波斯帝国对埃及的第一次统治》（*La première domination perse en Égypte*），第 48—87 页。参见修昔底德（Thucydides）：《伯罗奔尼撒战争》（*Peloponnesian War*），第 1 册，第 104、109 章。大流士的铭文中提到了一个早期的运河，这很可能是希罗多德所提到的尼科（Necho）运河（前 7 世纪末），参见希罗多德《历史》第 2 册第 158 章，第 4 册第 42 章，以及其他希腊作家的记录。也许早在前 400 年，印度商船就曾携带一只孔雀到了巴比伦，参见 E. B. 考威尔（E. B. Cowell）等译：《佛陀本生经》（*The Jātaka*），第 3 卷，第 83—84 页。

[13] 阿里安（Arrian）：《亚历山大远征记》（*Anabasis*），第 7 册，第 19—20 章，史料源于阿里斯托布鲁斯（Aristobulus），他是亚历山大的同时代人。

[14] 阿伽撒尔基德斯（Agatharchides）：《论厄立特里亚海》（*On the Erythraean Sea*），第 2 章，载 K. 穆勒（K. Müller）：《希腊地理学次要著作集》（*Geographi Graeci Minores*），第 1 卷（见下文第 21 页对这一段的评论）；斯特拉波（Strabo）：《地理学》，第 16 册，第 1 章第 9 节和第 3 章第 2 节，史料源自阿里斯托布鲁斯（Aristobulus）与埃拉托色尼（Eratosthenes），他们是亚历山大时代的地理学家（前 276—前 196）。

[15] 波利比乌斯（Polybius）：《历史》（*Histories*），第 13 册，第 9 章（文中所引）。

[16] 普林尼（Pliny）：《自然史》（*Natural History*），第 6 册，第 31—32 章；狄奥·卡西乌斯（Dio Cassius）：《罗马史》（*Roman History*），第 68 册，第 28—29 章；《厄立特里亚海航行记》，第 35—36 章，摘录自 H. 弗里斯克（H. Frisk）编：《希腊地理学次要著作集》，第 1 卷；W. H. 肖夫（W. H. Schoff）英译及注释：《汉书》卷 96 上《西域传》；《后汉书》卷 88《西域传》，英译版摘自 F. 夏德（F. Hirth）：《大秦国全录》（*China and the Roman Orient*），第 145、39 页；喀拉塞的伊西多尔（Isidore of Charax）：《帕提亚驿程志》（*Parthian Stations*），W. H. 肖夫（W. H. Schoff）英译；《剑桥古代史》（*C.A.H*），第 11 卷，第 120—124 页。M. 罗斯托夫采夫认为，绕过阿拉伯半岛航行的困难被帕提亚人故意夸大了，因为他们有意维持陆路航线的使用。不过，向甘英报告的船员很可能不是帕提亚人。

[17] 《航行记》，第 36 章；普林尼：《自然史》，第 6 册，第 32 章。普林尼仅仅列举一些沿海城镇，并记录了塞琉古总督和一些波斯人在穆桑达姆角（Cape Musandarn）附近的一场海战。

关于阿曼那的地望，参考夫的译著；E. 格拉泽（E. Glaser）：《阿拉伯历史与地理概况》（*Skizze der Geschichte und Geographie Arabiens*），第 186 页及后续页。可以肯定的是，《航行记》的作者认为阿曼那位于卡尔马尼亚（Carmania）地区。他刚刚描述了从西向东沿阿拉伯半岛南部海岸线，并绕到波斯湾的入口的路线；在简短地提到位于波斯湾内的阿坡洛古斯之后，他继续写道："当你航行'经过'（原文为古希腊文"*parapleusanti*"，意为驾船驶过）这个海湾口时，经过6天的航行，会看到波斯的另一个集镇，叫做阿曼那。"因此，他继续沿着阿曼湾的海岸航行，把关于阿坡洛古斯的句子当作题外话。在阿曼那之后，他继续沿着伊朗东部和印度西部海岸前进（第37—38章）。

[18] 阿伽撒尔基德斯：《论厄立特里亚海》，第79、85、110章；穆勒：《希腊地理学次要著作集》，导言，第1卷，第54页及后续页。W. W. 塔恩（W. W. Tarn）：《托勒密二世与阿拉伯》(*Ptolemy II and Arabia*)，第13—14页，载《埃及考古学杂志》，第15卷，1929年。

[19] E. H. 邦伯里（E. H. Bunbury）：《古代地理学史》(*A History of Ancient Geography*)，第2卷，第443页及后续内容。关于《航行记》的成书年代：M. P. 查尔斯沃斯（M. P. Charlesworth）：《厄立特里亚海周航记》(*The Periplus Maris Erythraei*)，载《古典学季刊》(*Classical Quarterly*) 第22卷，1928年，第92页；J. G. C. 安德森（J. G. C. Anderson）：《剑桥古代史》，第10卷，第882页；以及J. A. B. 帕尔默（J. A. B. Palmer）在《古典学季刊》第41卷（1947年）第136—141页的文章。

[20] 阿里安：《印度史》(*Indica*)，第43章，第7节；斯特拉波：《地理学》，第16册，第4节，引用自埃拉托色尼（Eratosthenes）；狄奥弗拉斯图（Theophrastus）著，A. 霍特（A. Hort）英译：《植物志》(*History of Plants*)，第9册，第4章，收录于洛布古典丛书（Loeb Classical Library）。关于亚历山大港，参见：A. 卡默勒（A. Kammerer），《红海》(*La mer rouge*)，《阿比西尼亚和阿拉伯》(*l'Abyssinie et l'Arabie*)，第1部分第1卷，第5页及后续内容。阿杜利斯的托勒密铭文，载于科斯马斯·印第科普莱特斯（Cosmas Indicopleustes）《基督教地貌学》(*Christian Topography*)，第2册，第141—142章。

[21] 阿伽撒尔基德斯：《论厄立特里亚海》，第1、83、85、88章（文中所引）；斯特拉波：《地理学》，第17册，第1章，第44—45节；前引W. W. 塔恩：《托勒密二世与阿拉伯》，第13—14页；M. 罗斯托夫采夫：《希腊化世界的社会经济史》(*The Social and Economic History of the Hellenistic World*)，第1卷，第383页及后续页。

[22] 阿伽撒尔基德斯：《论厄立特里亚海》，第102章；N. 罗多卡纳基斯（N. Rhodokanakis）：《吉萨的石棺铭文》(*Die Sarkophaginschrift von Gizen*)，载《闪米特学杂志》(*Zeitschrift für Semitistik*)，第2卷，1924年，第113—114页；W. 施瓦茨（W. Schwarz）：《雷德希耶沙漠神庙的铭文》(*Die Inschriften des Wüstentempels von Redesiye*)，《古典语言学年鉴》(*Jahrbuch für Klassischen Philologie*)，第153卷，1896年，第157页，注释9：一位希腊人为从示巴人的

第一章　前伊斯兰时期的贸易路线

土地平安归来而表示感谢；但没有迹象表明他是乘坐希腊船还是示巴船只旅行。《航行记》第26章似乎表明希腊船只曾经航行到南阿拉伯，托勒密在亚喀巴湾和其他地方的活动也暗示了同样的情况。关于示巴人，参见保利-维索瓦（Pauly-Wissowa）：《真实百科全书》（*Real-Encyclo-padie*），"示巴"（Saba）词条。

[23] 阿伽撒尔基德斯：《论厄立特里亚海》，第97章（文中所引），第103章。参见弥尔顿（Milton）：《失乐园》（*Paradise Lost*），第4册，第162—163行："从阿拉伯'福地'尤达蒙的香料之岸传来示巴的芬芳香气。"弥尔顿可能是在狄奥多罗斯（Diodorus）的版本中读到了阿伽撒尔基德斯的描述，第3册，第46章。参见《航行记》，第30章；科斯马斯：《基督教地貌学》，第3册，第178—179章。

[24] 《航行记》，第26章（文中所引）；也参见第37章。W. 奥图（W. Otto）和H. 本特森（H. Bengtson）：《托勒密王朝衰落史》（*Zur Geschichte des Niederganges des Ptolemierreiches*），第194页及后续页；其中提到了托勒密二世和印度的参考资料；还提到了前3世纪和前2世纪在上埃及的鲁达伊斯雅（Rudaysīyah）地区的一位被称为"印度智者"（Sophōn Indos）的人物（参见奥图和本特森的研究）。《航行记》第26章指出了印度过去曾向阿拉伯半岛的"福地"尤达蒙运送货物。

[25] 罗斯托夫采夫：《希腊化世界的社会经济史》，第2卷，第702页和注释124。

[26] 来自波希多尼（Posidonius）的记录，引自斯特拉波《地理学》第2册第3章第4节。有关铭文的完整引用可在奥图和本特森前文引用的文献中找到，同时罗斯托夫采夫《希腊化世界的社会经济史》第2卷第923—929页和注释203—207中也有相关引用。关于一艘印度船在埃及海岸搁浅，参见斯特拉波《地理学》，如前所引。

[27] 《航行记》，第57章（文中所引）；普林尼：《自然史》，第6册，第26章。《航行记》的段落存在错误，但总体意思是清晰的，我引用了肖夫的翻译。关于希帕卢斯的活动时间，参见奥图和本特森在前文引用的文章，他们仔细分析了证据，把希帕卢斯和欧多克斯联系在一起；同时，罗斯托夫采夫在前文引用的文章也倾向于持相同的看法。塔恩根据普林尼的记载指出，希帕卢斯的活动时间不可能晚于前90年。参见：《在巴克特里亚和印度的希腊人》（*The Greeks in Bactria and India*），第366—373页。关于印度洋上的航海条件：我非常感谢维里埃提供的宝贵信息！请参阅：C. N. 帕金森（C. N. Parkinson）：《东方海域的贸易，1793—1813》（*Trade in the Eastern Seas, 1793—1813*），第106页；W. W. 克莱门莎（W. W. Clemesha）：《早期阿拉伯的海上霸权》（The Early Arab Thalassocracy），载《波利尼西亚学会杂志》（*Journal of the Polynesian Society*），第52卷，1943年，第110—131页，该作者的地理学知识比历史学知识更为优

秀。《红海和亚丁湾引航手册》，第 1 章；M. 卡里：《希腊和罗马历史的地理背景》(The Geographic Background of Greek and Roman History)，第 204—205 页。关于尼阿库斯，参见阿里安《印度史》，第 21 章，第 1 节。

[28]斯特拉波：《地理学》，第 17 册，第 1 章，第 13 节（文中所引）。

[29]斯特拉波：《地理学》，第 2 册，第 5 章，第 12 节；《航行记》，通篇，特别是第 57 章（文中所引）；普林尼：《自然史》，第 6 册第 24、26 章，第 12 册第 41 章。关于通往贝伦尼斯的路线，参见斯特拉波《地理学》，第 17 册，第 1 章，第 44—45 节。关于锡兰，参见普林尼《自然史》，第 6 册，第 24 章，自由民安尼乌斯·普洛卡穆斯（Annius Plocamus）的冒险。这段文字中关于锡兰的描述相当神奇。关于恒河，参见：斯特拉波：《地理学》，第 15 册，第 1 章，第 4 节；E. H. 沃明顿（E. H. Warmington）：《罗马帝国与印度之间的贸易》(The Commerce between the Roman Empire and India)；M. P. 查尔斯沃斯：《罗马帝国的贸易路线和商业》(Trade Routes and Commerce of the Roman Empire)；J. O. 汤姆逊（J. O. Thomson）：《古代地理学史》(History of Ancient Geography)。

[30]关于加卢斯的远征，参见斯特拉波《地理学》，第 16 册，引自第 4 章，第 23 节。普林尼：《自然史》，第 2 册第 168 章，以及第 6 册第 160 章，提到公元前 1 年奥古斯都的孙子盖乌斯·恺撒（Gaius Caesar）在红海上进行了一次短暂的短途旅行。

[31]《航行记》，第 26 章（文中所引）。年长的编写者们对这一事件表示怀疑，并将恺撒（Καῖσαρ）的名字修改为南阿拉伯的某位王子的名字，参见穆勒和肖夫，于文中指定的地方。"Καῖσαρ"的读法已被最近的一些权威研究所证实，参见：M. 罗斯托夫索（M. Rostowtsew）：《托勒密—罗马时期埃及东部和南部贸易的历史》(Zur Geschichte des Ost- und Südhandels im ptolemiäisch-römischen Ägypten)，载《莎草纸档案研究》(Archiv für Papyrusforschung)，第 4 卷，1907—19008 年，第 306 页及后续页；E. 科尔内曼（E. Kornemann）：《关于厄立特里亚海航行记中的阿拉伯地区的历史信息》(Die historischen Nachrichten des Periplus maris Erythraei über Arabien)，载《雅努斯》(Janus)，第 1 卷，1921 年，第 61—62 页；W. 舒尔（W. Schur）：《尼禄皇帝的东方政策》(Die Orientpolitik des Kaisers Nero)，载《克利俄》(Klio)，附刊第 15 册，莱比锡，1923 年，第 46 页；弗里斯克编：《希腊地理学次要著作集》，第 110—111 页，关于"恺撒"的部分。J. G. C. 安德森对这一事件仍然存在怀疑，具体参见《剑桥古代史》，第 10 卷，第 880 页及后续页，安德森还提出了拒绝舒尔的整体理论的充分理由。

[32]《航行记》，第 23 章。

[33]《航行记》，第 20—34 章；文中所引为第 21 章和第 27 章。

[34]《航行记》，第 14、54、60 章。据称，在 1 世纪早期，示巴人访问了中国皇

帝的宫廷，并带给他一只非洲犀牛，参见 A. 赫尔曼（A. Hermann）《中国、印度和罗马之间的交通路线》（Die Verkehrswege zwischen China, Indien und Rom），载《莱比锡大学比较宗教历史研究所出版集》（Veröffentlichung der Forschungsinstitut für vergleichende Religionsgeschichte a.d. U. Leipzig），第 7 期，1922 年，第 8 页，转引自 E. H. 沃明顿《罗马帝国与印度之间的贸易》，第 370 页。我没有能够查阅这部作品。

[35] 《航行记》，第 7—10、14、16 章（文中所引）。参见弗里斯克编《希腊地理学次要著作集》，第 109 页，"已经发生的事情"（γενομένης-）和第 18 章（文中所引）。关于东非地区的现代阿拉伯人，参见维里埃《辛巴达之子》（Sons of Sindbad）。

[36] 狄奥·卡西乌斯：《罗马史》，第 68 册，第 14 章；托勒密：《地理学》，第 4 册，第 5 章，第 14 节；尤特罗庇乌斯（Eutropius）：《简史》（Breviarium），第 8 册，第 3 章，第 2 节；《碑铭年鉴》（Années d'Epigraphie），1912 年，第 171 号；《古罗马经济调查》（Economic Survey of Ancient Rome），1933—1940 年，第 2 卷，第 235 号，第 384 页，另见第 344 页；《剑桥古代史》，第 11 卷，第 236—238 页，R. P. 朗登（R. P. Longden）。E. H. 沃明顿：《罗马帝国与印度之间的贸易》，第 92 页。

[37] 托勒密：《地理学》，第 1 册，第 9 章，第 1 节和第 13—14 节；第 17 章，第 2—5 节；第 6 册，第 7 章；第 7 册，第 4 章。《后汉书》卷 88《西域传》。夏德英译：《大秦国全录》，第 42 页（文中所引）。E. H. 沃明顿：《罗马帝国与印度之间的贸易》，第 106—133 页。

[38] 罗斯托夫采夫：《罗马帝国社会经济史》（Social and Economic History of the Roman Empire），第 146—149、421 页，附注页。

[39] 关于巴列维文文献的著作，参见 E. G. 布朗尼（E. G. Browne）《波斯文学史》（A Literary History of Persia），第 1 卷，第 7 页，第 104—110 页。

[40] 泰伯里（Ṭabari）原著，M. J. 德·胡耶（M. J. de Goeje）等校勘：《历代民族与帝王史》（Annals），第 1 部分，第 2 卷，第 820、836、838—839 页；阿米阿努斯·马塞林努斯（Ammianus Marcellinus）：《晚期罗马帝国史》（Res gestae），第 23 册，第 6 章，第 11 节和第 45—46 节；《魏书》卷 102《西域》，转引自夏德《大秦国全录》，第 48 页；《宋书》卷 97《西南夷扶子国传》，转引自夏德《大秦国全录》，第 46 页；科斯马斯：《基督教地貌学》，第 11 册，第 336 节；E. 赫茨菲尔德：《派库利》（Paikuli），第 1 卷，第 119 页；纳尔斯铭文，第 45 行；H. 哈桑（H. Hasan）：《波斯航海史》（A History of Persian Navigation），第 59 页及后续页；法显撰，理雅各（J. Legge）英译：《法显传》，第 104 页。

费琅：《阿拉伯航海文献中的波斯元素》（L'element persan dans les textes

nautiques arabes),《亚洲学报》,第 204 卷,1924 年 4—6 月,第 193—257 页,中声称阿拉伯语中的"Zang"或"Zanj"是源自波斯语中的"Zank"或"Zanch",但这个观点显然是经不起推敲的。设想一下,如果阿拉伯人从遥远的波斯人那里借用一个名称来指代他们自己在东非更近的邻居,这种情况将是难以理解的。希腊文形式的"阿扎尼亚"(Azania)(《航行记》,第 16 章)和"桑吉斯"(Zingis)(托勒密:《地理学》,第 4 册,第 7 章,第 4 节)证明类似这样的称呼早在波斯人从事海上贸易开始之前就已经被使用了。

[41]《罗马皇帝传》(*Historia Augusta*),第 24 册,第 22 章,第 8 节,第 29 册,第 3 章;科斯马斯:《基督教地貌学》,第 2 册,第 142—143 节(第二块阿杜利斯铭文);菲罗斯托尔吉乌斯(Philostorgius):《教会史》(*Church History*),第 3 册,第 4—6 章。关于"印度人"的含义,参见:菲罗斯托尔吉乌斯:《教会史》,第 2 册,第 6 章;普罗柯比、科斯马斯等,通篇著作;E. 利特曼(E. Littmann)等:《德国的阿克苏姆考古调查》(*Deutsche Aksum-Expedition*),4 卷本;C. 罗西尼(C. Rossini):《阿拉伯哈巴沙及所属文物的考古调查》(Expeditions et possessions des Habaşāt en Arabie),载《亚洲学报》(*J. As.*),系列 11,第 18 卷,1921 年 7 月至 9 月,第 5—36 页;A. 卡默勒:《红海》,第 1 部分,第 3 卷,第 207—210 页、第 214—215 页;N. 罗多卡纳基斯:《古阿拉伯考古手册》(*Handbuch der altarabischen Altertumskunde*),第 1 卷,第 115—116 页。

[42] J. B. 布里(J. B. Bury):《罗马帝国晚期史》(*History of the Later Roman Empire*),第 2 卷,第 316—333 页。

[43] 科斯马斯:《基督教地貌学》,第 1 册,第 138 节(文中所引);第 3 册,第 178—179 节;第 11 册,第 336、338 节。《圣阿雷塔斯殉道记》(*Martyrdom of St. Arethas*),第 27 章及后续内容,收录于《希腊教父著作全集》(*Patrologia Graeca*),第 115 卷;伊本·鲁斯塔:《珍宝志》(*Kitāb al-A'lāq al-Nafīsah*),第 94 页,收录于《阿拉伯舆地丛书》(*Bibliotheca Geographorum Arabicorum*),第 7 卷;泰伯里:《历代民族与帝王史》,第 1 部分,第 4 卷,第 2023 页;塞奥非拉克特·西摩卡塔(Theophylactus Simocatta):《历史》(*Histories*),第 5 卷,第 7、8 章。波斯的犹太人在"厄立特里亚海",即印度洋以及可能是红海的海域进行贸易;但不能假设他们也是航海者或船主。U. M. 德·维拉德(U. M. de Villard):《关于亚洲对东非影响的注解》(Note sulle influenze asiatiche nell'Africa orientale),载《东方研究评论》(*Revista degli Studi Orientali*),第 17 卷,1938 年 7 月,第 303—349 页。关于中国贸易的参考资料见第一章附录。

[44] 科斯马斯:《基督教地貌学》,第 11 册,第 336—339 节;普罗柯比:《波斯战争》,第 1 卷,第 20 章,第 9—13 节;塔拉法:《悬诗》,第 2 首,第 4 行。S. 弗兰克尔(S. Fraenkel):《阿拉伯语中的阿拉米语外来词》(*Die Aramäischen*

Fremdwörter im Arabischen），第 216 页。该书第 209—232 页是"航运和海上运输"一章。

[45] 马拉拉斯：《编年史》，第 18 卷，第 456—459 节；农诺苏斯（Nonnosus）：《希腊历史学家次要著作集》（*Historici Graeci Minores*），第 1 卷，第 474—475 页；普罗柯比：《波斯战争》，第 1 册，第 19 章，第 1—16 节、第 20 章，第 4 节；科斯马斯：《基督教地貌学》，第 1 册，139 节，第 2 册，第 140 节，第 3 册，第 78—179 节。"殉道者"安东尼（Antoninus Martyr）：《圣地之地》（*De locis sanctis*），约公元 570 年，收录于托布勒（Tobler）和莫利尼耶（Molinier）编：《耶路撒冷之旅》（*Itinera Hierosolymitana*），第 1 卷，第 113、115 页，文中提到了"埃比拉"（或许是埃拉），以及记录了克里斯玛（Clysma）是"印度"船只的终点港。

[46] 《圣阿雷塔斯殉道记》，第 27 章及后续；普罗柯比：《波斯战争》，第 1 册，第 20 章，第 1—2 节；马拉拉斯：《编年史》，第 18 册，第 433—444 节；泰伯里：《历代民族与帝王史》，第 1 部分，第 2 卷，第 926、929 页；科斯马斯《基督教地貌学》，第 2 册，第 140—141 节；布里：《罗马帝国晚期史》，第 2 卷，第 322 页及后续页。布里认为数年前还发生过另一次阿比西尼亚的入侵，但没有确实的证据去证明这一点。泰伯里记载说阿比西尼亚国王没有船只去运送他的部队渡海，而罗马皇帝送了一些船只给他；但我们从希腊作家那里知道，阿比西尼亚人是有商船的。还可参见叙利亚文的《希木叶尔人之书》（*Book of the Himyarites*），由 A. 莫伯格（A. Moberg）校勘，书中的有关章节不幸地缺失了，校勘者表明该书是《圣阿雷塔斯殉道记》的主要史料来源。

[47] 普罗柯比：《波斯战争》，第 1 册，第 20 章，第 9—13 节（文中所引）；H. B. 杜因（H. B. Dewing）的英译，《洛布古典丛书》（*Loeb classical library*）；马拉拉斯：《编年史》，第 18 册，第 456—459 节；对照农诺苏斯《希腊历史学家次要著作集》，第 1 卷第 474—475 页中的记载，史料源自农诺苏斯后期的出使活动。马拉拉斯还补充说，阿比西尼亚人被要求通过他们所统治的希木叶尔国运输商品，这表明希木叶尔在印度贸易中占有一定的份额。关于蚕蛾，参见普罗柯比《哥特战争》（*Gothic Wars*），第 4 册，第 17 章。

[48] 普罗柯比：《波斯战争》，第 1 册，第 20 章，第 3—8 节；泰伯里：《历代民族与帝王史》，第 1 部分，第 2 卷，第 898、948、957—958 页等；T. 诺尔德克（T. Nöldeke）：《萨珊王朝时期的波斯人和阿拉伯人历史》（*Geschichte der Perser und Araber zur Zeit der Sassaniden*），第 166、223、224、236—237 页的注释。

[49] 《古兰经》6：97（星星是海上的向导——即星柯导航是为人所熟知的）；10：23—24（海上的危险）；16：14（海洋的好处）；11：40—41 和 54—12（方

舟）；25：55 和 35：13（两个海洋，咸水和淡水）。泰伯里：《历代民族与帝王史》，第 1 部分，第 3 卷，第 1135、1181—1182、1640—1641、1645、1685—1686 页；白拉祖里（Balādhuri）著，M. J. 德·胡耶编：《征服诸国史》（Futūḥ al-Buldān），第 77—78 页。W. 巴托尔德（W. Barthold）：《〈古兰经〉与海洋》（Der Koran und das Meer），载《德意志东方学会杂志》（Zeitschrift der Deutschen Morgenländischen Gesellschaft），新刊第 8 卷，1929 年，第 37—43 页。汉志的"港口"——如果可以这样称呼的话，是舒艾巴港（al-Shu'aybah）和贾尔港（al-Jār）；泰伯里《历代民族与帝王史》第 1 部分第 3 卷第 1645 页也提到了久达（Juddah，今作吉达），但这个称谓可能是已经过时的。麦加有一个阿比西尼亚人社区，其中包括雇佣兵和奴隶比拉勒（Bilāl），他是伊斯兰教第一位宣礼员（Mu'adhdhin）；关于阿拉伯的航海词汇中的阿比西尼亚借词，请参阅 S. 弗兰克尔《阿拉米语借词》（Aramäischer Fremdwörter），第 210—215 页；舒艾巴港（al-Shu'aybah）的船主可能是阿比西尼亚人，参见巴托尔德的著作。

[50] 白拉祖里：《征服诸国史》，第 78、431—432 页；泰伯里：《历代民族与帝王史》，第 1 部分，第 4 卷，第 2023 页，第 5 卷，第 2546—2548 页；L. 卡塔尼（L. Caetani）：《伊斯兰年鉴》（Annali dell' Islam），1905—1926 年，第 3 卷，伊斯兰教历 16 年，第 328 节，该文献讨论了波斯湾水手的国籍；S. S. 纳德维（S. S. Nadvi）：《阿拉伯航海》（Arab navigation），载《伊斯兰文化》（Islamic Culture），第 15 卷（1941 年 10 月）和第 16 卷（1942 年 1 月、4 月和 10 月）。

[51] 即埃德萨伯国（Country of Edessa）。

第一章　前伊斯兰时期的贸易路线

第二章

哈里发统治时期的贸易路线

吾立于汝前,处尔所熟之境地。
已至此处,吸纳芳香气息:
目睹汝步入确地,
其处乃奇船女王所驻,
汝张帆搭篷,桅杆裸露;
自泡沫飞溅之礁石至皑皑白雪之巍峨山峰,
皆露于羽毛状之棕榈下,无有物胜其美,
然汝之挺拔雄壮,不可匹敌,自始及终屹立不倒。

——R. 布里吉斯(R. Bridges):《过往人》

伊斯兰扩张的总体结果

将伊斯兰教的兴起作为本章的起点并不仅仅是一种惯例或约定俗成的做法。在现代社会之前,《古兰经》、穆罕默德的生平和早期的穆斯林征服,在各个方面构成了阿拉伯历史上最为重大的转折点。在阿拉伯航海史上,可以辨认出三个主要结果。

第一,此时的阿拉伯人扩张到了地中海沿岸。这虽然使得他们有机会接触到埃及和叙利亚的财富和文化,但总的经济后果并不完全是好事。罗马帝国统一了整个地中海盆地,使得地中海水域的商业贸易畅通无阻。在《穆罕默德和查理曼》(*Mahomet et Charlemagne*)一书中,皮朗(Pirenne)向我们展示了这种统一是如何在帝国后期内战以及蛮族入侵的双重打击下基本保持的。事实上,地中海的统一只有在汪达尔人占领北非时才中断了一段时间。波斯人在 7 世纪的迅速崛起,几乎结束了罗马对地中海盆地的统一。然而,这种崛起的势头很快被阿拉伯人所击退。阿拉伯人终结了这一切,即,"地中海的统一局面被打破"。皮朗提出了一个问题:为什么阿拉伯人没有像日耳曼人那样被他们所征服的帝国所同化?然后他在阿拉伯人的信仰中找到了答案:基督教加强了地中海世界的统一；在 7 世纪之后，在帝国组织的支持下，两个对立的信仰隔着狭窄的水域保持对峙。地中海不再是一条通道，而成为一个边界，一个充满战争的海洋——这一变化毁掉了亚历山大港的繁荣。

阿拉伯人似乎给地中海带来了一项福祉：拉丁帆（三角帆）。下一章将对此进行详细介绍。

第二，阿拉伯人占领了波斯湾的所有海岸。他们能够利用这一优势，是因为他们同时将亚洲西部（安纳托利亚除外）和埃及的土地重新统一到了自己的帝国中。这个经济共同体，最初由古代波斯人在政治上统一起来，后来被亚历山大的继任者分割成两部分。我们已经看到了西方国家通过埃及和红海与东方进行直航贸易的努力。但值得注意的是，经过美索不达米亚和波斯湾的航线更加具有直接性的优势，这是不容忽视的。诸帝国经过一系列尝试，试图通过相互压制对方来消除叙利亚和美索不达米亚之间非自然的边界。然而，无论是托勒密王朝、塞琉古帝国、罗马帝国、波斯帝国、拜占庭帝国还是萨珊帝国，这些帝国的每次尝试都以失败告终。最终，阿拉伯人从南方突入，恢复了古代波斯帝国曾经统一的领土。

这为新的地中海屏障提供了一些补偿。波斯湾和红海不再是通往罗马或君士坦丁堡的两条互相竞争的路线；相反，它们成为互补的路线，并转而通往哈里发统治的近邻地域。

当穆斯林帝国保持统一时，这两条路线是并行使用的，它们的利用程度主要取决于美索不达米亚和埃及这两个市场的规模和繁荣程度。在阿拔斯王朝（'Abbāsids）统治时期，只要巴格达还是中东的政治中心，波斯湾与印度和中国之间的贸易就会蓬勃发展。此外，波斯湾与东非之间也有贸易往来，并且红海的古老贸易路线也被重新启用了。

第三，伊斯兰扩张带来的第三种变化更加不可估量。人们似乎总是对自己的成功行动所带来的新前景感到兴奋，以至于他们在探索和开发各种可能性时表现出非同寻常的热情。在这方面，中世纪的阿拉伯人可以与击退波斯人后的古雅典人或文艺复兴以来的西欧人相提并论。几个世纪以来，阿拉伯人在生活的各个领域都表现出异乎寻常的活力。这种活力延伸到战争、旅行和商业领域，并反映在旅行、地理和历史等文学作品中。[1]

阿拉伯人在地中海的活动

当第一批穆斯林抵达他们周围的海岸时，其中一些人表现出了跨海掠夺的倾向。这不过是远古的异教徒在沙漠中"盖兹乌"（ghazw）*习俗的延伸；人们像骑骆驼一样"乘船"（rakaba markab），要么是为了商业，要么是为了掠夺。

最早的海上袭击是从阿拉伯海岸开始的。巴林总督、塞盖菲部落的奥斯曼（'Uthmān the Thaqafite）从阿曼出发，在孟买附近的印度海岸塔纳（Tānah）发动了一次大胆的袭击；他还于636

---

* 即阿拉伯语"劫掠"之意。

年派遣自己的兄弟前往印度河河口的提飓（al-Daybul）*。继任的巴林总督阿拉（al-'Ala'）渴望一展身手，并在巴林的阿拉伯人的怂恿下，越过波斯，深入到内陆的伊什塔克尔（Iṣṭakhr，即波斯波利斯）。不过，由于他的船只在半途中被摧毁，他不得不转行陆路，在敌对国家的领土中向着弼斯啰（al-Baṣrah）**进行危险的行军（638）。这些袭击行动违背了哈里发欧麦尔·伊本·哈塔卜（'Umar ibn-al-Khaṭṭāb，634—644年担任哈里发）的明确指示。当他听到这些行动时，对此表示严厉的反对。欧麦尔是一个来自汉志（希贾兹）的人，他认为大海是个危险的因素；作为一个虔诚的穆斯林，他遵循先知穆罕默德和艾布·伯克尔（abu-Bakr）的政策，拒绝冒险将穆斯林的生命置于无益的远征中。欧麦尔只亲自下令进行过一次这样的远征：为了报复阿比西尼亚人对阿拉伯海岸的攻击（641）。这次远征洗劫了阿杜利斯，但在陆地上遭到了失败。这次失败的远征使得哈里发更加坚定了他的谨慎态度。[2]

接着，叙利亚总督穆阿维叶（Mu'āwiyah）恳求欧麦尔准许他突袭塞浦路斯，但该请求遭到了欧麦尔的坚决拒绝。泰伯里给出了他们之间通信的各种版本，这些版本在 W. 缪尔（W. Muir）的《哈里发的兴起、衰落和衰亡》（*The Caliphate, its Rise, Decline and Fall*）一书中，被很好地整合为一段连续的叙述：

---

* 即德巴尔，位于今卡拉奇附近。《新唐书》作"提飓"。
** 即今之巴士拉，《诸蕃志》作"弼斯啰"。

穆阿维叶长久以来一直急切地希望得到舰队的支持，事实上，他曾请求欧麦尔允许他的士兵乘船出海。"黎凡特群岛，"他写道，"靠近叙利亚海岸；你几乎可以听到狗的吠叫和母鸡的咯咯叫；请允许我进攻他们。"但欧麦尔害怕海上征战，并写信请教阿慕尔（'Amr），后者这样回答道："海洋是一个无边无际的广阔领域，在其上，巨大的船只看起来像微小的点；仅见上方的天空和下方的水域；风平浪静时，水手的心都碎了；狂风巨浪时，他的感官都会颤抖。少信它，多畏它。在海上的人就像是木屑上的昆虫，时而被吞没，时而被吓得要死。"收到这令人担忧的描述后，欧麦尔就禁止穆阿维叶与船只有任何牵扯："他们告诉我，叙利亚的海洋比干燥的陆地更加广阔，它在真主的怜悯下日夜不停地扩张，试图将陆地吞没。我怎能把我的子民托付在这被诅咒海洋的怀抱里呢？要记得阿拉的教训。不，我的朋友，对我来说，我人民的安全比希腊所有的财富都珍贵。"

这个众所周知的故事，再结合阿拉伯文学描写陆地为主的特色，导致了一种普遍看法，即认为阿拉伯人从来就不是一个重视航海的民族。从更广泛的角度看，这种看法无疑是错误的，而且仅仅从前伊斯兰时代的历史就可以看出。不过这个故事确实表明，伊斯兰时期的北方阿拉伯人并不关注航海；此外，欧麦尔用常识来约束他的将军们，不让他们贸然冒险。虽然这可能有些夸张，但在这个故事的背后，却隐藏着这样一个事实：阿拉伯人起初没有海战经验,如果遇到拜占庭海军,他们可能也没有足够的船只与之对抗。现在我们可以清楚地看到,古代阿拉伯人的海上活动仅限于商业和海盗行为。无论有多少也门人、阿曼人和巴林人参与了对埃及和叙利亚的入侵,他们的航海知识在海战中都是毫无用处的。[3]

然而,从原则上讲,穆阿维叶是正确的。地中海的情况与其他海域的情况不同。在这里,建立一支海军力量是保障新帝国防御的需要。不久前,萨珊王朝就因为在这方面的失败而失去了对近东的统治:希拉克略(Heraclius)巧妙地利用了他的优势,在奇里乞亚(Cilicia)海岸登陆,嵌入了一个战略支点,迫使敌人撤离安纳托利亚。阿拉伯军队长期以来未能夺取阿拉杜斯岛(Aradus,又作 Arwād,即艾尔瓦德岛)和叙利亚沿海的几座城市,因为守军们一直可以从君士坦丁堡海上自由获取补给物资。亚历山大港的第一次陷落完全归因于居鲁士-穆高基斯(Cyrus-Mugqawais)的通敌,此人身兼默尔启派(Melkite)牧首和埃及末代基督教总督的双重身份。然后在645年,一支拜占庭舰队在曼努埃尔(Manuel)的指挥下返回,毫无阻碍地进入了港口,并重新夺回了亚历山大港。当时如果存在另一个像希拉克略一样有才干的君主,拜占庭可能会永久地收复埃及;正如后来我们所知的历史事实,拜占庭的无能和科普特人的中立使得这座城市再次被阿拉伯人夺回。事实上,亚历山大港在陆地上的防御无懈可击,本足以抵挡住任何军队的攻击,即便面对强大的阿慕尔·伊本·阿绥('Amr ibn al-'Ās)所率领的军队也不例外。所有这些事件都给现场的阿拉伯将领们上了一堂生动的课,然而在麦地那的哈里发可能无法看到这一点。

最后,穆阿维叶得到了第三任哈里发奥斯曼(644—656年在位)的同意,对塞浦路斯进行惩罚性袭击,条件是他必须带着他的妻子一起去。649年,他们成功袭击了该岛;次年,阿拉杜斯岛被攻陷。655年,距离阿拉伯人首次登陆地中海东部海岸不到20年的时间,一支阿拉伯舰队在菲尼克斯(Phoenix)附近的吕西亚(Lycian)海岸取得了"船桅之战"(Dhāt al-Ṣawāri)中的巨大胜利。没过几年,阿拉伯人就开始袭击西西里岛,并利用舰队威胁君士坦丁堡。[4]

在接下来的几个世纪里,阿拉伯人在地中海东部地区总是受到拜占庭海军的牵制;事实上,阿拉伯人对叙利亚、巴勒斯坦和埃及海岸的袭击早就引起了人们的警觉。在地中海西部,阿拉伯舰队取得了统治地位,尽管他们往往表现出纯粹的海盗倾向。这段历史与本书讨论的主题无关。但是,如果我讨论早期阿拉伯人在地中海上的探险问题,也许这就不会被认为是离题:他们是如何在如此短的时间内取得成功的呢?

决定性事件是"船桅之战"。进行一场海战,需要许多资源:海军基地,包括船坞、造船厂、造船材料和熟练的造船工人;由训练有素的水手、水兵和军官等完整编制组成的舰队。亚历山大港是一个完整的海军基地,拥有一个极好的港口、宽敞的造船厂和科普特人造船工。埃及一直是一个拥有技艺精湛的工匠的国家,而且毫无疑问,科普特人从希腊科学中获益匪浅,而亚历山大港自建立以来一直是希腊科学的中心。该地唯一缺少的是上好的木材，而埃及在这方面的资源总是很缺乏；这些木材必须从叙利亚或其他地方运来。叙利亚的港口，主要是阿卡（Acre）和推罗（Tyre），也是部分开赴"船桅之战"的舰队的基地。但在彼时，叙利亚海岸还没有造船工业，而这些直到穆阿维叶担任哈里发时期（661—680）才真正建立起来。我们还听到一个奇怪的说法，他把定居在安条克（Antioch）、霍姆斯（Ḥimṣ）和巴勒贝克（Baʻlabakk）的波斯工人转移到推罗、阿卡和其他港口——这是对腓尼基人衰落的一种悲观评价；要知道在以前，他们还曾为美索不达米亚舰队建造过船只！

因此，参加这场战役的舰队必须完全是在亚历山大港建造的。当然，希腊人在亚历山大第一次投降时（641）带走了所有现存的战舰，所以阿拉伯人不得不重新建造舰队。这支舰队肯定是由标准的拜占庭式"德罗蒙战舰"（*dromōne*）组成的。这些战舰速度快、重量轻，有一到两组桨座；这类战舰在航行时会展开经典的地中海四角帆，而在战斗时则会收起。这些舰队又由谁指挥？我们对叙利亚的分舰队一无所知。但至少在埃及的分舰队中，水手、桨手和舵手等都是科普特人。这不仅在理论上是可能的，而且我们知道，在之后的很长一段时间，科普特人继续被征召加入海军。形成于约710年的《阿佛洛狄忒莎草纸文献》（*Aphrodito Papyri*），记录了科普特人被迫参与劳役的历史。科普特人从上埃及被征召到亚历山大港的造船厂，以及参加每年的"库尔萨"（koursa，劫掠）行动，科普特人甚至被派遣到以叙利亚为基地的舰队服役。在9世纪中叶,科普特人仍在尼罗河三角洲的沿海城镇进行造船活动,并作为船员加入舰队中航行;牧首塞维鲁·伊本·穆卡法(Severus ibn-Mugaffa')抱怨说,在855年左右,他们不得不自备武器,并支付航行前往基地的旅费。当时,穆斯林偶尔会代替基督徒出航,但在"船桅之战"时期,阿拉伯人仍认为作为水手有损他们的尊严。阿拉伯人是海军的兵源,他们仅负责实际接舷战的战斗任务。至于海军上将和船长,至少高级别的都是阿拉伯人。埃及分舰队由埃及总督阿卜杜拉·伊本·艾比·赛尔赫('Abdallah ibn-abi-Sarḥ)指挥,叙利亚分舰队由阿布·阿瓦尔(abu al-Ā'war)统率。他们的舰队中可能有科普特人担任副官。然而,毫无疑问,拜占庭舰队始终由希腊海军将领率领,不过此时他们已全数离开埃及。因此,阿拉伯人由于缺乏经验丰富的海军指挥官而处于劣势。然而,由于当时阿拉伯人采用了得当的战术方法,这一劣势并未对他们造成过多影响,这一点将在后文中详细说明。

  从埃及出发的船只有200艘,从叙利亚出发的船只则数量不详。阿拉伯远征的目的可能是为了登陆吕西亚海岸,砍伐建造船只所需的柏树。据了解,715年的一次前往菲尼克斯的类似远征就是出于这个目的。拜占庭舰队逼近,规模达到500艘之巨。阿拉伯人根据他们的传统,提出在陆地上决战,但拜占庭人选择了海战。无论真实与否,这大概反映了双方在开战前的态度。双方采用的接舷战术使得这场战役看起来像一场陆战,对峙的船只被锁在一起,士兵们用箭和剑进行战斗。这种作战方式适合阿拉伯战士。这让我们想起罗马人在前 260 年于米拉城（Mylae）*发起的"乌鸦战役"（battle of the Corvi）**中使用的战术。但是，由于冲突发生在开阔水域，很难相信拜占庭舰队是被迫近距离作战的。更确切地说，这似乎是那个时代的通行战法，因为在 551 年的塞纳·加利卡（Sena Gallica）战役中，东哥特人（Ostrogoth）和希腊人之间的战斗也是如此。在那次战斗中，希腊人的获胜是因为他们保持了良好的秩序，而哥特人无法保持船只之间的适当间距。在"船桅之战"中，科普特船员显然充分发挥了自身的作用，这使得阿拉伯人能够凭借他们的剑赢得胜利。双方都死伤惨重。战斗结束后，阿拉伯人在吕西亚登陆。

因此，这场战役的胜利是科普特人的航海技术和阿拉伯人的剑术相结合的成果，海军将领的作用微乎其微。阿拉伯人可能是运气好，但运气通常会眷顾更果决的一方。[5]

阿拉伯人把亚历山大港作为海军基地之举并没有挽救这座城市，所以亚历山大港仍没有免于迅速衰落的命运。在其古老的辉煌时期，我们曾将其视为地中海世界与东方之间贸易的商业中心。虽然东方贸易长期以来只是涓涓细流，但亚历山大港仍然是一个大型市场和港口，这尤其体现在从这里向君士坦丁堡运送粮食的船只上，就像几个世纪前从这里向罗马运送粮食的船只一样。新政权的第一项举措就是把埃及的粮食分给麦地那（al-

---

* 在今米拉佐。

** 又称"米拉海战"。"乌鸦"指的是罗马战舰上的一种木制舷梯，接近敌船放下时候可以钩住对方，方便士兵登船厮杀，因为该舷梯形状类似乌鸦，因此得名。

Madīnah）饥饿的人民。在一两年的时间里，这些粮食穿越沙漠被运往西奈半岛和阿拉伯半岛西部。但是很快，甚至在整个埃及被完全征服之前，阿慕尔就通过强迫征发劳役的方式重新开通了图拉真的运河（641年或642年）。第一批船队由20艘运粮船组成，它们在埃及的巴比伦堡的码头装载，先沿着古勒祖姆（克里斯玛）运河，然后顺着红海航行，最终抵达贾尔港（al-Jār）。贾尔港在644年之前一直是服务于麦地那的港口。在那之后，尽管埃及这一地区的地势随着历史变迁缓慢抬升，导致运河只能在尼罗河汛期间使用，但运河一直是保持畅通的。每年的补给断断续续地持续了好几个世纪。可能在不久之后，它们就开始在麦加的新港口久达（Juddah，今作吉达）卸货。由于朝觐的需要，麦加本身的人口在此时多了很多，而久达很快成为红海最繁忙的港口。

阿慕尔还提议从提姆萨赫湖（Timsāḥ）向北延伸出一条运河支线到地中海，就像现在的苏伊士运河一样。但欧麦尔因为担心拜占庭舰队可能会通过运河驶向红海，从而干扰到朝觐活动，因此拒绝了这一建议。要知道，在欧麦尔晚年时，埃及还没有被牢牢地控制住。随后，我们应该期望在红海地区寻求到完全的安全保障；因此，发现《阿佛洛狄忒莎草纸文献》中提到的古勒祖姆（al-Qulzum）是一个海军基地（约710）是令人惊讶的。之所以出现这种情况，要么是西海岸的阿拉伯人恢复了他们古老的劫掠习惯，要么是尚未被征服的努比亚部落正在攻击穆斯林的航运船只。巴比伦堡也被作为一个海军基地，其目的在于保障其内陆的码头不会遭到袭击，从而可以向亚历山大港或古勒祖姆派遣舰队。靠近巴比伦堡的福斯塔特（al-Fusṭāṭ）正在成为埃及新的人口中心。亚历山大港在全盛时期人口约为60万，但到860年却仅剩10万左右；在圣马可教堂的原址上，现在矗立着一座位于城墙外的修道院。令人惊叹的亚历山大灯塔被毁了，再也找不到懂得如何修理它的人。[6]

波斯和阿拉伯与远东的海上贸易

与地中海相比，印度洋是一片和平的海洋。印度洋的西海岸处于穆斯林的控制之下，距离最近的敌人也不过是印度半岛西北部的海盗团体。因此，我们发现在这个时代，印度洋的商业得到了极大的发展。

正如前文（见第一章附录），有一些也许可信的证据表明，波斯人在萨珊王朝时期曾航行到中国，并与中国有一定的商业贸易活动。现在需要阐明的是，在倭马亚王朝的哈里发统治时期，这种航行大概是如何进行的，以及阿拉伯人是如何继承了这一贸易，并在中断的情况下蓬勃发展起来的。在16世纪欧洲扩张之前，这条从波斯湾到广州的海上航线是人类使用的最长的定期航线。这是一个引人注目的成就，值得引起关注。在这一历史时期，波斯湾和中国之间能够进行海上贸易，是因为在这条航线的始末两端同时都有着大型帝国的存在。在660—749年这段时期，从西班牙到印度河流域的整个穆斯林世界都在倭马亚哈里发的统治下实现了统一。接着，在750年到870年的一百多年时间里，整个除了西班牙和北非以外的穆斯林世界,又在阿拔斯王朝的统治下继续保持着统一。至于中国,从618年唐朝建立直到907年唐朝灭亡的这近三百年的时间里,一直维持着统一;尤其是中国的南方地区,在长达两个半世纪的时间里(618—868)几乎一直享有和平,未有大规模的战乱。

我们对早期波斯航行的了解来自中文史料,这些文献提到了"波斯"的船只。中文史料记载的"波斯"人已经被认定为使用波斯语、信仰琐罗亚斯德教的波斯人(尽管并非毫无争议),而操阿拉伯语的伊朗裔穆斯林自然而然地被归类为"大食"(Tashih),即阿拉伯人。[7]琐罗亚斯德教教徒被阿拉伯人称为"穆护"(Majū)或"麻葛"(Magian),在穆斯林征服之后的很长一段时间里,他们构成了伊朗高原居民的主要部分,就如同基督徒在埃及和其他国家那样。阿拉伯征服者倾向于让他们从事水手这种较低级的职业。

中文史料的首次记录来自671年,当时中国的僧人义净乘坐一艘"波斯舶"从广州向南航行至苏门答腊东南的佛逝国(Bhoga,巨港?)。717年,一名印度人跟随一支由35艘"波斯舶"组成的船队从锡兰驶往巨港,其中大部分船只都失事了;最终,这位印度人于720年抵达广州,不过是否有"波斯人"同行尚不清楚。* 727年的一则中国记载描述了波斯人的航行经历,

---

* 出自《贞元释教录·金刚智传》,原文为:"[跋日罗菩提]自师子国登舟,共三十五舟。一日,至佛逝,留五日,复由此登舟赴支那。"

第二章　哈里发统治时期的贸易路线

其中提到他们曾前往锡兰和马来亚。文中写道："他们也驾驶船只前往汉地[中国]，直达广州购买丝绸和其他商品。"*

748年，在海南岛上发现了一个非常大的"波斯"聚落，同年，又有文献提及他们与婆罗门和马来人一同作为"舶主"出现在广州的河流上。[8] 758年，《旧唐书》中有这样一句意味深长的话："大食人和波斯人一起劫掠并焚毁了广州城，然后他们从海路回去了。"** 这一大胆而无礼的行为能够发生，或许是因为当时中原王朝在广州的力量薄弱，因为当时天子正在全力平息北方突厥人安禄山***的叛乱。尽管如此，这次劫掠表明当时在广州有相当数量的外国商人。这是中国史书中最后一次提到"波斯人"。与此同时，"大食人"也作为一个外国族群的名字出现在中国史书中。[9]

至于阿拉伯一侧，则几乎没有证据表明最初到达中国的阿拉伯人是何时以及如何到达那里的。710年之后不久，哈查只（al-Ḥajjāj）征服了信德（al-Sind）。阿拉伯人通过这次征服获得了两个重要的港口：德巴尔港（提飓）和曼苏拉港（al-Manṣūrah），从而可以更接近远东地区。在倭马亚王朝哈里发统治结束（749年）之前，一些什叶派穆斯林为了逃避在呼罗珊（Khurāsān）遭到的

---

* 出自《往五天竺国传》，原文为："[波斯]常于西海泛舶入南海，向师子国取诸宝物，所以彼国云出宝物，亦向昆仑国取金。亦泛舶汉地，直至广州，取绫绢丝绵之类。"

** 原文为："波斯与大食同寇广州，劫仓库，焚庐舍，浮海而去。"

*** 《新唐书》的记载为："安禄山，营州柳城杂种胡人也，本无姓氏，名轧荦山。母阿史德氏，亦突厥巫师，以人为业。"

迫害选择逃往中国，并定居于中国的一条大河港口对面的一个岛上。这是由马卫集（al-Marwazi）在大约 1120 年所保留下来的传说，而且他描述说这个群体在后来的某个时期仍然存在，并在中国和外国人之间的贸易中充当中间人的角色。艾巴德派（Ibāḍite）的晚期著作也依据可信的证据记载了一名信奉艾巴德派的商人于 8 世纪中叶前往中国的一次航行：他叫阿布·乌拜达（Abu-'Ubaydah），是一个阿曼人，在中国购买了迦楠香*。[10]

继倭马亚王朝之后，阿拔斯王朝继任了哈里发的权位，并将阿拉伯帝国的首都从大马士革迁往靠近波斯湾的报达（巴格达），这为往来波斯湾的海上贸易带来了新的动力。根据地理学家雅库比（al-Ya'qūbi）的说法，曼苏尔（al-Manṣūr）非常清楚报达（巴格达）选址的经济优势，他曾说过这样的话："这是底格里斯河和幼发拉底河之间的一个'岛屿'[*Jazīrah*]……也是世界的海滨。凡是从瓦西特（Wāsiṭ）、弼斯啰（巴士拉）、阿瓦士（al-Ahwāz）、法尔斯（Fāris）、瓮蛮（阿曼）、叶麻麦（al-Yamāmah）、白莲（巴林）和邻近地方的运抵之物，都可以到这里并在这里停泊。同样，从摩苏尔（Mosul）、迪牙儿·剌必阿（Diyār Rabī'ah）、**亚塞拜然（Azerbaijan）***和亚美尼亚（Armenia）通过底格里斯河运来的货物，以及从迪牙儿·木札儿（Diyār Muḍar）、****拉卡

---

* 即奇楠，又名伽罗，为一种沉香，原产于东南亚地区。
** 直译为拉比阿人部落领地或拉比阿行省。
*** 即阿塞拜疆。
**** 直译为穆达尔人部落领地，或穆达尔行省。

第二章　哈里发统治时期的贸易路线

（al-Raqqah）、叙利亚、边境地区、埃及以及北非［马格里布（al-Maghrib）］通过幼发拉底河运输的货物，都可以到达这一终点站并在此卸货。它还可以成为贾巴尔山区［al-Jibāl］、哑四包闲（Iṣfahān）*、库尔（Kūr）和呼罗珊等地人们的聚集地。"

幼发拉底河通过几条可通航的运河与底格里斯河相连，其中纳赫尔·伊萨（Nahr 'Īsa）运河终点是报达（巴格达）。新首都位于美索不达米亚富饶平原的中心，那里的灌溉条件和人口都比现在要好得多。报达（巴格达）迅速发展成为一个新的"巴比伦"，一个庞大的人口、财富和奢侈品中心，它因此成为中东的商业大都市。这势必会刺激从波斯湾港口到远东的交通。乌剌（伍布拉）和尸罗夫（Sīrāf）是海船的主要港口，但内河船只可以将货物直接运送到报达（巴格达）。正如泰伯里转述曼苏尔的言论："这就是底格里斯河，（藉由此河）我们和中国之间没有任何障碍；海上的一切都可以通过这条河到达我们这里。"[11]

阿拔斯王朝的哈里发们还鼓励他们的阿拉伯和波斯臣民融合成一个讲阿拉伯语的穆斯林共同体。**因此，当我们查阅9世纪阿拉伯人与远东的海上贸易记录时，我们发现这些材料提到穆斯林及阿拉伯人的次数远远多于提到波斯人的次数。这种变化肯定是逐渐发生的。当然，正如我们所见，一直以来都有阿拉伯人从波斯湾港口启航；但是，由于伊朗人改信伊斯兰教，并至少在宗

---

* 即今伊斯法罕，《诸蕃志》作"哑四包闲"。
** 即中文史料所称的"大食人"。

教、文学、官方事务和商业方面采用阿拉伯语，所以这些"阿拉伯（大食）人"的数量现在大大增加了。然而，波斯人在当时的海上生活中还是留下了许多痕迹。在中世纪阿拉伯人的航海词汇中可以发现许多源自波斯语的词汇。例如：

balanj：船舱。

bandar：港口。在阿拉伯人使用的许多名称中都可以找到，例如东非赤道附近的贝纳迪尔港（Barr al-banādir），阿拉伯海岸附近的海兰港（Bandar al-Kayrān）、努斯港（Bandar Nus）、赖苏特港（Bandar Raysūt）等。只要翻一眼现代地图册的索引，就可以知道如今在印度洋沿岸附近仍有许多"Bandar"存在。

daftar：航行指南。

dūnīj：船上的小艇。*

dīdbān：瞭望员。

khann：罗盘的方位，以及一些罗盘方位的名称。

nākhuda 或 *nākhudha, nawākhid*（复数）等：船东、舶主，源自波斯语"*nau khoda*"。

rahmāni：航海指南，源自波斯语"*rahnāmeh*"。**

sanbūq：一种帆船。

布祖格的《印度珍奇录》（见下文第68页）提到的许多船长的名字都是波斯式的——这是意料之中的，因为布祖格是伊

---

* 又叫"杜尼基"，这种小艇通常由船上的船员使用，用于执行船舶操作和其他任务，通常用于在船和岸之间搬运货物或人员。

** 中文史料作"剌那麻"。

第二章　哈里发统治时期的贸易路线

朗人，他的许多故事都是从伊朗的尸罗夫港船长那里收集的。最后，甚至中国人也称呼阿拉伯人为"大食"了，这个词来源于波斯语"塔吉克"（*Ta-zik*），意为"塔伊（Tayy）部落的人"。[12]

报达（巴格达）的建立并没有立即带来与中国贸易的增长。这座城市花了数年时间才建成并成为一个商业中心。在这条航线的另一端，广州遭到洗劫，这导致外国商人在很长一段时间内被禁止进入该城；在此期间，东京湾（北部湾）成为外国船只的终点站。根据中国史料的记载，广州于792年重新对外开放。此后，我们有一些关于东西方往来的零星证据。据记载，另外一位艾巴德派商人——来自弼斯啰（巴士拉）的纳扎尔·伊本-迈明（al-Naẓar ibn-Maymūn），曾访问过中国。中国的史籍*中还包含了一段由贾耽写于8世纪末的有趣段落，该段文字描述了从广州到报达的航线；不过，贾耽却只字未提航行船只的国籍。也许我们也必须将这段航线与同时期布祖格著作中的著名船长"阿伯拉罕"（'Abharah）联系起来，而他是第一个定期航行到中国的人。825年，一支庞大的海军部队从弼斯啰（巴士拉）被派去惩治白莲（巴林）海盗，这群海盗袭击了来自伊朗、印度和中国的船只。[13]

可以肯定的是，到了9世纪中叶，已经有定期的船只驶往中国。我们有两份关于当时航线的独立记载，分别由伊本·胡尔达兹比赫（ibn-Khurdādhbih）和《中国印度见闻录》（*Akhbār al-Ṣīn w-al-Hind*）的作者撰写。从现在开始，阿拉伯语的史料来源更加

---

* 即《新唐书》。

丰富，在继续叙述之前，对它们作一个说明是有用的。我们可以把这些作家大致地、多少有些粗略地分为两类：地理学家和旅行作家。

地理学家指的是那些对伊斯兰世界及其周边地区进行系统记录的作家。这些作品提供了有关印度洋港口和海岸的宝贵信息。伊本·胡尔达兹比赫在他于850年左右写的《道里邦国志》（Kitab al-Masālik w-al-Mamālik）中记录了从波斯湾到中国的分阶段航程。马苏第的《黄金草原》（约947）可以归类为地理学著作。该书尽管还包含了其他内容，但马苏第对海洋、海员及其语言展示出了极大的兴趣，并以此为豪。他提供了许多地理和其他方面的信息，其中一些是基于目前仍现存以及早已散佚的早期权威资料，一些是基于他个人的经历。这位作家曾航行到印度和东非。不过，他的另一本著作《箴言书》（Kitab al-Tanbīh w-al-Ishrāf，约955年）*与我们的要谈论的主题关系不大。麻合地昔（al-Maqdisi）写于985年或986年的著作，讲述了自己环绕阿拉伯海岸航行的经历。在这三部作品之外，其他地理学家也提供了有关地望和其他细节的相关知识，可以用来补充那个时代的海洋地理图景。这些作品包括：雅库比撰写于891年或892年的著作、伊本·法齐赫（ibn-al-Faqīh）与伊本·鲁斯塔均撰写于约903年的著作、伊斯塔赫里（al-Iṣṭakhrī）撰写于约950年的著作，以及伊本·豪卡勒（ibn-Hawqal）于此后不久撰写的著作。所有这

---

* 又译为《提醒与监督》。

些人的作品，在体例上都属于相同类型的地理手册，并且在内容上自由地借鉴了彼此的作品。最后，马卫集在他大约于1120年编写的著作汇编中保留了一些有关早期时期的有趣细节。[14]

旅行作家的记录同样具有很高的价值。851年，一位不知名的作家出版了一本来自商人的报告集，内容涉及从尸罗夫到广州的海上航线以及印度人和中国人的风俗习惯。这本《中国印度见闻录》通常被认为是由一位名叫苏莱曼（Sulaymān）的商人撰写的，因为书中提到了他的名字。但正如索瓦杰（Sauvaget）教授最近所指出的那样，没有充分的理由去支持这一观点。大约在916年，一位名叫阿布-宰德·哈桑·伊本·亚兹德（abu-Zayd al-Ḥasan ibn-al-Yazīd）的尸罗夫居民根据他与尸罗夫商人和海员交谈所收集到的信息，对《中国印度见闻录》进行了评注和增补。在所有旅行作家的作品中，最重要的著作当属《印度珍奇录》，该书的大部分内容大约于10世纪中叶之后不久完成，但后来又添加了一些内容。传统观点认为作者是一个波斯人"拉姆忽鲁谟斯的布祖格·伊本·沙赫里亚尔"（Buzurg ibn-Shahriyār of Ramhurmuz），为了方便起见，我将简称其为"布祖格"。不管他的真实名字是什么，这位作者本人是一位船长。布祖格从尸罗夫、弼斯啰（巴士拉）和瓮蛮（阿曼）的其他船长和商人那里收集了一些关于印度、远东和东非的见闻，尤其是关于海洋的故事。在这本书中，除了充满奇闻逸事和荒诞传奇外，还夹杂着一些切实可信的细节，显得足够真实。这部作品为读者提供了一个贴近当时海上生活的观察窗口，让人们更加真切地了解了那个时代的海洋文化。作者在叙事方面很有天赋，他的作品被视为《一千零一夜》中辛巴达故事的重要前身。布祖格的三个故事的译文见第三章附录。[15]根据伊本·胡尔达兹比赫、《中国印度见闻录》的作者以及同时代稍后其他人的描述，我们可以整理出9世纪中叶通往中国的航线。

中国船只的西方终点站是弼斯啰（巴士拉）、乌剌（伍布拉）和尸罗夫。运河上的弼斯啰可以被视为美索不达米亚下游的曼彻斯特，而乌剌则是它的利物浦。尽管弼斯啰是一个巨大的商业中心，但大型海船似乎无法抵达那里，只能停靠在乌剌。弼斯啰是阿拉伯人建立的新城，而乌剌则坐落于古老的阿坡洛古斯旧址上，由霍斯劳·阿尔达希尔（Khusraw Ardashir）重新建立并一直延续到穆斯林时代。乌剌位于底格里斯河口的运河入口处；但由于该处有一个大漩涡，所以来往船只进入运河是非常危险的。乌剌还拥有造船厂。在阿巴丹（'Abbādān）附近入海的河口，有一些危险的浅滩，船只经常在这些浅滩上失事。为了防止船只靠近这些浅滩，人们在海中搭建了三个"海舍巴特"*，并于上面架设了瞭望塔，以便夜间灯光亮起时，起到灯塔的作用。这些塔还作为信号站，有人在上面守望，以防备来自波斯湾甚至印度的海盗（详见下文）。[16]

在波斯湾顶部这些上游水域的航行困难，促进了伊朗海岸的尸罗夫港口的发展。尸罗夫位于设拉子（Shīrāz）以南，这个小

---

* 阿拉伯语原文为"khashabāt"，意为木制脚手架。

镇与亚丁一样，坐落在一片炎热贫瘠的海岸上，靠海运补给为生；它的存在完全归功于海上贸易，甚至其海上贸易的繁荣使得尸罗夫在财富上可以与弼斯啰相媲美。地理学家描述了该地商人和船主们的奢华住所，这些住宅通常由从印度进口的柚木和从东非进口的其他木材建造而成。《中国印度见闻录》记载道，货物通常通过小型船只从弼斯啰和波斯湾的其他港口运到尸罗夫，然后转运到中国的大型船只上。出口到远东的货物可能包括昂贵的亚麻、棉或羊毛织品，包括地毯，以及金属制品、铁矿石和金银。[17]

在波斯湾航行时，人们必须提防来自巴林、卡塔尔和伊朗海岸的海盗，以及海上的各种暗礁。船只可以通过两条路线前往印度。他们可以停靠在阿曼海岸的诸如苏哈尔和马斯喀特这些繁忙的港口，然后带着充足的水源，直接航行穿过印度洋，前往马拉巴尔海岸南部的故临（Kūlam Malī，即今印度奎隆）。这是《中国印度见闻录》中描述的路线；远航中国的船舶自然会首选这条路线。或者，他们也可以沿岸航行，依次停靠在基什岛（Qays Island）、老忽鲁谟斯、木克郎（即今莫克兰）的蒂斯（Tīz in Makrān）、提甿（德巴尔）、曼苏拉城（al-Mansirah）或信德的其他港口。在抵达信德之后，必须采取预防措施，来对付迈义德（al-Mayd），库基哈尔（Kurk）以及卡奇湾（Cutch）和卡提阿瓦半岛（Kathiawar）等其他臭名昭著的海盗。这些海盗乘着他们的"舰队"*

---

* 原文为阿拉伯语"bawārij"，该词为阿拉伯语"bārija"即"战舰、船只"的复数形式，引申为"舰队"。

在印度洋上四处劫掠，甚至有时远至底格里斯河口、红海南部和锡兰海岸；索科特拉岛是他们的一个据点。为了防御他们，这些商船不得不携带训练有素的、能够投掷"希腊火"*的水手。[18]

在离开信德后，沿海船只就离开了穆斯林的海域世界。关于孟买和马拉巴尔海岸的港口，除了那些难以辨认的名称外，几乎没有什么可用的信息。但可以肯定的是，马拉巴尔对穆斯林来说具有重要的经济意义，因为这里是柚木的产地。不仅尸罗夫的房屋是用柚木建造的，就连船只也是用柚木建造的。马尔代夫和拉克代夫群岛也提供了来自椰子树的造船材料（见第三章，第91页）。

从故临或另一个被伊本·胡尔达兹比赫称为"布林"（Bullīn）的马拉巴尔港口出发，可能会到达锡兰，即"红宝石"之岛，阿拉伯人称之为"细轮叠"（Sarandīb）。或者可以乘小船沿海岸航行，穿过保克海峡（Palk Strait），绕过孟加拉湾海岸，同样，伊本·胡尔达兹比赫的描述基本上只是列举了一些地名而已。还有一种选择是通往中国的航线；在故临支付1 000迪拉姆的通行费后，中国船只会绕过锡兰南部，向几乎正东方的尼科巴群岛（Nicobar Islands）进发，在那里他们会补充淡水并与当地居民进行交易，这些居民曾经乘坐独木舟出海。下一个港口是箇罗（Kalah Bār），它可能位于现在的马来半岛，随着形势变化，它在

---

* "希腊火"是东罗马帝国发明的液态燃烧剂，可在水上或水下燃烧，主要用于海战，阿拉伯人称之为"希腊火"，而拜占庭人则称其为"海洋之火"。

第二章　哈里发统治时期的贸易路线

10 世纪变得更加重要。从那里，有些人航行到苏门答腊和阇婆（爪哇），但我们更多地听闻的是通往中国的航行。

在穿过马六甲海峡之后（阿拉伯人根据马来语称其为"Salāht"*），船队停靠在潮满岛（Tiuman）**。接着，他们横渡至印度支那，在占婆王国东部沿海平原栓府（Ṣanf）的港口停留，接着又在一个被称为"占婆岛"的离岸岛屿停驻（原文为 Ṣanf Fūlāw，不过在我们的文本中误称为"Ṣandar Fūlāt"，即"占不劳山"）。从那里，船只可以沿着东京湾（Tongking）***航行到达当时被称为"龙编"（Lūqīn）的河内地区，然后再前往最终目的地——当时被称为"汉府"（Khānfu）的广州。还有一些船只则横渡辽阔海洋，穿过被称为"中国之门"的西沙群岛，前往广州。由于暗礁和台风，中国南海被公认为是极其危险的海域；因此，不清楚为什么水手们不避开西沙群岛，除非他们认为采取更西行的航线会面临更糟糕的风险，即会被台风冲击到中国海岸线上。

广州以北的海岸对阿拉伯人并不陌生；伊本·胡尔达兹比赫提到了"汉久"（Khānju，即泉州府），及被称为"刚突"或"刚苏"（Qānṭu 或 Qānṣu，即杭州）的港口。其虽有暗示但未明确说明穆斯林曾航行到了这些港口。不过，可以确定的是，一些穆斯林甚至远行至朝鲜半岛（al-Sīla）。他们可能是通过陆路或海路到达的。[19]

---

* 即《新唐书》中所记之"质"，为"海峡"的意思。
** 该地位于马来西亚半岛瓜拉珑宾岸外约 65 千米处。
*** 即今北部湾。

但汉府是最大的商埠,那里聚居着大量的西方商人、穆斯林和其他群体(见下文第 76—77 页)。穆斯林从皇帝那里得到特许,在他们内部产生纠纷之时,可以由他们自己社群的"哈的"*处理。贸易受到中国政府的严格监管。在《中国印度见闻录》中描述了对进口商品的控制过程:"当水手们从海上归来时,中国人就会扣押他们的货物,并将其放在[海关]仓库中;他们会安全保管这些货物[最长可达]六个月,直到最后一个船员回来为止。之后,每批货物的十分之三会被作为关税征收,剩余部分则交付给商人。政府会按市面最高价格购买需要的商品,并及时、公平地支付购买款项。"

正如马卫集所言的那样,将所有货物保留到"进港季节"(即夏季,见下文)结束,可能是为了确保所有货物的公平交易;这也可能是通过制造市场过剩,使得那些希望利用反向季风西行的商人几乎没有时间销售货物,从而抛售商品,致使价格下跌。由于我们还听说,货物经常在城市的木制建筑中被大火烧毁,我们可以想象,外国商人很难从中获利。在出航之前,还有进一步的管制。外国船长必须在中国海事贸易监察员的办公地点注册登记,后者检查载货清单,收取出口关税和运费,并禁止出口列明的稀有和珍贵物品。[20]

船上装载着丝绸、樟脑、麝香和香料。在履行或逃避了所有手续后,大型的西方船只缓慢航行穿过愈加宽阔的海湾,与来

---

* 阿拉伯语"qāḍi",伊斯兰教教法执行官,又译"卡迪"。

自亚洲各地的数百艘各种形状和大小的船只擦肩而过。回航路线与出航路线相同，一直到故临为止。从那里出发，船长们会先前往赖苏特、施遏（Shiḥr，今席赫尔）或马赫拉（Mahrah）海岸的其他地点。然后，他们沿着海岸向东航行，直到转入阿曼湾。最后，他们会在尸罗夫或乌剌下锚，感谢真主保佑他们免受一切危险，并以他的恩赐使他们富有。船东（nawākhid，意为船东、舶主）会卖掉他们的货物并购买新货；船长们会修理船身并为下一次航行做准备。船东、船长和船员们会在小餐馆里休息，并讲述他们所知道的奇闻逸事，无论真假。这些故事被编成了《印度珍奇录》之类的著作，经过几个世纪的演变，这些故事被改编成了欧洲和美洲广为人知的辛巴达故事。[21]

我们可以推算出这些航行的时间表。根据马苏第的说法，阿拉伯人在印度洋西部航行的季节通常是太阳进入人马座宫位的时候，即11月的下半月和12月的上半月；几乎没有船只在6月出航。同样，《中国印度见闻录》给出了前往中国的航行时间：

马斯喀特到故临	1个阴历月（29—30天）
故临到箇罗	1个月
箇罗到占婆岛	1个月
占婆岛到广州	1个月

根据这些记录，不包括中途停留时间的话，我们可以算出从马斯喀特到广州总共需要120天的航行时间：这意味着若从弼斯

啰或尸罗夫出发，考虑到途中的停留，整个航程需要耗时 6 个月或更长的时间。在东方海域世界，由于过去和现在的季风气候规律并没有明显变化，我们可以依据这些记录大致推算出当时航行的起始日期及所需时间，从而获取足够的信息。中国船只将在波斯湾变得风浪汹涌之前的 9 月或 10 月出航。他们会顺着东北季风从马斯喀特穿越到马拉巴尔，就像今天一样。这是一次为期一个月的航行，按照马苏第的说法，可推测其时间为 11 月至 12 月。在 12 月的最后两周，船只会在故临进行贸易，毕竟，直到 12 月底孟加拉湾南部的旋风结束之前，都无法再进一步前行。到箇罗的一个月航程将覆盖 1 月份。在箇罗渡过几周以后，东北季风即将结束，船只就可以顺风通过马六甲海峡，并及时利用中国海域的南方季风。这是夏季季风*，在那片海域，相比冬季猛烈的东北季风要温和一些；在 4 月和 5 月，季风较轻微，台风也最少。

在广州度过一个夏天后，人们会在 10 月到 12 月间借助东北季风返回到马六甲海峡，并在 1 月再次横渡孟加拉湾，在 2 月或 3 月仍然随着东北季风从故临来到赖苏特。此后，从赖苏特出发，人们可以在 4 月初起的西南柔风中抵达马斯喀特，并最终在夏季的平静的波斯湾中结束整个航行。这样，整个往返行程就需要一年半的时间，在下一次航行之前，船员可以在家中度过一个夏天休整。[22]

中国船只不太可能在这个时候（12 世纪以前）到访西方港

---

* 夏季季风即西南季风。

第二章　哈里发统治时期的贸易路线　　　　　　　　　　　　95

口。如果中国人确实做到了这一点，他们很可能会出现在阿拉伯作家的一些描述中。虽然地理学家和旅行家们确实提到过诸如"中国船"（marākib al-Ṣīn）和"中国舶"（sufun Ṣīnīyah）这样的词汇，但至少在某些情况下，通过上下文可以明确这些实际指的是西方的船，这些表达可以解释为"从事中国贸易的西方船只"。在其他语言中有许多类似的用法，如"中国飞剪船"（China clipper）、"东印度船"（East Indiamen）、"他施之船"*（ships of Tarshish）等。然而，马苏第的一段文字似乎确实说过中国船只曾经航行到西方。在谈到第10世纪的箇罗时，马苏第写道："现在［947年以前］，尸罗夫人和阿曼人的穆斯林船只在这里停靠，与来自中国的船只相遇。但在早期，情况并非如此：中国船曾经到访瓮蛮、尸罗夫的土地，包括波斯的海岸，以及白莲、乌剌和弼斯啰的海岸。反过来，也有船只从上述地方驶往中国。"这段话可以留给读者自行判断。即使这意味着中国帆船曾经航行到波斯湾，但至少在12世纪末之前，这段文字没有得到任何其他明确证据的支持。马苏第的著作写于947年，但书中记录的历史事件却涵盖了早于878年的时期（关于这个日期，请参考下文第77页）。因此，他的资料可能会受到时间间隔和信息来源的限制，相关的信息可能是错误的。夏德和柔克义说："所谓的'中国船'可能是在中国建造的，但由中国人拥有或驾驶这些船只似乎极不可能。"[23]

穆斯林与中国南方的贸易规模是怎样的？我们有两个看似矛

---

* 记载于《圣经》中的船只；他施是腓尼基人在西班牙的殖民地。

盾的传统说法。根据851年的《中国印度见闻录》记载，"中国的商品[在波斯和美索不达米亚]非常稀少；导致它们稀缺的原因之一是在汉府频繁发生的火灾，而汉府是阿拉伯和中国商品的船港和中转港（entrepôt）……另一个原因是，船只有时在出航或返航途中失事、遭到劫掠，或者被迫在非阿拉伯国家长时间停留并就地销售货物。有时，风也会把他们吹到也门或其他地方，他们就只能在那里出售货物；有时，他们会长时间地停留来修理船只，等等。"

但尸罗夫的阿布-宰德在评注《中国印度见闻录》时表示："由于伊拉克和那些国家[印度和中国]之间商人的往来很多，当时[851年]的海运仍属常态。"此外，他还明确指出，有外国商人丧命于878年黄巢的进攻行动。他说，具体数字是准确的，因为中国人为了征税而对外国人群体进行了人口普查。虽然说这个数字代表的是整个在华的外国群体，但它显得很庞大；然而即使有夸大之嫌，它也清楚地显示了中国与西方之间存在广泛的海上贸易。《中国印度见闻录》和阿布-宰德的记载之间的矛盾更多是流于表面，而非实质性的。首先，中国商品的"稀缺"只是一个相对概念，这只是相对于西方相对丰富的邻近市场商品而言。其次，波斯湾地区中国商品的稀缺主要是因为它们在也门或非阿拉伯国家销售，以及考虑到商品在广州发生火灾，在海上被沉船或海盗劫掠等诸多情况。因此，在广州购买的中国商品的数量比运抵尸罗夫和乌剌（伍布拉）的货物要多得多。[24]

这种贸易在878年以暴力告终，当时黄巢的军队围攻并洗

第二章　哈里发统治时期的贸易路线

劫了广州。显然一些大食人仍然留在那里，因为阿布-宰德又写道："他们举起手胁迫那些来到他们国家的外国商人；除了这些事件之外，在对待阿拉伯船长方面，压迫和践踏行为也愈演愈烈。……因此，海洋对后者来说变得无法逾越，灾难也降临到了［甚至是］尸罗夫和'阿曼'的船长和领航员身上。"

在这场灾难之外，阿拉伯（大食）和中国（唐）的帝国现在都处于普遍的衰落状态，这不利于双方的交往。大唐王朝岌岌可危，再也没有恢复过来；在907年唐朝灭亡后，中国便一直处于混乱之中，直至960年宋朝建立才结束了这种纷争。阿拔斯帝国（黑衣大食）从850年开始就开始解体，随后在9世纪70年代，美索不达米亚下游的僧祇（Zanj）奴隶也发动了一场血腥的叛乱。僧祇人洗劫了乌剌和弼斯啰，并切断了报达与波斯湾的联系。在公元871年，信德脱离哈里发统治下独立，不过此后的统治者仍是阿拉伯人。而从899年起，大食东部的卡尔玛特派（Carmatians）就成了伊拉克（al-'Irāg）的眼中钉、肉中刺。尸罗夫在977年的一次地震中严重受损。

当通往广州的直航停止后，阿拉伯人和中国人常常在马六甲半岛西海岸的箇罗会面，那里当时是印度尼西亚帝国*的一部分。在10世纪时，阿拉伯人也曾航行到苏门答腊岛和阇婆（爪哇）。甚至到中国的航行也没有完全中断，因为布祖格提到在10世纪20年代有一个来自阿曼的犹太商人去了那里。[25]

---

* 即三佛齐王国。

值得注意的是，红海也向远东派遣了船队。亚丁是这个方向上的主要港口；它被描述为"通往中国的门户"。伊本·胡尔达兹比赫有一段有趣的文字描述了9世纪犹太商人往返于法国和远东之间的路线。其中一条路线是经海路前往安条克，穿过叙利亚北部到达幼发拉底河，沿河而下到达乌剌（伍布拉），然后如前所述，再通过海路前往中国。另一条路线是在埃及的凡莱玛（al-Faramā'，即 ancient Pelusium，古代的培琉喜阿姆）登陆，带着驮畜穿过苏伊士地峡，从古勒祖姆航行到贾尔（al-Jar）和久达（吉达），然后再前往印度和中国；他们可能在久达换了船。除了来自索科特拉岛的印度海盗的危险之外，我们对从久达和亚丁湾到远东的航行知之甚少。在10世纪，当埃及逐渐取代美索不达米亚成为伊斯兰世界人口和财富中心时，这条航线肯定变得越来越重要。麻合地昔在985年或986年，即法蒂玛王朝（Fāṭimid）征服埃及（969年）后不久，于其著作中写道："另外，要知道报达曾经是一个宏伟的城市，但现在正在迅速堕落和衰败，并失去了所有的辉煌……今天埃及的福斯塔特就像古代的报达一样；据我所知，伊斯兰世界没有哪个城市比它更好。"[26]

东非和阿拉伯海岸

已经有证据表明，在萨珊王朝晚期，波斯人便已活跃在印度洋西部水域。至于早期的穆斯林时期，我们除了一些后来的模糊传说外，没有任何信息遗留下来。这些传说比如，690年，阿曼人从哈查只的统治下逃亡到东非，设拉子和尸罗夫的波斯人在 9 世纪和 10 世纪也迁移到东非。根据这条信息，我们可以假设波斯湾和东非之间的贸易在这些时期一直持续存在。在 7 世纪末期，有相当多的僧祇奴隶在美索不达米亚发动了一场叛乱，这条信息表明来自东非的奴隶贸易是存在的。868 年之后的僧祇大叛乱显然也更是如此，这是导致阿拔斯帝国衰落的主要原因之一。在 10 世纪之前几乎没有这方面的阿拉伯语文献。但当时的资料显示，波斯人仍然主导着阿拉伯半岛沿海地区的贸易，最远可至久达（吉达），而久达现在是埃及北部与印度洋之间贸易的中转港（entrepôt）。阿布-宰德在大约 916 年写道："尸罗夫人的船只，当他们来到印度洋右侧的这片海域 [即中世纪地图上的西方]，到达久达时就停在那里。其中运往埃及的货物被转运到古勒祖姆的船只上，因为那片海域对于尸罗夫人的船只来说并不容易通过，航程艰险，而且里面有很多暗礁。"

伊斯塔赫里在 10 世纪中叶说，久达贸易的主要对象是波斯。而在 10 世纪末期，麻合地昔则称："波斯人是统治阶级，住在华丽的宫殿里。"此外，还有其他地方提到："许多人实际上将这部分 [大食] 海域，远至也门海岸的部分称为法尔斯海，而大多数造船工和航海人员也都是波斯人。"随着时间的推移，波斯人自然逐渐变得伊斯兰化和阿拉伯化，这里也和大食的其他地方一样了。[27]

10 世纪时，尸罗夫和阿曼船只与东非进行定期贸易。我们对这条航线了解甚少，我们也不知道他们是沿着海岸一路航行到亚丁，然后绕过索马里海岸，还是从费尔泰克角（Ra's Fartak）直接横渡到瓜达富伊角。前一条路线的可能性更大，因为停靠亚丁这个大港会更有利可图，而来自索科特拉岛的印度海盗则让辽阔的海洋变得危险重重。沿着非洲海岸向下行驶，阿拉伯人来到僧祇的土地上寻找奴隶、象牙和龙涎香。最远的目的地是莫桑比克的索法拉（Sufālah）和干贝鲁（Qanbalu，即马达加斯加）以及瓦克瓦克（Wāqwāq）。确认瓦克瓦克的地望仍然是个问题。众所周知，有两个瓦克瓦克，一个位于东非地区，另一个位于远东地区。费琅确定前者的地望是马达加斯加岛，后者位于苏门答腊岛；事实上，这两个岛屿之间是有联系的，因为苏门答腊人在基督纪元的最初几个世纪迁移到马达加斯加，并在10世纪时又进行了第二次迁徙。

马苏第的最后一次航行是在917年，从阿曼到东非。他记录了海员们对这些地区海洋的描述："他们补充说，那里的海浪像崇山峻岭一样巍峨，而且是'盲涌'；意思是说，它们像山峰一样升起，像山谷一样沉没；[而且？]那海浪从不破碎，也不会像其他海洋的海浪破碎时那样出现任何泡沫。他们还说这些海浪是'疯狂的'。在这片海域上航行的人是阿兹德（Azd）部落的阿曼阿拉伯人；当他们进入这片海域的中央，发现自己置身于我们所描述的那种海浪之间，这些海浪把他们掀起又甩下，他们会在工作中唱着下面的诗歌：

بربرا و جفونى وموجك المجنون
جفونى وبربرا وموجك كما ترى

第二章　哈里发统治时期的贸易路线

> 柏柏尔湾与我的船啊，你激起的狂怒巨浪，
> 我的船与柏柏尔湾，这波涛汹涌如昔！"*

布祖格讲述了 923 年到索法拉的一次冒险之旅。那一年，一位名叫伊斯玛仪（Ismāʻīlawayh）的海员离开阿曼，前往干贝鲁，但一场暴风雨将他的船冲向了索法拉。这引起了他和他的船员的恐惧，因为当地居民是食人族。他们被带到岸上，并被迫待了几个月来做交易。最后，他们被允许返回他们的船上，当地的国王和 7 位随从一起登上了船，并跟随他们一同出海。然后，用伊斯玛仪的话来说："当他们在船上的时候，我对自己说：'这个国王在阿曼市场上价值 30 第纳尔，其他 7 个［随从］价值 160 第纳尔，而且他们的衣服价值 20 第纳尔；这样我们至少可以靠他们赚 3 000 迪拉姆，而且无需承担任何风险。'因此，我向水手们大声呼喊，他们升起帆，起锚。"国王试图逃脱，但未成功；他和他的随从们与另外 200 名被俘虏的奴隶被关押在一起，并在阿曼出售。国王后来被释放，回到了他的王国，并带领他的臣民皈依了伊斯兰教。[28]

在红海，贾尔和久达继续从古勒祖姆进口埃及的粮食供给圣城，但朝圣者更倾向于陆路旅行，要么穿过阿拉伯西部，要么沿着尼罗河而上，穿过沙漠到达阿伊扎卜（'Aydhāb），然后再经

---

* 阿拉伯语原文与英文版翻译有出入，译者遵照阿拉伯文原版翻译。其中，"柏柏尔湾"为今亚丁湾之古称。

图 8 两艘拜占庭拉丁帆帆船

图片摘自法国国家图书馆收藏的希腊手稿（希腊文手稿，第 510 号，第 3 页），该手稿据推测可追溯到 880 年左右。在图中的船只中，很清楚地可以看到帆布的前面是尖的，没有印度洋帆船上所发现的"纵帆前缘"（luff）。因此，这种拉丁帆的最终演化形式很可能起源于地中海地区。上述船帆的主要缝线是垂直的，就像现代阿拉伯拉丁帆一样，推测这是为了减少撕裂的风险。详见 R. L. 鲍文（R. L. Bowen）的《大食东部的阿拉伯独桅帆船》（*Arab Dhows of Eastern Arabia*），马萨诸塞州雷霍博特，1949 年，第 30 页。照片由法国国家图书馆提供。

第二章 哈里发统治时期的贸易路线

图 9　另一种拜占庭斜大三角帆帆船

图片摘录自图 8 所引用手稿的第 367 页背面。它们具有相同的特征，以及右舷舵。照片由法国国家图书馆提供。

海路到达久达。他们尽可能地避免红海的危险,阿拉伯作家和希腊人对红海的描述如出一辙:那里遍布珊瑚礁,风势猛烈,海岸贫瘠且不适宜居住;需要一个熟练的领航员,而且夜间必须抛锚停泊。

据说,哈伦·拉希德(Hārūn al-Rashīd)想要效仿阿慕尔·伊本·阿绥,在现在的苏伊士运河的位置上开凿一条运河,但该提议很快就被劝阻了,理由同样是:这可能会招致拜占庭军队利用这条运河袭击麦加和麦地那,并劫持朝圣者。这些担忧并非无稽之谈,因为在12世纪十字军占领亚喀巴湾的艾义拉(Aylah)时,沙蒂永的雷纳德(Renaud de Chatillon)就曾于1183年从那里发动过一次这样的袭击。[29]

后期时代

在前两章中,我试图考察阿拉伯人及其周边民族利用印度洋海域航线的情况。到目前为止,阿拉伯人在这片海洋上的历史是一部不断扩张的商业史,这种商业在基督纪元的第9个世纪达到了顶峰。10世纪产生了关于航海方面的相当广泛的信息,因此该时段也被纳入了本研究中。但10世纪之后,这两方面的资料都少之又少,它们所展示的只是沿着既定路线的延续。我不打算进一步展开这段历史,只会简要提及一些后期时代的主要事件。

阿拉伯人继续航行到印度、东印度群岛和东非。但当伊本·白图泰(ibn-Baṭṭūtah)在14世纪访问中国时,他注意到从古里（Calicut）*和其他马拉巴尔港口到中国航行的船只仅限于中国的帆船。在15世纪末，著名的航海家希哈卜丁·艾哈迈德·伊本-马吉德（Shihāb al-Dīn Aḥmad ibn-Mājid）根据自己的经验和之前的著作编写了一本优秀的《剌那麻》（rahmāni，即"航海指南"之意）；在这本书中，似乎他对印度比印度尼西亚更为熟悉。然而，直到此时，可以说阿拉伯人仍然是印度洋上领先的贸易商人和航海家。

葡萄牙人闯入东方水域后打破了阿拉伯人的主导地位。1498年，瓦斯科·达·伽马（Vasco da Gama）在东非的麻林地（Malindi）**寻找一名领航员带领他去印度。在那里，他找到的人竟然就是艾哈迈德·伊本-马吉德，并说服他带领葡萄牙舰队横渡大洋前往古里。因此，这是一段具有讽刺意味的历史，一个伟大的阿拉伯航海家竟推动阿拉伯航海事业走向了灭亡，面对葡萄牙人和其他后续涌入的欧洲人，阿拉伯人既无力驱逐，亦无法抗衡。

自那一年起，阿拉伯在印度洋的航海事业逐渐式微。此后，其他国家则出现以蒸汽动力和燃油动力推动的船只，通过苏伊士运河前往印度、东印度群岛或澳大利亚。但是，科威特（Quwayt）和亚丁的阿拉伯水手们仍然依靠帆船航行到印度和东非。他们甚至忘记了前人所知道的一切，因为他们的航海知识已经不足以让他们冒险远离海岸。

---

* 今作卡利卡特。
** 今译马林迪。

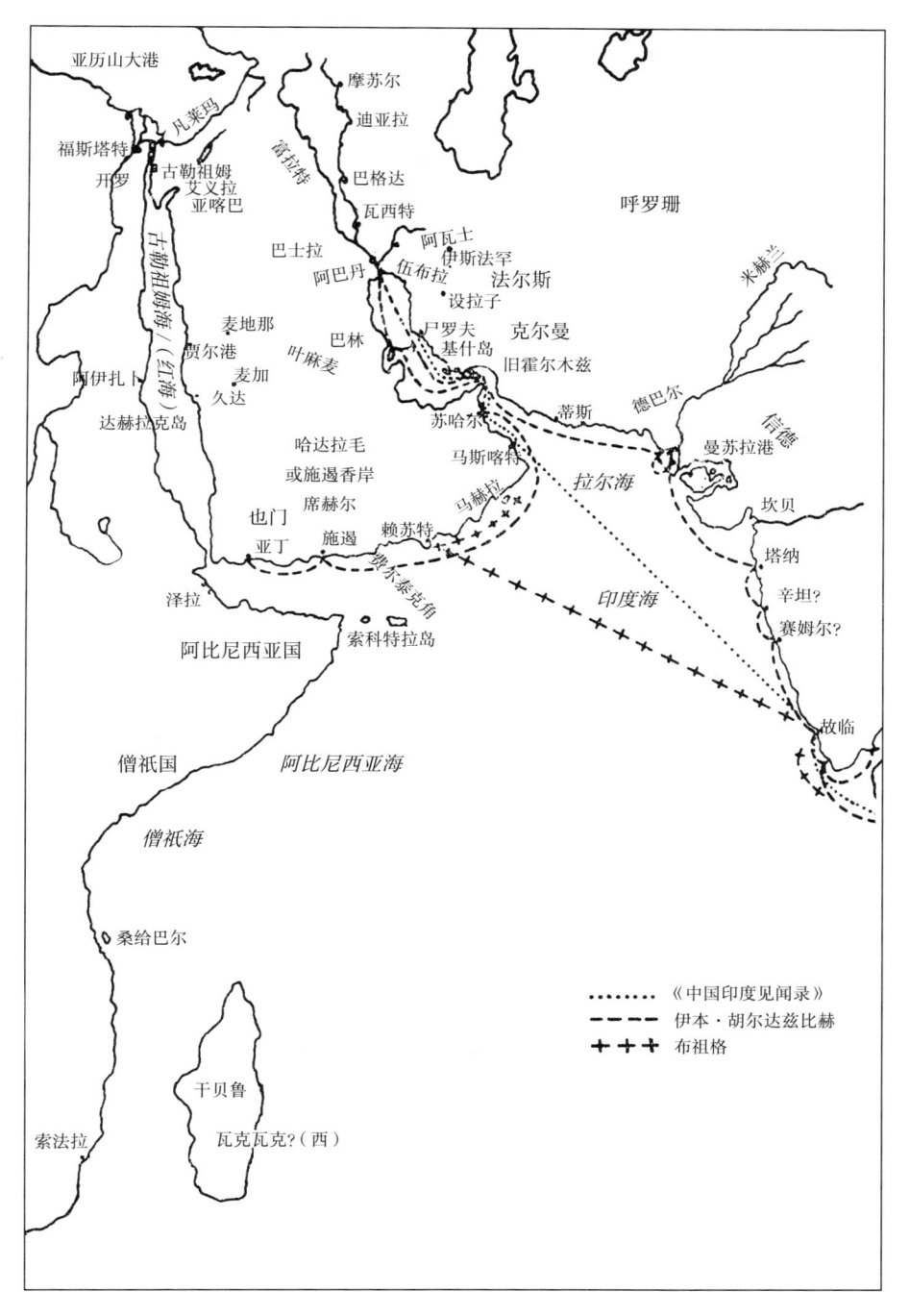

图 10　阿拔斯王朝时期的中东和东非

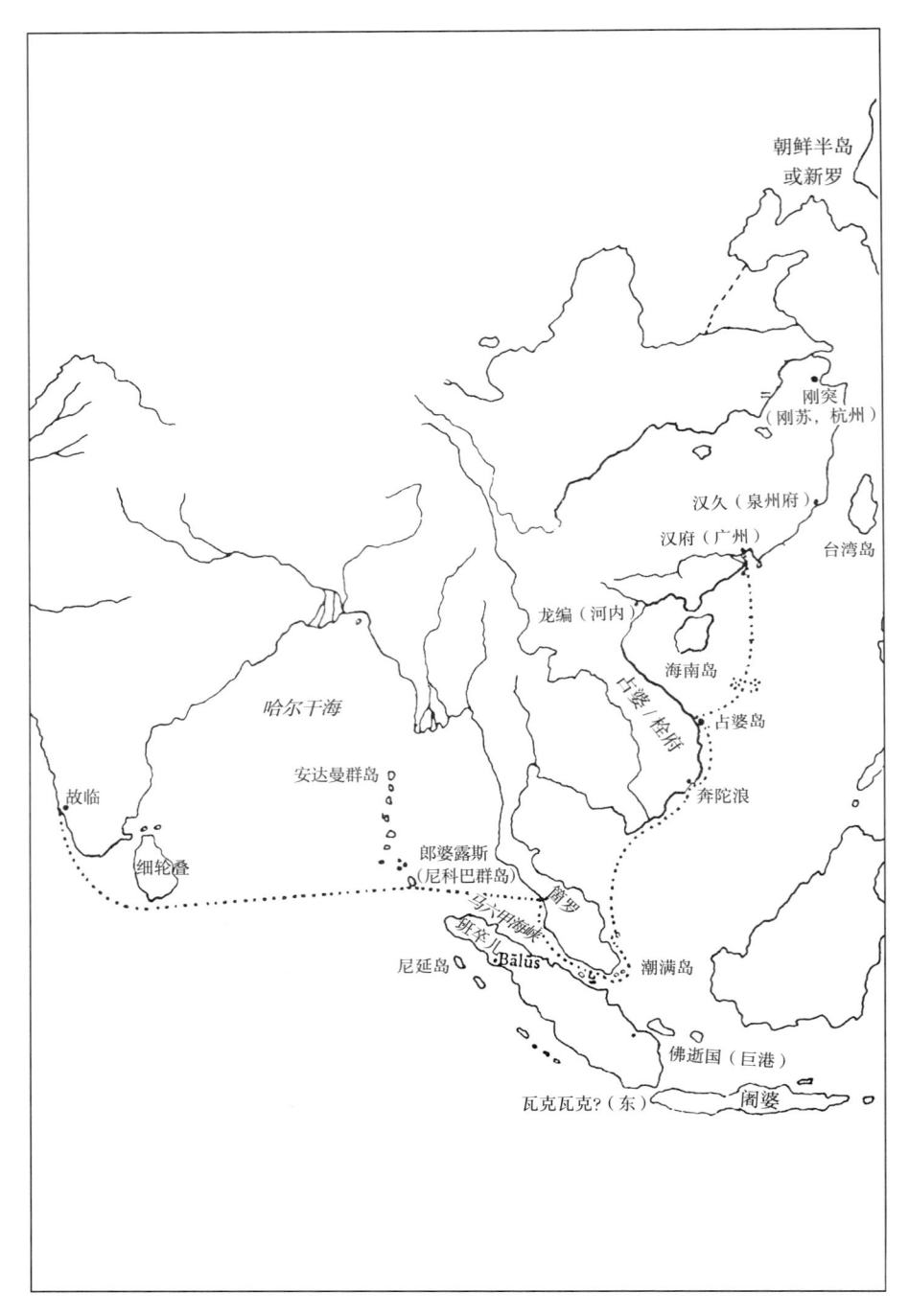

图 11 阿拔斯王朝时期阿拉伯人所了解的远东

这些海员的生活，就像沙漠中的贝都因人一样，蕴含诸多美好特质。不过，无论是帆船还是骆驼，几乎都已经失去了它们的经济实用性。它们已经不再具备足够的经济效益，无法仅仅因为它们的审美或文化价值而继续维持下去。今天，阿拉伯人面临的众多任务之一就是实现辽阔海洋上运输的现代化。只有这样，他们才能恢复古代和中世纪的商业地位。[30]

注释

[1] 皮朗：《穆罕默德与查理曼》（*Mahomet et Charlemagne*），引自第 132 页。A. J. 汤因比（A. J. Toynbee）：《历史研究》（*A Study of History*），第 1 卷，第 75 页及后续页、第 349 页，关于西亚统一的内容。

[2] 白拉祖里：《征服诸国史》，第 431—432 页；泰伯里：《历代民族与帝王史》，第 1 部分，第 5 卷，第 2546—2548、2595 页。关于印度的资料，参见：M. 伊斯哈格（M. Isḥāq）：《揭秘先知同伴领导下的阿拉伯首度远征印度》（A Peep into the First Arab Expeditions to India under the Companions of the Prophet），载《伊斯兰文化》，第 19 卷，1945 年 4 月；B. N. 巴赫什·汗·阿-辛迪（B. N. Bakhsh Khān as-Sindi）：《阿拉伯第一次远征印度的可能日期》（The Probable Date of the First Arab Expeditions to India），载《伊斯兰文化》，第 20 卷，1946 年 7 月。关于对阿杜利斯的掠夺，参见 A. 卡默勒《红海》，第 1 部，第 3 卷，第 322 页。

[3] 泰伯里：《历代民族与帝王史》，第 1 部分，第 5 卷，第 2819—2822 页；W. 缪尔著、T. H. 威尔（T. H. Weir）修订：《哈里发的兴起、衰落和衰亡》，第 205 页（文中所引）。

[4] A. J. 巴特勒（A. J. Butler）：《阿拉伯对埃及的征服》（*The Arab Conquest of Egypt*），第 121—125 页；菲利普·K. 希提：《阿拉伯通史》（*History of the Arabs*），第 2 版，第 167 页；L. 卡塔尼：《伊斯兰年鉴》，第 7 卷，伊斯兰教历 28 年，第 11—33 节。

[5] 泰伯里：《历代民族与帝王史》，第 1 部分，第 5 卷，第 2865—2870 页；白拉祖里：《征服诸国史》，第 117—118 页；伊本·阿卜杜·哈克木（ibn-'Abd-al-Ḥakam）著，C. C. 托里（C. C. Torrey）校勘：《埃及的征服》（*Futūḥ Miṣr*），第 189—191 页；塞奥法尼斯（Theophanes）：《编年史》（*Chronographia*），创世纪元 6146 年（公元 655 年）；《大英博物馆藏希腊莎草纸文献》（*Greek Papyri in*

the British Museum》,第 4 卷,H. I. 贝尔(H. I. Bell)编译:《阿佛洛狄忒莎草纸文献》(Aphrodito Papyri),导言,第 18、28 页以及编号 1349、1353、1374、1434、1435、1449 的部分;塞维鲁·伊本·穆卡法(Severus ibn-Mugaffa')著,Y. 阿卜杜·麦西哈(Y. 'Abd-al Masīh)、O. H. E. 伯梅斯特(O. H. E. Burmester)校勘、翻译:《埃及教会牧首史》(History of the Patriarchs of the Egyptian Church),2 卷本,第 2 卷,第 1 部分,对开第 115 右页、第 124 左页;L. 卡塔尼:《伊斯兰年鉴》,第 8 卷,伊斯兰教历 34 年,第 18—39 节。关于塞纳·加利卡(Sena Gallica),参见:普罗柯比:《哥特战争》,第 4 册,第 24 章;布里:《罗马帝国晚期史》,第 2 卷,第 258—260 页。关于 715 年的菲尼克斯,参见 E. W. 布鲁克斯(E. W. Brooks)撰《剑桥中世纪史》(Cambridge Mediaeval History),第 2 卷,第 415 页。关于拜占庭战舰,参见:W. L. 罗杰斯(W. L. Rodgers):《桨下的海战》(Naval Warfare under Oars),4—16 世纪;C. 托尔(C. Torr):《古代船只》(Ancient Ships);R. H. 多利(R. H. Dolley):《罗马帝国晚期的战舰》(The Warships of the Later Roman Empire),《罗马研究杂志》(Journal of Roman Studies),第 38 卷,1948 年,第 47—53 页和插图 5。

[6] 伊本·阿卜杜·哈克木:《埃及的征服》,第 22—24 页;白拉祖里:《征服诸国史》,第 216 页;泰伯里:《历代民族与帝王史》,第 1 部分,第 5 卷,第 2576—2577 页;麻合地昔(Maqdisi):《阿拉伯舆地丛书》(B.G.A.),第 3 卷,第 79、83、104、193 页。在 10 世纪,汉志(希贾兹)地区仍然依赖埃及的谷物。L. 卡塔尼:《伊斯兰年鉴》,第 4 卷,伊斯兰教历 21 年,第 136—140 节。《大英博物馆藏希腊莎草纸文献》,第 4 卷,引言,前文所引,以及第 1346 号、1465 号文献;参见该书第 3 卷,第 1162 号文献。A.J. 巴特勒:《阿拉伯对埃及的征服》,第 345—348、372、389—398 页(亚历山大灯塔)。P. 卡勒(P. Kahle):《关于中世纪亚历山大历史的一些观察》(Zur Geschichte des mittelalterlichen Alexandria),载《伊斯兰》(Der Islam),第 12 卷,1922 年。关于该运河,参见波斯纳《托勒密统治前尼罗河至红海之间的运河》,载《埃及编年史》,1938 年。

[7] 关于中文史料中"波斯"人的身份,参见:H. 哈桑:《波斯航海史》,第 97 页及后续页;B. 劳费尔(B. Laufer):《中国伊朗编》(Sino-Iranica)。不幸的是,除了西亚的"波斯",中文史料中的该词也被用于指马来亚人,即"马来波斯";但我遵照哈桑的说法,认为这里提到的"波斯"人都是西亚的波斯人。

[8] 关于义净的旅行,参见:《大唐西域求法高僧传》,第 2 卷,第 5a 页,高楠顺次郎英译本,牛津,1896 年,第 28 页。圆照:《贞元释教录》,第 28 册,第 6 部分,第 14 章,第 77—78 页,S. 列维(S. Lévi)法译本,载于《亚洲学报》,第 15 期,1900 年 5—6 月,第 418 页。慧超:《往五天竺国传》,文本和英文翻译:夏德,载《美国东方学会杂志》(Journal of the American Oriental Society),第 33

卷，1913 年，第 205 页（文中所引）。关于鉴真的东渡，参见高楠顺次郎《第一届远东研究国际研讨会论文集》(*First Congress of Far Eastern Studies*)，第 58 页，以及亨利·裕尔：《东域纪程录丛》(*Cathay and the Way Thither*)，修订版，第 1 卷，第 100 页。一份由高楠顺次郎提供的日记摘要，由哈桑引用，第 101—102 页，以及劳费尔《中国伊朗编》，第 469—470 页。

[9] 来源：《旧唐书》卷 198《西戎》（注：原作者写为卷 258 下），英文译文引自 H. 哈桑《波斯航海史》，第 99 页。

[10] 关于信德，参见：白拉祖里：《征服诸国史》，第 435—436、444—446 页；马苏第：《箴言书》(*Kitāb al-Tanbīh w-al-Ishrāf*)，第 55 页；泰伯里：《历代民族与帝王史》，第 3 部分，第 1 卷，第 359、370、460—461、476—477 页。关于中国的什叶派难民，参见马卫集（Marwazi）著，米诺尔斯基（Minorsky）校勘《马卫集对中国、突厥与印度之记述》(*Sharaf al-Zamān Ṭāhir Marvazi on China, the Turks and India*)，第 8 章，第 16 节。关于艾巴德派商人，参见 T. 莱维茨基（T. Lewicki）《中国最早的阿拉伯商人》(*Les premiers commercants arabes en Chine*)，载《东方学年鉴》(*Rocznik Orientalistyczny*)，第 11 卷，1935 年，第 173—186 页。另参考桑原陟藏（J. Kuwabara）：《蒲寿庚之事迹》(*On P'u Shou-kêng*)，载《东洋文库欧文纪要》(*Memoirs of the Research Department of the Toyo Bunko*)，第 2 号，1928 年，第 1—79 页。

[11] 雅库比：《诸国志》(*Kitāb al-Buldān*)，第 237 页（文中所引），以及第 250 页；泰伯里：《历代民族与帝王史》，第 3 部分，第 1 卷，第 272 页（文中所引）。关于美索不达米亚，参见 G. 勒·斯特兰奇（G. le Strange）《大食东部历史地理研究》(*The Lands of the Eastern Caliphate*)。

[12] 费琅：《阿拉伯的航海文本中的波斯元素》，《亚洲学报》，第 204 卷，1924 年 4—6 月期，第 193—257 页。

[13] 有关广州和东京（河内）的资料：P. 伯希和（P. Pelliot）：《交广印度两道考》(*Deux itineraires de Chine en Inde a la fin du VIIIe siecle*)，载《法国远东学院通报》(*Bulletin de l'Ecole Francaise d'Extréme-Orient*)，第 4 卷，1904 年，第 131—413 页；T. 莱维茨基：《中国最早的阿拉伯商人》，前文所引；贾耽：《广州通海夷道》，《新唐书》卷 43 下《地理志》，该文引自夏德和柔克义译注：《诸蕃志》；布祖格著，P. 凡代尔-利特（P. van der Lith）校勘，L. M. 德维奇（L. M. Devic）法译：《印度珍奇录》(*Kitāb 'Ajā'ib al-Hind/Le livre des merveilles de l'Inde*)，第 85 页及后续页内容，翻译于第三章附录；把赫卜烈思（Barhebraeus）著，E. A. W. 巴奇（E. A. W. Budge）编纂及英译：《编年史》(*Chronography*)，2 卷本，第 142—143 页。

[14] 这些阿拉伯地理学家的主要作品被收录于 M. J. 德·胡耶编：《阿拉伯舆地丛

书》,具体如下:(1)伊斯塔赫里(Iṣṭakhrī):《诸国之路》(*Kitāb Masālik al-Mamālik*);(2)伊本·豪卡勒(Ibn Ḥawqal)著,J. H. 克雷默斯(J. H. Kramers)校勘:《各地形胜》(*Kitab Ṣūrat al-Ard*)第 2 版;(3)麻合地昔著,M. J. 德·胡耶校勘:《诸国知识的最好分类》(*Aḥsan al-Taqāsīm fi Ma'rifat al-Aqālīm*)第 2 版,1906 年;(4)卷 i 至卷 iii 的索引和词汇表;(5)伊本·法齐赫(Ibn al-Faqīh):《诸国志》(*Mukhtasar Kitāb al-Buldān*);(6)伊本·胡尔达兹比赫(ibn-Khurdādhbih):《道里邦国志》(*Kitab al-Masālik w-al-Mamālik*),库达麦(Qudamah):《税册》(*Kitāb al-Kharāj*);(7)伊本·鲁斯塔:《珍宝志》、雅库比:《诸国志》;(8)马苏第:《箴言书》及卷 7 和卷 8 的索引和词汇表。

此外,还有马苏第著,C. B. 德·梅纳尔(C. B. de Meynard)及 P. 德·库尔泰耶(P. de Courteille)法译及校勘:《黄金草原》,9 卷本;马卫集著,米诺尔斯基校勘:《马卫集对中国、突厥与印度之记述》;雅库特(Yāqūt)著,F. 乌斯坦菲尔德(F. Wüstenfeld)校勘:《地名辞典》(*Kitāb Mu'jam al-Buldān*),6 卷本。以下所列章节涵盖了对海洋的广泛兴趣:马苏第:《黄金草原》,第 1 卷,第 282—283、331—332、340、343—345 页;麻合地昔:《阿拉伯舆地丛书》,第 10、15 页。

[15] 索瓦杰(Sauvaget)法译及校勘:《中国印度见闻录:中国和印度的关系》(*Akhbār al-Ṣin w-al-Hind-Relation de la Chine et de l'Inde*),包含引言和注释,此版本以其完整性取代了以前的所有版本。尸罗夫的阿布-宰德著,朗格勒(de Feu Langles)校勘:《中国印度见闻录》(*Akhbār al-Ṣin w-al-Hind*),同时该书被 J. T. 赖瑙德(J. T. Reinaud)介绍并翻译为法文,收录于《阿拉伯人、波斯人在印度和中国等地的旅行交往研究》(*Relation des voyages faits par les Arabes et les Persans dans l'Inde et la Chine, etc.*)一书中。布祖格《印度珍奇录》的大部分故事的时间可以追溯到 10 世纪上半叶,但其中一个故事的日期是伊斯兰教历 390 年,即公元 1000 年。此外还有费琅的《公元 8 世纪到 18 世纪的阿拉伯、波斯和土耳其旅行记录与地理文献记录的远东地区》(*Relations de voyages et textes géographiques arabes, persans et turques relatifs à l'Extrême-Orient du VIII au XVIII siècles*),2 卷本。

[16] 索瓦杰法译及校勘:《中国印度见闻录》,第 11—16 章;伊本·胡尔达兹比赫:《道里邦国志》,第 60—69 页。关于巴士拉和伍布拉,参见:G. 勒·斯特兰奇:《大食东部历史地理研究》,第 43 页及后续内容;雅库比:《诸国志》,第 310 页;伊斯塔赫里:《诸国之路》,第 81 页;纳赛尔·霍斯鲁(Nāsir-i-khusraw)著,C. 舍费尔(C. Schefer)法译及校释:《旅行纪事》(*Sefer Nameh*),巴第 243—244 页。关于"海舍巴特"(khashabāt),参见:贾耽(8 世纪末):《新唐书》卷 43 下《地理志》,载夏德、柔克义译注《诸蕃志》,第 13 页;伊斯塔赫

里：《诸国之路》，第32、33页；马苏第：《黄金草原》，第1卷，第229—230页；麻合地昔：《阿拉伯舆地丛书》，第17页；纳赛尔·霍斯鲁：《旅行纪事》，第244—247页。

[17] 关于尸罗夫的资料可以参考以下文献：伊斯塔赫里：《诸国之路》，第34、127页；麻合地昔：《阿拉伯舆地丛书》，第426—427页；《中国印度见闻录》，第13节。关于出口贸易的资料可以参考：菲利普·K. 希提：《阿拉伯通史》第2版，第345—493页；A. 梅兹（A. Mez）：《伊斯兰文艺复兴》（Die Renaissance des Islams）。

[18] 关于波斯湾海盗的资料，可以参考：伊本·胡尔达兹比赫：《道里邦国志》，第60页；把赫卜烈思：《编年史》，第142—143页；伊斯塔赫里：《诸国之路》，第33、140—141页。关于礁石的资料可以参考《中国印度见闻录》，第13节；马苏第：《黄金草原》，第1卷，第240—241页；麻合地昔：《阿拉伯舆地丛书》，第12页。关于通往印度的航线的资料可以参考：《中国印度见闻录》，第13—14节；伊本·胡尔达兹比赫：《道里邦国志》，第61—64页。关于"舰队"（bawārij）的资料可以参考：白拉祖里：《征服诸国史》，第435页；马苏第：《黄金草原》，第3卷，第36—37页；《箴言书》，第55页；麻合地昔：《阿拉伯舆地丛书》，第12、14页；泰伯里：《历代民族与帝王史》，第3部分，第1卷，第359、370页，第3卷，第1582页；比鲁尼（Bīrūni）著、E. C. 萨豪（E. C. Sachau）英译：《印度志》（India），2卷本，第102页。G. P. 巴德格（G. P. Badger）编：《阿曼伊玛目和圣裔的历史》（A History of the Imams and Sayyids of Oman），哈克鲁特学会第44卷，该文献也提供了一些相关资料，可参考第12—13页。

[19]《中国印度见闻录》，第4、6—7、14—16节，包含索瓦杰的注释；伊本·胡尔达兹比赫：《道里邦国志》，第62—69页。关于南印度的资料请参考 S. M. H. 奈纳尔（S. M. H. Nainar）《阿拉伯地理学家对南印度的了解》（Arab Geographers' Knowledge of Southern India）。关于锡兰的资料请参考 N. 艾哈迈德（N. Ahmad）《阿拉伯人对锡兰的了解》（The Arabs' Knowledgeof Ceylon），《伊斯兰文化》，第19卷，1945年6月。关于朝鲜半岛的资料请参考：郑基元（K. W. Chung）、乔治·F. 胡拉尼：《阿拉伯地理学家在朝鲜半岛》（Arab Geographers on Korea），载《美国东方学会杂志》，1938年12月；M. 哈特曼（M. Hartmann）："中国"（China）词条，《伊斯兰大百科全书》。

[20]《中国印度见闻录》，第12、34节；马卫集著，米诺尔斯基校勘：《马卫集对中国、突厥与印度之记述》，第8章，第27节；夏德、柔克义译注：《唐国史补》，载《诸番志》，序言，第9页。

[21] 雅库比：《诸国志》，第365页；布祖格：《印度珍奇录》，第90—92、129—130

第二章　哈里发统治时期的贸易路线　　113

页；《中国印度见闻录》，第 11 节。H. 法韦兹（H. Fawzi）：《古代的辛巴达故事》（Ḥadīth al-Sindabād al-Qadīm），追溯了辛巴达故事的演变。苏利（Al-Ṣūli）著，J. 海沃斯-邓恩（J. Heyworth-Dunne）校勘：《文集之书》（Kitāb al-Awrāq），第 2 卷，第 6 页，提到了 934 年流传的辛巴达的故事。

[22] 马苏第：《黄金草原》，第 1 卷，325—327 页；《中国印度见闻录》，第 11—16 节。《中国印度见闻录》在第 11 节中提到，阿拉伯商船有时会被季风吹到也门；这证明了他们是利用东北季风从印度横渡大洋返回的。可以参考 C. N. 帕金森《东方海域的贸易，1793—1813》，第 4 章，其中提到英国东印度公司船只如何利用印度洋的风力；还可以参考克莱门莎《早期阿拉伯的海上霸权》的相关内容。

[23] "中国船""中国舶"等词汇出现在以下文献中：马苏第：《黄金草原》，第 1 卷，第 216（前伊斯兰时代，请参考上文第 47 页）、308 页（文中引用）；雅库比：《诸国志》，第 319 页；《中国印度见闻录》，第 11—16 节；布祖格：《印度珍奇录》，第 85 页；夏德和柔克义译注：《诸蕃志》，第 15 页，注释 3；贾耽：《新唐书》卷 43 下《地理志》，载夏德、柔克义译注《诸蕃志》，序言，第 12—14 页，该文献描述了从锡兰到美索不达米亚的航线，但这并不能证明中国船只进行了这次航程。

[24]《中国印度见闻录》，第 11 节（文中所引）；阿布-宰德对《中国印度见闻录》的评注及增补，第 61 页（文中所引）。

[25] 阿布-宰德对《中国印度见闻录》的评注及增补，第 62、66—67 页（文中所引）以及第 90 页；马苏第：《黄金草原》，第 1 卷，第 307—308 页；布祖格：《印度珍奇录》，第 67—69、90—92、107—111（犹太商人）、129—130 页。从阿布-宰德的引用中似乎可以看出，彼时中国人的不端行为不仅给自己带来了灾难，也间接地给波斯湾的阿拉伯和波斯船员带来了影响，因为他们与中国的贸易被切断了。关于僧祇（赞吉）人的叛乱，请参考 T. 诺尔德克著，J. S. 布莱克（J. S. Black）英译《东方历史随笔》（Sketches from Eastern History）。

[26] 伊本·胡尔达兹比赫：《道里邦国志》，第 153—154 页；马苏第：《黄金草原》，第 3 卷，第 36—37 页；麻合地昔：《诸国知识的最好分类》，G. S. A. 兰金（G. S. A. Ranking）及 F. 阿祖（F. Azoo）英译本，第 14、34、36 页（文中所引）；布祖格：《印度珍奇录》，第 96—97 页。

[27]《阿曼的伊玛目和圣裔》（Imams and Sayyids of Oman），第 5 页；S. A. 斯特朗（S. A. Strong）编：《基尔瓦史》（History of Kilwah），载《英国皇家亚洲学会会刊》，第 385—430 页；泰伯里：《历代民族与帝王史》，第 3 部分，第 3 卷，第 1835 页；布祖格：《印度珍奇录》，第 93—94 页、第 147 页；阿布-宰德对《中国印度见闻录》的评注及增补，第 136—137 页（文中所引）；伊斯塔赫里：《诸

国之路》，第 19 页；麻合地昔：《阿拉伯舆地丛书》，第 18、79 页（文中所引），以及第 92 页，"苏哈尔的波斯大师"（Persian masters in Ṣuḥār）；L. 马西农（L. Massignon）："僧祇"（Zandj）词条，《伊斯兰大百科全书》；H. 哈桑：《波斯航海史》，第 132 页及后续部分；U. M. 德·维拉德：《关于亚洲对东非影响的注解》，第 303—349 页。

[28] 雅库比：《诸国志》，第 366 页；伊本·法齐赫：《诸国志》，第 296—297 页；伊斯塔赫里：《诸国之路》，第 25 页（亚丁）；马苏第：《黄金草原》，第 1 卷，第 205—206、232—233 页（文中所引），第 3 卷，第 5—6、34—35 页（关于也门到阿比西尼亚）；麻合地昔：《阿拉伯舆地丛书》，第 34、85 页；布祖格：《印度珍奇录》，第 50—60（引自第 52 页）、60—61、113—114、175 页（关于"瓦克瓦克"和"干贝鲁"的引用）。费琅在《伊斯兰大百科全书》以及载于《亚洲学报》1919 年的文章《昆仑及南海古代航行考》（Le K'ouen-louen et les anciennes navigations interoceaniques dans les mers du Sud）中谈及了"马达加斯加"及"瓦克瓦克"。关于索科特拉的资料可以参阅：阿布-宰德对《中国印度见闻录》的评注及增补，第 133—135 页；马苏第：《黄金草原》，第 3 卷，第 36—37 页；麻合地昔：《阿拉伯舆地丛书》，第 14 页。该地仍然有基督徒存在，这些人是希腊殖民者的幸存者，阿拉伯人认为这些基督徒是亚历山大听从亚里士多德的建议派来的。

[29] 雅库比：《诸国志》，第 313、317、335、340—341 页；伊本·鲁斯塔：《珍宝志》，第 183 页；阿布-宰德对《中国印度见闻录》的评注及增补，136—137 页；伊斯塔赫里：《诸国之路》，第 30 页；马苏第：《黄金草原》，第 3 卷，第 55—56 页，第 4 卷，第 97—99 页（苏伊士运河）；麻合地昔：《阿拉伯舆地丛书》，第 79、83、195—196、215 页。A. 柯达兹（A. Codazzi）：《伊斯哈格·本·侯赛因地理学概要》（Il compendio geografico di Isḥāq b. al-Ḥusayn），《意大利林琴科学院皇家报告·道德、历史和语言学类》（Rend. Acc. Lincia），1929 年，对开本 21 页 a，该文献提到了在古勒祖姆发现的可能是 10 世纪末的一些印度船只。关于雷纳德的相关资料请参阅 D. 纽博德（D. Newbold）《在红海和苏丹的十字军》（The Crusaders in the Red Sea and the Sudan），载《苏丹注释与档案》（Sudan Notes and Records），第 22 卷，第 2 部分，1945 年，该文被重新印刷于《古物》，第 20 卷，1946 年。

[30] 伊本·白图泰（ibn-Baṭṭūtah）著，C. 德弗列麦里（C. Defremery）、B. R. 桑吉涅底（B. R. Sanguinetti）法译及校勘：《伊本·白图泰游记》（Voyages），4 卷本，第 1 卷。费琅：《阿拉伯航海文献中的波斯元素》等文章，收录于《亚洲学报》，1924 年。希哈卜丁和苏莱曼·马赫里（Sulaimān al-Mahri）所撰词条，参见《伊斯兰大百科全书》。维里埃：《辛巴达之子》，第 158—159 页。

第三章

船　舶

好比在威尼斯修船厂所见的一般，
　　在冬天，那里沸着沥青，
　　为医治病船之用，

那些船已经不能航行了，
　　于是，有的建造一条新船，
　　有的修理已经逢见过许多次风浪的旧船，

有的在船头上寻漏洞，有的在船艄上找裂缝，
　　有的做着桨，有的打着索，
　　有的补帆，有的重造桅杆……

　　　　　　——但丁《地狱》第 21 篇 第 7—15 行 *

---

* 中文翻译引用自王维克译本。

总　论

关于印度洋的船舶，几乎没有多少类似于古代地中海那样可以搞清楚船舶类型的图像证据。我们只能依靠直到中世纪晚期的零散文献材料。如果基于本书的"人为对称性原则"，即仅仅为了保持书籍结构的对称性，而排除 10 世纪以后的所有证据，那将会损失很多有益的信息。在 10 世纪之后的时代还有一些阿拉伯旅行家和地理学家，如 12 世纪的伊德里西（al-Idrīsī）和伊本·朱巴伊尔（ibn-Jubayr），14 世纪的伊本·白图泰，以及艾哈迈德·伊本-马吉德和苏莱曼·马赫里（Sulaymān al-Mahrī），他们都留下了各自的航海指南书。还有 13 世纪和 14 世纪的欧洲旅行者，如马可·波罗（Marco Polo）、若望·孟德高维诺（John of Montecorvino），他们留下了简短的记录。在试图追溯阿拔斯王朝时期阿拉伯船只的类型时，我们可以相对放心地使用葡萄牙人到来之前的证据。在此事件之前，我们没有理由相信船型发生了很大变化，除了我们将提到的某些特征。但是在葡萄牙人到来之后，欧洲对阿拉伯造船业的影响是多方面的。因此，我们必须谨慎地使用现代英国旅行者的详细记录。

在所提到的这一广泛时间范围内，几乎没有人尝试按照时间顺序展示船舶在各个时期的发展情况。这是因为，这样的尝试会留下太多的空白。根据不同年代的材料去构建一个综合描述虽然存在一定的风险，但相较而言，似乎比编年史写法更为令人满意，可能会更好地呈现完整的情况。

同样，研究的空间范围也不能仅限于阿拉伯世界。印度洋的西半部，从锡兰到东非，形成了一个文化统一体，因此这一地区必须作为一个整体来看待。研究传统的船型并不总是考虑到民族壁垒，来自印度西部的证据可能与来自波斯湾的证据同样重要。在讨论拉丁帆（三角帆）的演变时，我们有必要把范围扩大到更远，即整个旧世界。此外，我们可以对地中海的船只和印度洋的船只做出相当明显的区分，甚至这两个海域的船只术语也不同。地中海的船只在这里不予讨论。

中世纪印度洋上的阿拉伯船只有两个显著特点：船壳板采用缝合而非钉接的结合方式；船帆的设置为纵帆。现代船型与它们中世纪前身的区别主要体现在两个方面：现代船板通常是钉接的；现代船艉通常是方形的，并不像旧式船只那样是"艏艉同型船"（double-ended）。这些特点将在下文中进一步解释。

船体及船上设备

现代阿拉伯船型的各种名称，不是像欧洲那样根据"帆装"

（rig）*来命名，而是根据船体的形状来命名。因此，"巴格拉船"（baghalah）、"甘杰船"（ganja）、"桑布克船"（sanbūq）、"吉哈济船"（jihāzi）和其他名称现在被用来指代具有方形"尾横梁"（transom）船艉、形状和装饰各异的船只。然而，带有精细雕刻或绘画的方形船艉完全是自16世纪以来欧洲影响的产物。早期类型的船只现在被称为"布姆船"（būm）、"扎鲁克船"（zārūg）、"巴丹船"（badan）等。上述提及的船只是"艏艉同型船"，船的艏艉都收缩成尖锐的形状（参见本书图2）。不过值得注意的是，这些名称在中世纪文献中并未出现。我们发现有文献提及过"桑布克船"（sanbūq），但这些船只不可能是现代具有方艉船的类型；这个名称似乎是指红海的小型船只。同样的，我们也了解到红海中的"贾尔巴船"（jalbah），印度海盗的"巴里贾船"（bārijah），以及"扎瓦格船"（zawraq）、"杜尼基船"（dūnīj）和"格里布船"（qārib）等小型船艇。还有许多其他名称也仅仅是在某些作者记录的"船"（ship）、"艇"（boat）的名称列表中被简单提及。然而，我们没有在任何一个例子中，得到关于某个名称仅仅适用于某种特定船体形状的记录。尽管如此，我们还是可以假设船体的形式是分类的基础，古今皆然。"船"的通名在阿拉伯语中是"markab"和"safīnah"。"Fulk"（"船"之意）是源自《古兰经》的词汇。"Daw"源自斯瓦希里语，实际上该词并未被阿拉伯人使用过，但被英语作家以错误的形式"dhow"**记录而流行

---

* 即一艘船特有的帆、桅型式。
** 英文中特指阿拉伯独桅三角帆船。

开来。[1]

船体的木材是柚木或椰子木。柚木在阿拉伯语和波斯语中被称作"sāj",它的原型是"sāg",来自婆罗克利特语*的"sāka"(它在欧洲的名称来自达罗毗荼语系的"tēka")。《大英百科全书》(第 11 版)认为这种木材是"所有已知木材中最珍贵的木材"。它非常耐用,而且"一旦经过干燥处理,柚木就不会开裂、崩裂、收缩或改变形状。与铁接触时,铁和柚木都不会受损"。柚木的硬度不高,易于加工,具有很强的弹性和强度。它生长于印度南部、缅甸、暹罗及印度尼西亚的丘陵地带。自古以来,它一直从印度被进口到波斯湾,并在巴比伦、阿契美尼德和萨珊帝国的遗迹中被发现。狄奥弗拉斯图(Theophrastus,约前 300 年)显然提到过这种木材,他写道:"在阿拉伯海岸附近的太拉斯岛(Tylus,巴林岛),据说有一种用来建造船只的木材,这种木材在海水中几乎不会腐烂;因为如果它被置于水下的话,可以保存长达 200 多年之久;与之相对的,如果不将它置于水中,它反而会更快地腐烂,尽管这个过程并不会立即发生,但也不会太久。"由于波斯湾地区没有这种耐用的木材,这几乎可以确定是从印度进口的柚木。同样,《航行记》提到的阿曼从婆卢羯车进口的"船橼和船梁"也可能包括造船用的柚木。马苏第明确指出,印度洋上的船只是用柚木建造的。伊本·朱巴伊尔称,阿伊扎卜造船用的木材是从印度和也门进口的。[2]

---

* 即古印度俗语。

椰子在阿拉伯语里面被称作"nārjīl"或"nārgīl"，源自传入波斯语的婆罗克利特语（Prakrit）的派生形式，其婆罗克利特语原型为"nargil"。阿拉伯人也称椰子为"al-jawz al-Hindi"，即"印度坚果"，这种说法也被马可·波罗所使用过。这种树似乎原产于印度南部、印度尼西亚、锡兰、马尔代夫和拉克代夫群岛（Laccadive）。它逐渐向西传播到阿拉伯：在 11 世纪，纳赛尔·霍斯鲁（Nāṣir-i-khusraw）在阿曼观察到它的存在，在 14 世纪，伊本·白图泰提到它生长在祖法儿*，该地是位于哈达拉毛的一个与印度有着密切贸易往来的港口。然而，早期的阿拉伯人和波斯人要么从印度及其附近岛屿进口这种木材，要么前往当地并就地建造他们的船只。马尔代夫和拉克代夫群岛（Laccadive）曾经是一个引人注目的造船活动的场所，因为那里的船只完全是用椰子树的各种产品建造的：船体，桅杆，缝线，绳索，甚至帆，下文将会说明。以这种方式制造的船只随后装载着椰木和椰果，运往阿曼和波斯湾。[3]

因此，在苏伊士以东或以南的任何地方，造船所用的木材几乎都来自印度及其岛屿。我所知道的唯一例外是西拿基立（Sennacherib）和亚历山大的舰队，它们的船只是由黎巴嫩或上美索不达米亚地区的木材建造的。波斯湾周围生长的棕榈树和柏树通常被认为不适合用做造船的木材。[4]

船体是以最简单的方式组装在一起的。首先，在地面上放置

---

* 今佐法尔。

龙骨（keel），然后在其两侧用纤维线通过"针脚"（该词的阿拉伯语单数形式为"khayt"）将水平木板固定在龙骨上，将其逐层相互连接在一起。文献中没有提到肋材（rib）或者任何框架结构（framework）。格林威治博物馆收藏的两艘传统阿拉伯船只模型中也没有这些东西。这两艘船模是19世纪末由马斯喀特的一名船员制作的。但是，任何大小的远洋船只都"必须"装配肋材，否则它们的船体将过于脆弱。船舷（side）采用的是"卡拉弗型"（carvel-built，又称平铺式建造，即板材边缘相接的方式），因为采用鱼鳞式结构（即板材重叠搭接式）是北欧水域船只所特有的，这种船只在16世纪之前在印度洋地区还不为人所知。缝线穿过在相邻木板边缘附近每隔一段距离打的孔。在格林威治博物馆的模型中，缝线是纵梁（stringer）*从内部拉紧的。纵梁可能是一个现代发明，但很难想象在没有纵梁或者肋材的情况下，采用卡拉弗式建造法拼接的板材是如何被牢固地连接在一起的。整个建造过程中既没有使用铁钉，也没有使用木钉。[5]

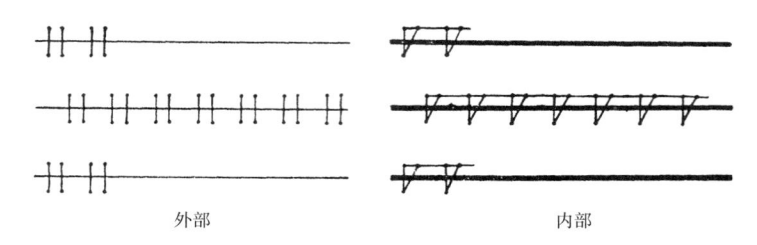

图 12　两种船板

* 又称纵向加强条，即细长的木条。

使用缝线代替钉子固定木板的做法受到了所有观察者——希腊人、印度人、阿拉伯人和欧洲人——的注意,而且这一做法确实值得充分关注。对于缝线的最佳描述可以从伊本·朱巴伊尔一段记录中找到,该段文字记录了"贾尔巴船"在阿伊扎卜被建造的情况:"因为它们是用椰子外壳的纤维[阿拉伯语'qinbār',即椰棕]缝制而成的:他们[建造者]敲打椰子壳,直到它变成纤维状,然后将其搓成绳子,用来缝合船只。"此外,伊本·朱巴伊尔还提到了用棕榈纤维,甚至芦苇和草制作的缝线。这些缝线在两幅历史插图中清晰可见:一幅是前2世纪的桑奇(Sanchi,在今印度)雕塑,另一幅是13世纪哈里里(al-Ḥarīrī)的著作《玛卡梅集》(Maqāmāt)中所附的一幅画(图13)。

古代和中世纪的作家在红海、东非海岸、阿曼、波斯湾、印度的马拉巴尔和科罗曼德海岸(Coromandel)、马尔代夫和拉克代夫群岛都发现了这种建造方式。实际上,可以明确地说,这种建造方式在15世纪以前都是西印度洋地区唯一的本土建造方式。[6]在1500年后不久,据欧洲观察家记录,马八儿国(马拉巴尔地区)的船只开始大量使用铁钉建造。这可能是因为面对葡萄牙的威胁或受到葡萄牙船只技术的影响,船只建造者希望通过采用这种新技术来与葡萄牙人竞争或抵御他们的侵略;这也可能是受到长期造访古里的中国帆船的影响。自从欧洲船只到来后,采用缝制技术的船只逐渐被采用铁钉固定技术的船只所取代。但采用缝制技术的船只仍然以简陋的形式(捕鱼船和独木舟)存在于远离现代经济影响的沿海地区,例如:阿拉伯半岛的南部与东部(图14),

南印度和邻近的岛屿，以及现今的肯尼亚拉穆港（Lamu）地区。[7]

我们只能猜测这种方法是如何、在哪里以及为什么产生的。在这些海岸周围，我们都能找到常用的原始船只（皮革小船、芦苇捆舟和独木舟）的记录。看来，独木舟最初是在原本的船体底部上覆盖缝制的船板，进而扩大船的大小。历史上使用的柚木和椰子木都来自印度，这可以从侧面表明制作缝制船的方法也是从印度传播过来的。此说或许成立；但我们无法排除另外一种可能性，即制作缝制船的方法最初应用于波斯湾的棕榈木上，后来转移到从印度进口的优质木材上，甚至进一步反向扩散到了印度本土。最初人们选择使用缝合方法来制作船只可能是在当地很容易获取用于缝合的材料，而获取制作钉子所需的铁或青铜却相对困难。[8]

关于缝制船的起源，除此之外别无他说。然而更值得关注的问题是：为什么在人们已经知晓并认识到钉子的可靠性之后，缝合方法还能存续这么多世纪？对于来自地中海地区的观察者来说，缝制船只的弱点是显而易见的：对于来自西班牙的伊本·朱巴伊尔、马可·波罗以及约旦努思（Jordanus）而言都是如此；若望·孟德高维诺写道："这些地区的船只非常脆弱和粗糙，没有铁，也没有使用填缝剂［见下文］。因此，如果缝线在任何地方断裂，那里就会出现缺口！因此，如果他们打算出海，每年都或多或少地修补一下。"

用这种方法建造像中国帆船那样的大型船只是不可能的。这些船只在长时间受到猛烈风浪摧残的情况下很可能会分崩离析。我们从布祖格那里会形成这样的印象，他说暴风雨造成船只失事是相当频繁的。如果这些船只航行到中国和莫桑比克,那是得归功于他们船员的勇气和技术,以及对利益的渴望。即使没有发生沉船,由于船缝漏水以及甲板的缺失,人们也总是需要从舱底的污水井中舀出水来(见第97—98页)。

……缝合之舟呻吟于重压之下,
其躯裂隙纵横、浸透咸沼。

维吉尔(Vergil)[9]

如果缝制的船这么脆弱,为什么它们能够幸存下来?许多古代和中世纪的作家都认为这是一个问题,并提出了各种各样的理由来解释这一现象。

(1)古代梵语作家薄阁(Bhoja)是首次提出海洋存在磁性岩石(磁石)理论的人,该理论认为这种岩石会将铁钉固定的船舶拖向毁灭。这个传说在古代一定广为流传,因为普罗柯比继薄阁后再次提到了它。不过,普罗柯比以合理的推理驳斥了这一说法。他指出,红海中的希腊-罗马船只确实有铁钉和其他铁制部件,但从未遭受到任何伤害。不过这个传说在14世纪的两部作品中再次出现,一部是关于"远征亚历山大港"(Expedition against Alexandria)的阿拉伯语作品,另一部是约翰·曼德维尔爵士(Sir John Mandeville)神话般的《曼德维尔游记》(*Travels*)。[10]

(2)两个版本的《马可·波罗游记》都将忽鲁谟斯的船上没有铁钉这一情况归因于所用木材的硬度,据说如果铁钉钉进船

第三章　船舶　　　　　　　　　　　　　　　　　　　　127

板，会导致木材破裂。但是，即便是这个解释也仅仅适用于某些特定的船只，并不具有普遍适用性。人们已经观察到，至少柚木是非常易于加工的；而铁已经在这个地区使用了很长时间，这一事实就证明了这个原因是不足为据的。[11]

（3）马苏第提出了另一个不充分的理由，他勇敢地试图找到一个科学的解释："现在这种结构［缝合］只在印度洋中使用；因为地中海和阿拉伯人［在那里］的船都有钉子，而在印度洋上的船只上，铁钉无法持久存在，因为海水会腐蚀铁，使得钉子在海水中锈蚀及不牢固；因此，这些地区沿海的人们开始使用涂满了油脂和焦油的纤维绳代替铁钉。"这个论点并不具有说服力，因为地中海和印度洋在盐度和其他化学特性上的差别微乎其微。相反，印度洋的柚木反而不会像地中海的橡木那样会引发"紧固件松动"（iron-sickness）的症状。[12]

（4）伊本·朱巴伊尔、伊德里西和伊本·白图泰都注意到了缝制船体的一个可能的优点：船体比较柔软，如果撞上红海或其他地方的珊瑚礁，就不像钉船那么容易破损。同样，在印度的科罗曼德（Coromandel）和马拉巴尔海岸，缝制的船只可以在汹涌的海浪中靠岸，并承受住被碎浪冲到沙滩的冲击力。[13]

（5）然而，缝制船只的存在可能更多取决于成本效益因素。在我们关注的这些地区，使用铁建造船只相对成本较高。这并不意味着这些地区缺乏铁资源。在印度的许多地方，包括伊朗和苏丹的内陆地区，一直在开采和加工铁矿石；同时，埃及也能够获取铁资源。但在印度，开采铁矿、冶炼金属和制造铁钉的过程似乎成本很高。在其他地区，冶铁工业规模较小。在成本层面，使用铁质紧固件可能无法与缝合技术竞争，后者的原材料随手可得，而且无需复杂制造过程。不过奇怪的是，没有文献提及这一基于经济的原因，尽管它提供了最简单、最实质性的解释。[14]

（6）说了这么多，还可以提一下传统的力量。人类并非是完全理性的；水手们尤以保守著称。使用铁钉钉船的微弱优势并不足以淘汰原有的方式。直到欧洲的商业改变了整个印度洋地区的经济形态，使用缝制技术的船只才开始迅速消亡。

船体组装完成后，还必须防止海水入侵。仅有伊本·朱巴伊尔这一位作者提到过适当的固体填缝剂：他提到了一种叫作"杜苏尔"（dusur），也就是"来自枣椰树的木材"的东西，我们可以把它翻译成"填絮"（oakum）。若望·孟德高维诺明确表示，他在大食海域航行期间并未观察到有任何船只使用了填缝剂。一般来说，阿拉伯作家记载的船体缝隙是用沥青或树脂和鲸油的混合物塞住的。伊德里西在描述印度洋上的鲸鱼时写道："……他们捕捉最小的鲸鱼，放在大锅里煮，这样它们的肉就融化，变成了黏稠的液体。这种油脂物质在也门、亚丁、波斯海岸、阿曼、印度和中国的海域都很有名。这些地区的人们使用这种物质来填堵船只的漏洞。"这也起到了保护船底免受船蛆破坏的作用。船体的涂层通常是鱼油，伊本·朱巴伊尔说鲨鱼油是最好的。[15]

关于甲板的范围尚不清楚。约旦努思这样记述马八儿国（即马拉巴尔）："这些船只从来没有盖上甲板，而是敞开着的。它们进了大量的水，以至于人们总是，或者几乎总是，必须站在水池里舀水。"马可·波罗在谈到忽鲁谟斯的船只时说，它们的船只没有甲板，但货物都用兽皮覆盖着。在 1500 年后不久，杜阿尔特·巴博萨（Duarte Barbosa）和瓦尔泰马（Varthema）对马八儿国的船只也有类似的描述。我从未见过任何有关印度洋上阿拉伯船只有甲板的记载。另一方面，布祖格提到了船舱（balanj）。很难相信他提到的那艘可以容纳 400 人的船在部分区域内没有覆盖甲板。[16]

在古代和中世纪世界，唯一一种为人所知的舵是边舵，它是安装在艉舷上的一类长橹。海船的两侧必须各有一个舵。这是因为在航行中，如果船只的侧面受到风的作用，而船只只有一具舵的话，顶风一侧的舵可能会完全脱离水面，或者因为深度不够而无法发挥作用。因此需要在两侧都安装舵来保持平衡。这种双舵可以通过一个阿拉伯语单词的双数形式"sukkān"来表示。然而，到了 13 世纪，阿拉伯人就有了尾舵。若望·孟德高维诺说："他们的船尾中间有一个脆弱，不牢固的舵，就像一个桌子的表面，宽度只有一腕尺。"

这正是 1237 年哈里里的《玛卡梅集》（图 13）中所展示的内容。现在，欧洲最早明确描绘船尾舵的图案可追溯到 1242 年的德国埃尔布隆格（Elbing）的印章上。但我无法解释为什么在这两个相隔甚远的地区同时出现了船尾舵。[17]

锚（该词的阿拉伯语单数形式为 anjar 或 angar）很简陋。17 世纪 90 年代，杰梅利·卡雷里（Gemelli Carreri）在波斯湾看到的锚是用石头制成的，中间有一个孔用来系绳子。瓦尔泰马在古里发现了用大理石制成的锚。但更为人所知的可能是金属制作的

图 13　哈里里之舟

摘自舍费尔（Schefer）收集的哈里里著作《玛卡梅集》的手稿。藏于法国国家图书馆，阿拉伯语手稿，第 5847 号，第 119 页背面；由一位来自美索不达米亚的瓦西特（Wāsiṭ）抄写员于伊斯兰教历 634 年（1237 年）完成。显然，这位艺术家不是水手。在许多令人困惑的特点中，有以下几点可以确定：连接木板的缝合线、船尾舵、多爪锚、正在往船外舀水的船员、瞭望员（dīdbān）、船舱中的商人。参见 E. 伯劳舍（E. Blochet）《伊斯兰绘画》（Musulman Painting），伦敦，1929 年，插图 17，幼发拉底河上的一只船。由巴黎国家图书馆工作人员供图。

图 14　一艘缝制船

位于哈达拉毛席赫尔的沙滩上，1939 年。这张照片所展示的古老缝制方法，现在只有最偏远的地方才有所留存。维里埃供图。

锚，因为它们在地中海已经存在很长时间了。"哈里里之舟"上似乎有一个抓钩形状的金属锚，这种锚在这些地区的帆船上仍然很常见。10世纪的一艘远洋船可能有多达6个锚。[18]

船上还配备有一些小艇，根据布祖格的记载，这些小艇有两种，一种是"格里布船"，另一种是"杜尼基船"。"格里布船"更大一点，因为它在一般情况下能够装载15人且最多可载33人，而"杜尼基船"只能载4人。"格里布船"通常用作救生艇。在一次记载中，当船桅被抛弃并且没有其他推进手段时，它被人们用作桨去牵引船只。"杜尼基船"被用作摆渡船或救生艇，在紧急情况下甚至可以装备桅杆和帆。此外，阿拉伯人一直有携带小艇出售的习惯；这些小艇可能是船上的船匠制造的，也可能是像"马达拉塔船"一样在岸上制造。"马达拉塔"的意思是"当地缝制的船"。在《航行记》时代，这些船便已经从阿曼被出口到也门了。[19]

船桅和船帆

在这些海域，船桅通常被称为"迪克尔"（*diql*）或"达古尔"（*dagal*），字面意思是"棕榈树干"。这表明了阿拉伯沿海地区制作船桅的原材料；但在中世纪时期，人们开始用椰木，也可能用柚木来制作船桅。可以推测，帆桁（yard）也是用同样的木材建造的。马可·波罗和孟德高维诺所看到的帆船只有一根桅杆，这一事实由阿拉伯作家描述船桅时通常采用单数形式的情况得到了进一步的证实。但我们偶尔也会遇到一个短语，如"达古尔-阿克巴"*，比较级的存在意味着存在的不止一根桅杆。相对于船体长度而言，桅杆的高度一定非常高，就像现代的阿拉伯船只一样；布祖格曾提到过一根高50腕尺（dhirā'，即76英尺）的桅杆。[20]

船帆（该词的阿拉伯语单数形式为 shirā' 或 qilā'）是由椰子树或棕榈树的叶子编织而成的，或者用棉质帆布制成。马可·波罗和若望·孟德高维诺看到的帆船有且只有一张帆。布祖格有时会用复数来描述船帆：马苏第提到了大帆（其阿拉伯语为 al-qilā' al-'aẓīm），也就是"shirā'"。但是，也许这些短语仅仅意味着还存在一张较小的备用帆。在19世纪，科洛姆（Colomb）舰长观察到阿拉伯的奴隶船："这些船在恶劣天气中没有收起帆的安排：但每艘出海的独桅帆船上都有两根帆桁和两张帆，正如上面所描述的，一张大帆，用于白天和晴朗的天气，另一张小帆，用于夜间和恶劣天气。"[21]

阿拉伯人使用的典型风帆是拉丁帆，事实上，无论是在现在还是过去的任何记录中，从摩洛哥到印度，从波斯湾到莫桑比克，这是他们使用的唯一一种风帆。拉丁帆是一个三角形的纵帆，非常高且具有高耸的尖顶。在印度洋地区，船帆的前角被切断，形成一个被称为"纵帆前缘"（luff）的结构。由此形成的形状似乎是在帆装的发展阶段中，由四角的横帆逐渐演变为三角的纵帆的四个阶段中的第三个。此时此刻，我们不妨回顾一下船帆

---

* 阿拉伯文原文为：al-daqal al-akbar，字面意思为"较大的棕榈树干"引申为"主桅"之意。

发展的整个过程，并说明下阿拉伯人在其中所起的作用。由于缺乏证据，我们无法使用严谨的历史研究方法。我们必须从广阔的视野出发，利用历史想象力来重建最有可能的演变过程。

（1）在古代世界，地中海地区的埃及人、腓尼基人、希腊人和罗马人的海船普遍使用横帆。在希腊化和罗马时代，人们有时会在一个小的向前倾斜的前桅杆，即"阿尔特蒙桅"（artemōn，意为"首斜桅"）上安装一个斜桅帆，以便迎着横风航行。这是一个很有价值的装置，但它仍然是一个横帆。在印度，拔罗婆（Pallava）*王朝（与萨珊王朝同时期）的钱币上和 7 世纪的阿旃陀（Ajanta）船上都印有横帆的图案（图 5）。拉丁帆在如今印度内陆水域的缺失，是表明该帆型并非源自印度本土的一个佐证。换言之，在远离外来影响的地区，拉丁帆便了无踪迹了。与之相对，直到中世纪晚期，欧洲北部也只存在横帆。

横帆若装在大型船只上，在恶劣海况下具有稳定性的优势，并且直到帆船时代的末期，一直都是欧洲船只上装配的主要帆型。不过，当船只在河流和一些狭窄水域中操控和抢风调向时，纵帆的优势便体现出来了，因为它更加适宜顶风航行。因此，从很早以前开始，我们就发现有人尝试将横帆朝这个方向改装。[22]

（2）最简单的措施就是将横帆纵向布置，并将帆的前端向下倾斜。这就是所谓的"平衡斜桁四角帆"（balance-lug）。至少在公元前几个世纪，尼罗河上似乎就有这种做法；在这条河上，平衡

---

* 今译为帕拉瓦。

斜桁四角帆在逆风条件下向下游航行时尤为有用，尤其是在逆着盛行的北风之时。在苏丹的"纳加尔"斜桁四角帆（naggar-lug）中可以找到平衡斜桁四角帆的残留痕迹。平衡斜桁四角帆也曾发现于印度尼西亚，最早可以被发现的记录出现在爪哇岛婆罗浮屠上的浅浮雕上，其雕刻的日期大概可以追溯到10世纪。爪哇人存续至今的"马来亚快船"（proa）也具有类似的样式，这种船帆的宽度远大于高度。我们观察到，由于传统爪哇人的船体在形式上受到古埃及的影响，因此很容易得出这样的结论，这种船帆也是从埃及传过来的。但这尚未得到证实。理由之一便是，这两个地区之间距离相当之远，而且在任何时期都没有发现平衡斜桁四角帆的痕迹。在印度支那地区，各种类型的平衡斜桁四角帆得以保留，它们介于该地区北方的中国式帆船和西方帆船之间。

（3）在此基础上，为了获取更多的风力，自然而然地出现了缩短船帆的前部并增高船帆的后部的趋势。这就产生了上述在西印度洋地区发现的拉丁帆的类型。是否有迹象表明这一步骤最早是在哪里发生的？我们或许可以排除埃及和印度，因为在这两个国家远离海洋的偏远水域，我们看到的船型都是更为古老的。因此，拉丁帆一定是从外部引入的。在尼罗河上，拉丁帆与阿拉伯的造船风格紧密相关，这些风格体现在船的龙骨、高高的船艏和较短的艉柱上。相比之下，古代埃及的船只则缺乏这些特征，它们的船体呈勺状。[23]

这就给我们留下了三个可能的地区：地中海、西印度洋和太平洋。暂时撇开太平洋不谈，我们可以思考这种拉丁帆是否更有可能是从地中海传播到印度洋的，还是说沿着相反的路径。地中海地区不再使用拉丁帆本身不能证明什么，拉丁帆可能起源于地中海，并在后来被更先进的三角帆所取代。但是，我们有更充分的理由相信这种拉丁帆是从印度洋传到地中海的。在地中海地区，最早证明拉丁帆存在的证据是9世纪末拜占庭希腊文手稿所展示的拉丁帆绘画（图8和图9）。如前所述，在古代（古希腊及古罗马时代），在这片海域只发现过横帆。因此，我们怀疑拉丁帆是在阿拉伯扩张之后传入地中海的。在印度洋，9世纪和10世纪的阿拉伯文学作品有时将远处看到的船帆比作鲸鱼的鳍或鲸鱼喷出的水柱。这些形象强烈地表明这些帆是高大的拉丁帆，而不是任何类型的横帆。在此之前，虽然缺乏证据，但至少可以说，我们在阿拉伯人的航海史中没有发现任何使用横帆的迹象。阿拉伯人将拉丁帆带到地中海的另一个可能的迹象是它意大利语中的名字"mezzana"，它派生出法语的"misaine"、英语的"mizzen"等等。有人提出"mezzana"源自阿拉伯语"mīzān"，意思是"平衡"；而在中世纪晚期意大利船只上发现的后桅（装备拉丁帆）是从阿拉伯船的后桅借鉴而来的。由于这种桅杆的作用是辅助主桅保持平衡，因此被称为"平衡桅"。从语言学角度而言，"mezzāna"衍生自"mīzān"的可能性是极大的。另一方面，同样也不能反对这种可能，即意大利语的"mezzana"是源自拉丁语的"mediana"，意思是"中间"。

那么，拉丁帆很有可能是由阿拉伯人带到地中海的。如果是这样的话，那么拉丁帆最终可以被视为阿拉伯人对物质文化的主要贡献之一。因为如果没有拉丁帆，就不可能有欧洲三桅帆船上的后桅纵帆，也就不可能有伟大探险家们的远洋航行。克洛斯写道：

"……在北方地区，从一种单一的横帆到三桅帆（除了后桅是拉丁式斜帆，其余都是完全的横帆帆装）的重要转变，在15世纪的短时间内就彻底完成了。

在1400年，北方的船只完全依赖顺风才能出航，并且无法（也从未尝试过）在逆风航行。而在1500年之前的某个时间，船只已经能够进行远洋航行，哥伦布因此发现了美洲，迪亚士（Diaz）到达了好望角，瓦斯科·达·伽马开辟了印度新航路。

其他科学上的进步，例如从中国引进航海罗盘，对实现这些航行也起到了重要作用，但如果没有桅杆和风帆的这些影响深远的改进，这些伟大的发现者们永远不可能完成他们的工作。"[24]

仍然需要考虑的是，拉丁帆是由西印度洋的阿拉伯人和波斯人从太平洋地区引入的吗？还是说与此相反，拉丁帆在这两个地区都是各自独立产生的？人们在太平洋上发现了许多高效的拉丁帆，而且当麦哲伦于1521年来到莱德隆群岛（Ladrone，即今马里亚纳群岛）时，这些拉丁帆就已经在使用了。有人推测，这些拉丁帆是当地自发产生，并向西传给了阿拉伯人和其他民族。但是，在向西传播的必经之路（东印度群岛）却没有发现任何拉丁帆的痕迹，这就很难弥补这一巨大的空白。实际上，没有足够的证据使我们能够正确地判断这两个使用拉丁帆地区之间的关系。[25]

（4）拉丁帆发展的最后阶段是在船帆的前部底端收窄成一个尖角，形成完全的三角形帆面。这一演变最初发生在地中海。这种帆的形式最早发现于拜占庭时期的拉丁帆绘画中（图8和图9），因此我们无法确定这一步骤是由阿拉伯人还是地中海的希腊人完成的。不过，既然阿拉伯人在印度洋保留了他们的旧式船型，我们或许应该将新的发展归功于另一个民族，即希腊人。

这种拉丁帆船在中世纪末期到达了欧洲北部水域，并在那里发展出各种各样的纵帆帆装。

航海和海上生活

航海这一学科具有很高的技术含量，我们不可能深入探讨这门学科的核心，因此只需要用最一般性的方式来讨论它即可。最初的航海者通常在海岸线可见的范围内航行。

他们可能已经开始根据某些众所周知的星星来确定航线。但是要直接横渡大洋，需要相当丰富的天文学知识。腓尼基人继承了巴比伦的天文科学知识。希腊人在亚历山大港将其发展到了一个新的水平。关于早期的阿拉伯人，我们只知道在《古兰经》时代，他们确实利用星星来指引方向："他为你们创造诸星，以便你们在陆地和海洋的重重黑暗里借诸星而遵循正道。我为有知识的民众确已解释了一切迹象。"*

这句话提醒我们，沙漠与大海一样无迹可寻，由于缺乏地标，阿拉伯人可能是在骆驼背上第一次学会了从天空的迹象中获得指引。这就不奇怪，异教徒阿拉伯人（蒙昧时期的阿拉伯人）是星辰的礼拜者。《古兰经》也明确指出，并非每个人都能读懂天空，就像读一本书一样；知识是必备的。但是我们并不知道他们的知识究竟达到了什么样的程度。[26]

在阿拔斯王朝的哈里发，尤其是在马蒙（al-Ma'mūn）统治时期，科学天文学迅速发展。在 8 世纪，波斯人和印度人的著作被翻译成阿拉伯语。此后在 9 世纪，克罗狄斯·托勒密的《天文学大成》（Almagest）和其他希腊著作相继被翻译成阿拉伯语。在琼德-沙普尔（Junde-Shāpūr）、巴格达、大马士革和其他地方都有天文台；从阿拔斯王朝建立之初开始，人们就按照希腊模式建造星盘。阿里·伊本-伊萨（'Ali ibn-Īsa）在 830 年之前写了一本天文学专著。随后的几个世纪里，伟大的穆斯林天文学家相继出现，如花拉子密（al-Khwārizmi）、巴塔尼（al-Battāni）、比鲁尼（al-Bīrūni）以及海亚姆（al-Khayyām），他们的成就远远超过了古希腊人的成就。

阿拉伯人的风玫瑰图（windrose）包含 32 个方位，这个特点与除中国之外的所有其他民族一样。这些方位以 15 颗恒星**的

---

* 摘自法赫德国王译本。
** 此处的"恒星"强调恒星在天球上的位置是固定的，仅表达恒星作为一种定位工具的属性。

升起处和落下处命名，再加上南北两个方位。许多波斯的名称被发现，例如"*quṭb al-gāh*"、"*mutlaʻ al-silbār*"、"*khann*"（罗盘方位）。这些肯定是阿拉伯人从波斯人的风玫瑰图上学来的。但其他许多名称是来自阿拉伯语的，然后在某些情况下，一个更古老的阿拉伯语名称会被波斯语取代。例如，在变成"*quṭb al-gāh*"之前，"极点"被称为"*banāt naʻsh*"。纬度是通过太阳或北极星的高度来确定的，而这些高度是通过一种原始的"指距法"（finger-system）来测量的。星盘在海上可能很难使用，因为船只的摇晃使得准确确定垂直线变得异常困难。但它们当然可以在岸上使用，而且每个港口和岬角的纬度必然都记录在航海指南或《剌那麻》中。[27]

除了天文表和纬度之外，《剌那麻》还包含了关于风、海岸以及珊瑚礁的信息，事实上，船长需要了解的一切信息都在其中。最早提到《剌那麻》的是10世纪末的麻合地昔："我就这样被扔进了一群人里（船长、领航员……代理商和贸易商），他们在这片海域上生长和出生，对这片海域、其中的锚地、风向以及岛屿有着最清晰、最全面的了解。我向他们提出了关于这片海域的位置、地理特征和范围的问题。我还看到他们拿着'航行名录簿'[*dafātir*]*。他们对此常常进行研究，并怀着绝对的信心遵循这些指南。"麻合地昔还提到了海图（*ṣuwar*）**。

---

* 该词阿拉伯语本意为"记事本"。
** 该词阿拉伯语本意为"图片"。

艾哈迈德·伊本-马吉德在其 15 世纪末撰写的作品中，保留了一份古老的《剌那麻》记录。这份《剌那麻》的原作者包括著名的船长穆罕默德·伊本-沙丹（Muḥammad ibn-Shādhān）、萨赫勒·伊本-阿班（Sahl ibn-Āban）和莱斯·伊本-卡赫兰（Layth ibn-Kahlān）。伊本-马吉德的资料来源是萨赫勒·伊本-阿班的孙子在 580 年前（即伊斯兰教历 315 年或公元 927/928 年）所撰写的一本《剌那麻》。该文献将三头"狮子"（因为它们的名字是阿拉伯语"狮子"，即"Layth"发音的双关语）的活跃时间置于 9 世纪的后半叶。伊本-马吉德批评他们的作品形式太过粗糙，仅仅是简单地堆积和汇编资料而已，而这些知识也仅仅建立在对波斯湾地区略有了解的经验之上。然后，他提到了一些后来著名的航海家，其中一人大约可以被追溯到伊斯兰教历 400 年或公元 1010 年左右。关于这些人，他写道："他们的主要科学知识在于对各海岸及其范围的描述，主要是'下风区'[即锡兰海岸以东]和中国海岸。但这些港口和城市已经消失或改名：因此，它们对我们这个时代没有任何用处，因为我们这个时代已经从我们的科学、经验和发现中获得了真理，正如这本书所阐述的那样。"伊本-马吉德不忘强调他自己的"航海手册"的优越性。他的"航海手册"以其父亲和祖父的著作为基础，并根据他自己多年的船长经验加以改进。他的《航海守则》（*Kitāb al-fawā'id*）（又称《利益之书》）确实非常宝贵，而且费琅宣称，马吉德对红海的描述，除了纬度的修正以外，从来没有任何欧洲帆船的"航海指南"能与之相提并论。[28]

磁针自古就为中国人所熟知。然而直到 11 世纪末，才首次有记录提及在广州、苏门答腊和印度之间贸易的阿拉伯和波斯船只利用航海罗盘进行导航,而在此之前并无有关磁针用于航海的任何记载。欧洲最早关于磁针的记载可以追溯到大约 1190 年的法国诗人"普罗旺斯的教士古约"(Guyot de Provins)的一首诗中;磁针在 13 世纪的法语、阿拉伯语和其他文献中也有几处提及。因此,将磁针用作航海罗盘的做法很可能是在十字军东征时期经由阿拉伯人自远东传入地中海的。然而,在远东和印度洋地区,磁针在航海中从来都只是起到辅助作用。这一方面是由于技术上的缺陷,更重要的是,在晴朗的热带天空中,天体几乎总是能提供足够的指引,故而人们认为没有必要使用磁针。只有在北方的云层下,人们才会热衷于使用它。作为又一项技术改进,磁针的应用使伟大航海发现者的航行成为可能。[29]

在印度洋的一些地区,人们还采用了近岸观测鸽:普林尼提及 1 世纪的僧伽罗人(Singalese)由于缺乏航海天文学而使用近岸观测鸽;9 世纪的一份中国文献也提到波斯船只使用鸽子。

由于具备可以逆风行驶的优势,这实际上可以假定为阿拉伯船只上拉丁帆"存在的原因"(raison d'être)。但是,它们必须像现代阿拉伯船只一样顺风换舷,并将船尾对着风,而不是迎风换舷直行穿越风区。船只由于配备高耸的桅杆和风帆,在迎风换舷的过程中会无法避免地被突来的逆风压迫后退,这是很危险的行为,所以必须让风帆在桅杆前小心地转向,因而需要采取顺风换舷的方式。

在强风中,帆是不会收起来的,但是帆桁可以像今天一样放下来，而且很可能像 19 世纪科洛姆所看到的船只那样，还带着备用的帆桁和更小的帆。在风暴中，可能不得不采取最极端的行动：砍断重心过高的主桅杆，并将其抛入海中，同时还要扔掉船锚和货物，让船在暴风雨中渡过难关。当然，最极端的措施是弃船乘坐小船离开。[30]

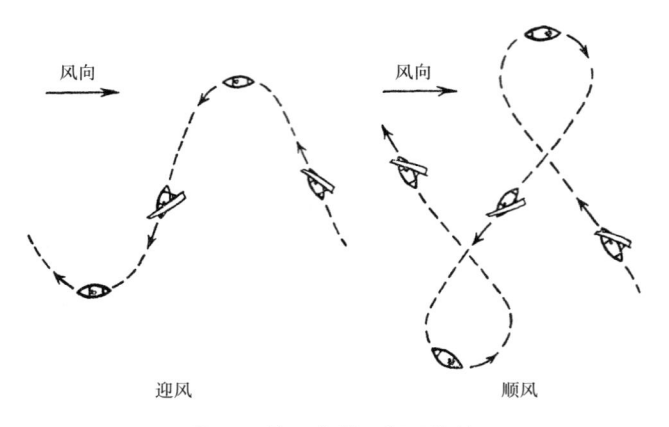

图 15　迎风换舷及顺风换舷

从下一页的阿拉伯作家记录的航行表中可以大致了解航行速度。虽然每个数字都可能存在一些误差，但综合起来，它们呈现出一个相当稳定的结果：正常航速在 2 到 4 节之间。在布祖格提到的从简罗到施遏香岸（Shiḥr Lubā）*的航行中，必定在尼科巴群岛和故临停泊了一段时间，只是具体停留的时间不知有多久；因此，我们可以推测这次航行的速度至少为 4 到 5 节。

---

* 即席赫尔乳香海岸。

来　　源	航程	耗时	海里（估）	速度/节（估）
《中国印度见闻录》，第13—16节	马斯喀特往故临	约29日	1 450	2.1
同上　同上	故临往箇罗	约29日	1 580	2.3
同上　同上	箇罗往潮满岛	10日	510	2.1
伊本-胡尔达兹比赫，第66页及后续	尼科巴群岛往箇罗	6日	400	2.8
麻合地昔，第215页	古勒祖姆往久达	25日（最少）	630	1.1
同上　同上	（含夜间停泊时间）	60日（最多）		0.4
同上　第426页	尸罗夫往巴士拉	5日（最少）	320	2.7
		10日（最多）		1.3
布祖格，第91—92页	离开故临？往赖苏特	大约16日	1 250（最少）	3.2
同上　第130页	箇罗往施遏香岸	41日（根据记录时间，或许包含停泊的日期）	3 300	3.4
马卫集，第8章，第34节	白天航行及适宜的风	1日	150	6.2

第三章　船舶

遑论与文艺复兴时期以来的欧洲帆船相提并论,甚至与速度通常能达到 6、7 或 8 节的希腊和罗马商船相比,这些船的速度都很慢。不过在现代,一艘优秀的阿拉伯船只已经足够快了,船速可以轻松达到 10 节。如果中世纪船只的停泊时间能被记录下来,我们应该能够更好地估算出它们的实际航速。[31]

《一千零一夜》描述了辛巴达第五次航行的组织过程。辛巴达说:"我再次渴望去旅行,去看看外国和岛屿。因此,我购买了一些适合我的旅行计划的昂贵的货物,并将其打包成捆,前往巴士拉。在那里,我在河边码头走了一圈,直到我发现了一艘高大而精致的船只,新造的装备还没用过,而且随时可以出海。这艘船让我很满意;于是我买下了它,把我的货物装上船,雇了一个船长和船员,我派了一些奴隶和仆人替我监督。一些商人也带来了他们的行装,并向我支付了运费和船费;然后,在诵读了《古兰经·开端章》之后,我们兴高采烈地在'真主的水塘'(Allah's pool)上扬帆起航,并期许自己的航程顺利和收货丰厚。"对于一个商人来说,买下一整艘船并以这种即兴的方式扬帆出海,这并不常见。但似乎船东(nawākhid)或船长本身就是商人,他们不仅仅是船东或船长而已。一艘船的船长被称为"鲁巴恩"(rubbān),即阿拉伯语"高级船员"之意。[32]

那个时代的海上航行充满了艰辛。首先,船只经常过度拥挤。伊本·朱巴伊尔就抱怨从阿伊扎卜到久达的朝觐者所要忍受的条件。布祖格提到有 3 艘非常大的船,平均载有 400 人。不过,如果按照现代标准,即使是最大的阿拉伯船只也无法容纳这么多人，否则就会出现严重的拥挤现象。直到今天，这些船只仍然具有这种特点。任何在近东或中东乘坐过乡村公共汽车的人都能够想象出这些船只上的环境，并理解造成这种状况的原因是商业动机以及缺乏足够的法律限制。

然后，船只在炎热潮湿的港口停留很长时间，在那里，船只要听从当地统治者的摆布；船主需要向他们支付昂贵的港口税和贡品。船主往往被迫停留于这些地方，而且这种情况会一直持续，直到贸易的可能性被耗尽，当地统治者才会放其离去。在海洋上，暴风雨、礁石和浅滩是船只始终需要面临的危险；船长和船员们的无助感只比商人们稍轻一点；在巨浪中，人确实犹如浮木上的蠕虫。此外，航海者们还必须面对划桨船海盗的可怕威胁。在风平浪静时，桨船的速度比任何单靠风帆的船只都要快得多。要击退这些袭击，水手们必须依靠携带的投掷火器。除非在一些罕见的地方，某位统治者保留了海军来保障航运。马可·波罗说，胡茶辣国（Gujerat）*的海盗们会用20到30艘船，间隔5或6英里形成屏障，彼此通过火或烟发出信号联系。在所有这些困难中，水手和商人都很愿意向真主寻求帮助，海洋的叙述中充满了真主的名字。[33]

为了更生动地描绘海上生活，我翻译了四位篇阿拉伯作者关于中世纪航行的叙述，以此来作为本篇的结尾。

---

* 今印度古吉拉特邦。

附录：四个海上故事

（1）阿伯拉罕的航海技术（布祖格：《印度珍奇录》，第85—90页）

在水手（al-baḥriyīn）和船东（al-nawākhidhah）的故事中，有一个关于船长（rubbān）阿伯拉罕的故事。他最初来自怯迷城（Kirmān，即克尔曼），是当地某个地区的牧羊人，后来成为一名渔夫，在一艘与印度进行贸易的船上做水手。后来，他转到一艘"中国舶"上，之后成为船长。他精通航海之道，并且曾经7次航行到中国。在他之前，除了一次危险的冒险之外，没有人到过中国。从来没有听说过有谁在航行中不出意外地返回的。如果有人安全地出海，那是一个奇迹，而安全返航的更是罕见；除了他，我从未听说过有人在往返航行中都没有出现任何意外的。

有一次，人们发现他带着一个革制水袋，坐在独木舟里（mityāl），在海上漂流了好几天。以下是往返于中国航线上的一位名叫沙赫里亚里（Shahriyāri）的船长讲述的内容：

"我当时正从尸罗夫驶往中国，在占婆（al-Ṣinf）和中国之间的占不劳山（Sandal Fūlāt）航行。这是一座岛屿，位于涨海（Sanji，即中国海）入口处。当时风平浪静，海面平静：我们放下锚（taraḥna al-anājir），并在原地停留了几天。第三天，我们看到远处海面上有什么东西。我把小艇（al-dūnīj）和四名水手下放到海里，并吩咐他们：'去黑色物体那里，看看是什么东西。'

于是他们就过去，然后回来了，我们问：'那是什么？'他们说：'是船长阿伯拉罕，他带着一个水袋，坐在他的独木舟上。'我回答说：'你们为什么不把他带回来？'他们说：'我们试过了，但他说：我可以登上你们的船，条件是我成为船长指挥船只，并按尸罗夫的标准向我支付价值 1 000 第纳尔的货物。否则，我不会上船。'我们被他的话震惊了。我和另外几个人下了船，去到他被海浪上下颠簸的地方；我们向他呼喊，请求他跟我们一起上去。但他说：'你们的情况比我更糟糕，我比你们更安全。但如果你们按尸罗夫的标准付给我价值 1 000 第纳尔的货物，并让我指挥这艘船，我就上去。'然后我们说：'这艘船上装载着大量的货物和贵重物品，还有很多人，如果我们能够用 1 000 第纳尔获得阿伯拉罕的建议，对我们也没什么坏处。'

于是他带着他的独木舟和水袋上了船。他一上船就说：'把价值 1 000 第纳尔的货物交给我。'我们就把货物交给了他。然后，他把货物放在一个安全的地方，对船长说：'坐到一边去！'船长就离开了他的位置。然后他对我们说：'趁还有机会，你们的职责就是完全执行我给你们的指令。'我们说：'我们该怎么做？'他说，'把所有的重货都扔出去。'于是我们扔掉了船上大约一半的货物，甚至更多。接着，他说：'把达古尔-阿克巴［主桅］砍断。'于是，我们就把它砍断，扔到海里。第二天早晨，他命令我们起锚，让船随波漂流，我们照做了；然后砍断大锚的缆绳，我们也这样做了，把它丢在海里。之后，他又命令我们把其他的锚也做同样处理，并一直持续，直到我们往海里抛了

116

六个锚。第三天，一朵像灯塔一样的云升起，然后又消散到海里；接着，台风[al-khabb]向我们袭来。如果我们没有扔掉货物并砍断桅杆，我们就会在第一个袭击我们的海浪中沉没。台风持续了三天三夜，船只上下颠簸，没有锚，也没有帆（shirā'），我们不知道漂向何处。第四天，风开始减弱，然后风完全停了下来。到了傍晚时分，海面平静了下来。从第五天早上起，海面平稳，风势适宜（mustaqīmah）；我们竖起桅杆，扬起风帆，继续前行，真主保佑着我们。我们到达了中国，在那里待了一段时间，直到我们卖掉并购进货物，修好了我们的船，并做了一根桅杆来代替被扔到海里的那根。最后，我们离开了中国，前往尸罗夫。

当我们来到我们认为第一次见到阿伯拉罕的地方附近时，我们经过了一个小岛和一些礁石。阿伯拉罕说：'抛锚。'我们照做了。然后我们放下救生艇（al-qārib），15名船员坐进去，奉阿伯拉罕的命令，去到他指定的某个礁石，并从那里取回一个锚。我们对这个命令感到惊讶，但并没有提出异议；所以他们过去，并取回了锚。他再次命令他们去他指的另一个礁石上取一个锚回来，他们去了，并带回了锚。[这里提到的应该是第三个锚]然后他下令扬帆，于是我们扬起帆，继续航行。

我们问他：'你是怎么知道那些锚的？'他回答道：'好，我来解释。我在这个地方找到你们的时候，正好是这个月的第30天，潮水最高的时候。但是海水已经退潮了很多，而你们又在暗礁和岛屿之间。所以我命令你们把沉重的货物扔出去，你们照做

阿拉伯人的大航海：从古代到中世纪早期

了。然后我考虑到那些锚,意识到我们在中国应该不是迫切需要它们,并且同等重量的剩余货物的价值是锚的两倍;所以我也将它们扔掉,因为减轻船只的重量是绝对有必要的。这三个锚在礁石和岛屿上方依然清晰可见,而其他三个则沉入了水底。''但是,'我们问道,'你是怎么知道这次退潮和台风的,有哪些迹象?'他回答说:'我和其他人之前都经历过这片海域,我们发现,在每个月的第30天,都会有一次大退潮,露出这些暗礁。而且在退潮的时候,会有一场剧烈的台风从海洋的深处升起。我乘坐的那艘船就是在其中一个礁石的顶部失事的,因为在夜间我正停泊在暗礁上,潮水退潮突然卷走了我;但我在那艘独木舟上成功自救。如果你们当时停留在原地,在台风来临之前,你们的船一个小时内就会搁浅,因为你们正处在岛屿的上方;而如果你在岛上搁浅,就会发生沉船。'"

这位阿伯拉罕曾多次在海上航行和冒险,这是他最奇特的冒险经历之一。

(2)前往赖苏特之旅(布祖格:《印度珍奇录》,第90—92页)

穆罕默德·伊本-巴比沙德(Muhammad ibn-Bābishād)向我讲述了他从班卒儿(Fanṣūr)航行前往阿曼时发生的一件事。在他穿过哈尔干海(Harkand)进入印度海*后,决定往西航行时,他所在船只的船长(*rūbbān markabihi*)[34]对他说:"你要去西方的哪个港口?"他回答说:"我准备前往赖苏特,或者距离该港口

---

* 阿拉伯古代"七海系统"的一个海洋,非现在的印度洋。

一个法尔萨赫（*farsakh*）*路程的地方。"船长对他说："我们正驶往距离赖苏特不到50法尔萨赫路程的某个港口。"于是他们打一个赌，赌注是分给穷人20第纳尔。此时他们距离赖苏特至少有400法尔萨赫的距离。

经过15天的航行，他们认为自己正在接近西方的山脉，开始讨论他们的赌约，直到夜幕降临。他们继续航行，直到第二天清晨，天亮的时候，他们和瞭望员（*al-dīdbān*）一起爬上桅杆的顶端（*ra's al-dagal*），但什么也没看到，然后下来了。但是当他们完成了晌礼后，穆罕默德·伊本-巴比沙德说："我能看到一些山脉的轮廓。"但其他人说："我们什么也没看见。"于是他让瞭望员爬上去。当瞭望员爬上桅杆顶端时，他喊道："真主保佑那些赞美他的人！"于是他们赞美真主，互相祝贺，并喜极而泣。然后他们继续航行一整夜，直至接近黎明。当黎明即将到来时，穆罕默德·伊本-巴比沙德说"抛锚"，然后他们照做，并放下了帆。然后他对船长说："我们在哪里？"船长告诉他，我们在距离赖苏特有40法尔萨赫远的某地附近。但穆罕默德·伊本-巴比沙德回答说："不，我们就在赖苏特：它不是在船对面的岸上，就是在船头或船尾一箭之遥的地方。"果然，天亮的时候，他们就到了赖苏特。

穆罕默德·伊本-巴比沙德补充说："如果你在海上，想知道自己是靠近陆地还是靠近一座山，那就在下午太阳落山的时候

---

* 古波斯里程名，为中世纪阿拉伯人所通用，一法尔萨赫相当于6.24公里。

向外眺望；如果太阳落山时，对面的地平线上真的有一座山或岛屿，那么就可以看得见。"

（3）前往印度途中的海难（布祖格：《印度珍奇录》，第165—168页）

在流传至今的著名航海冒险故事中，有这样一个故事，是一位商人告诉我的：

"在306年（伊斯兰教历，即公元919年），我乘船离开尸罗夫，并前往赛姆尔（Ṣaymūr）。与我们同行的是一艘阿卜杜拉·伊本－居纳德（'Abdallah ibn-al-Junayd）的船和一艘萨巴（Saba）的船。这三艘船都非常大，在海上很有名气，船长在水手中享有很高的声誉和地位。船上有1 200人，包括各个国籍的商人、船长、水手和其他人。船上有大量的货物，商品的价值不可估量。经过11天的航行，我们看到了辛坦（Sindān）*、塔纳和赛姆尔的山脉轮廓和地貌。我们以前从未听说过以如此迅速的速度完成这趟航行。因此我们为平安渡海而欢欣鼓舞，互相祝贺，并开始准备［登陆］，因为我们估计会在第二天早上到达陆地。

但后来狂风从山上吹来，我们无法驾驭风帆，陷入了狂风（al-khabb）、暴雨、雷电之中。船上的指挥官（al-rubbāniyah）和水手们提议抛弃货物，但是艾哈迈德［我们船的船长］禁止他们这样做，说：'除非事情超出我的控制，而且我知道自己会灭亡，

---

* 又译信丹。

第三章　船舶

否则我不会抛弃货物。'于是人们下去，把船舱（al-jummah）两侧的水舀出来。另外两艘船的情况和我们的一样，船上的每个人都在等着船长，看他是否会抛弃货物，然后效仿他的做法。后来，[我们船上的]商人们开始烦躁起来，对艾哈迈德说：'把货物扔掉吧，你不会被追究责任的，因为我们正在灭亡。'但他断然拒绝了。在接下来的六天里，情况越来越糟。第六天，当船几乎要沉没时，他下令扔掉货物；但根本无法扔掉任何东西，因为麻袋和包裹因雨水都变得沉重，因此原本500"迈纳"（mann）*的货物现在因为雨水的关系变成1 500"迈纳"。现在情况紧急；救生艇被放到水面上，并且有33人下到了救生艇中。艾哈迈德被催促下到救生艇中，但他说：'我不会离开我的船，因为我的船比救生艇更有希望获救；如果它沉没了，我就跟着它一起沉没，因为在我的资本损失后，我没有兴趣回去了。'"

给我讲这个故事的商人接着说：

"我们在救生艇上待了五天，没吃没喝，直到我们因为饥饿、口渴和海上的痛苦，最后连说一句话的力气都没有了。救生艇受到波浪和风的剧烈摇摆，以至于我们不能确定船只是不是沉没了。在极度饥饿和痛苦中，我们互相打手势，我们应该吃掉一个人。在我们中间，有一个还没有成年的胖男孩，他的父亲是留在船上的船员之一。男孩感觉到我们想做什么，我看到他抬头

---

* 迈纳，重量单位；古代两河流域采用60进制，1迈纳=60谢克尔；其中，1个谢克尔的重量被规定为180粒大麦的重量。

望向天空，嘴巴一张一合，眼神也随之微动，但却没有发出任何声音，只是默默祈祷。但不到一个小时，我们就看到了陆地的迹象。很快，陆地变得清晰可见；然后救生艇搁浅了，倾覆了，里面灌满了水。我们已经没有力气站立或移动。但就在那一刻，我们看到两个人从岸边跑到救生艇上。他们问我们从哪里来；我们告诉他们来自一艘船上，以及我们这艘船的名字。他们把我们抱起，带我们上岸。我们倒在那里，面如死灰。两个人中的一个跑开了；我问另一个人我们在哪里，他回答说：'你看到的烟来自蒂斯（al-Tīz）。我的伙伴去村子了，那里有食物、水和衣服。'然后他们把我们带到镇上。

三艘船上的所有人都遇难了，除了救生艇上的少数几个人以外，没有一个人得救。我们船上的船长（*al-rubbān*）艾哈迈德也在遇难者之列，他的名字一直为人称颂。这些船只及其货物的损失导致了尸罗夫和赛姆尔的衰落，因为其中有大量的财富和许多重要的船主、船长和商人。"

（4）从阿伊扎卜到久达的航行（伊本·朱巴伊尔：《游记》，第72—75页）

在伊斯兰教历3月25日周一，即7月18日（即格里高利历1183年的7月25日），我们登上了前往久达的"贾尔巴船"。由于那天风平浪静及水手（*al-nawātiyah*）的缺席，我们在泊处停留了一天；在星期二的清晨，我们扬帆起航，带着伟大而光荣的真主祝福和他殷切希望的帮助……

在伊斯兰教历3月26日周二和3月27日周三，我们的海上航行在微风中继续。但在周四前夜的深夜,当我们正欣喜地看着来自希贾兹的鸟儿在头顶盘旋时,一道闪电从那片土地的方向,也就是从东方照亮了天空。接着下起了暴雨,地平线变得黑暗起来,很快就覆盖了所有的地平线。一阵强风吹来,把船推离了原来的航线,反向航行。狂风继续肆虐,越来越浓厚的黑暗笼罩着地平线,我们不能辨认前进的方向,直到一些星星出现,我们从中得到了一些指示。船帆被放到了"达古尔"(*daqal*)[35]的底部,即桅杆(*al-ṣāri*)的底部;那一夜,我们在波涛汹涌的海面上度过,这让我们陷入了绝望。但是,当红海向我们展示了它的狂暴之后,真主在清晨给我们带来了安慰。风停了,云散了,天空放晴了,我们看到了远处的希贾兹。我们只能看到位于久达东部的一些山脉;鲁巴恩(*rubbān*)即船长[*al-ra'is*]断言,在我们看到的这些山脉与久达的所在地之间有两天的距离[陆地行程]。愿真主以他的伟大和仁慈为我们扫除一切障碍,让一切困难迎刃而解!

周四那天,我们在柔和而宜人的风中航行;然后在傍晚时分,我们在海上的一个小岛上抛锚停泊,就在我们提到的那块陆地附近。在此之前,我们经过了许多珊瑚,海水在珊瑚上破碎,并向我们嘲笑(或闪闪发光?)[*yaḍhak 'alaina*]。我们小心翼翼地穿过这些礁石;船长机敏且技术娴熟,真主保佑我们避开了那些礁石,直到我们停泊在那个岛上。在伊斯兰教历3月29日周五的前一天晚上,我们登上了岸并借宿在那里。清晨,天气平静,吹来的风与我们所希望的相反,于是我们就在那里度过了周五。在周六,也就是这个月的 30 天结束了(伊斯兰教历 4 月的第一天),起了一些风;我们顺着风缓缓航行,大海变得如此静谧,以至于你可以想象那是蓝色玻璃的盘子……

在周日的傍晚,也就是 4 月第二天,我们在一个叫阿布哈尔(Abḥar)的停泊地抛锚停泊,这里距离久达不到一天的路程[陆上行程]。这个停泊地的地理位置非常优越,因为它是海洋进入陆地的一条通道,两侧都被陆地环绕;贾尔巴船在那里的一个平静而宁静的地方停泊。周一的黎明时分,我们带着至高无上的真主的祝福,乘着微风从这里启航。是真主赐予了我们成功;除了真主,没有别的主。夜幕降临,我们在久达附近抛锚停泊,久达已经近在眼前。在周二清晨,我们进港时起了逆风;由于众多的珊瑚和蜿蜒的航道,在任何情况下,这些停泊地本身就很难进入:因此,我们得以目睹这些船长和水手们在其中驾驶贾尔巴船的艺术;他们是如何将船只引领并穿过狭窄的航道,就像马背上的骑手能够灵敏地控制马的缰绳,使马对轭具很容易控制一般令人惊奇;他们展示了难以形容的绝妙技巧。在伊斯兰教历的 4 月 4 日周二的中午,也就是 7 月 26 日,我们进入了久达,赞美真主……

[在航行的危险中,伊本·朱巴伊尔提到]船只的设备很脆弱,当风帆被升起或降下时,或者锚从系泊处升起时,会一次又一次地出现故障和破损。有时船体在穿越珊瑚航行时会撞击到珊瑚,我们会听到撞击声,这让我们感到绝望;有时我们不知道自己是死是活……

第三章 船舶

图 16 当代印度洋

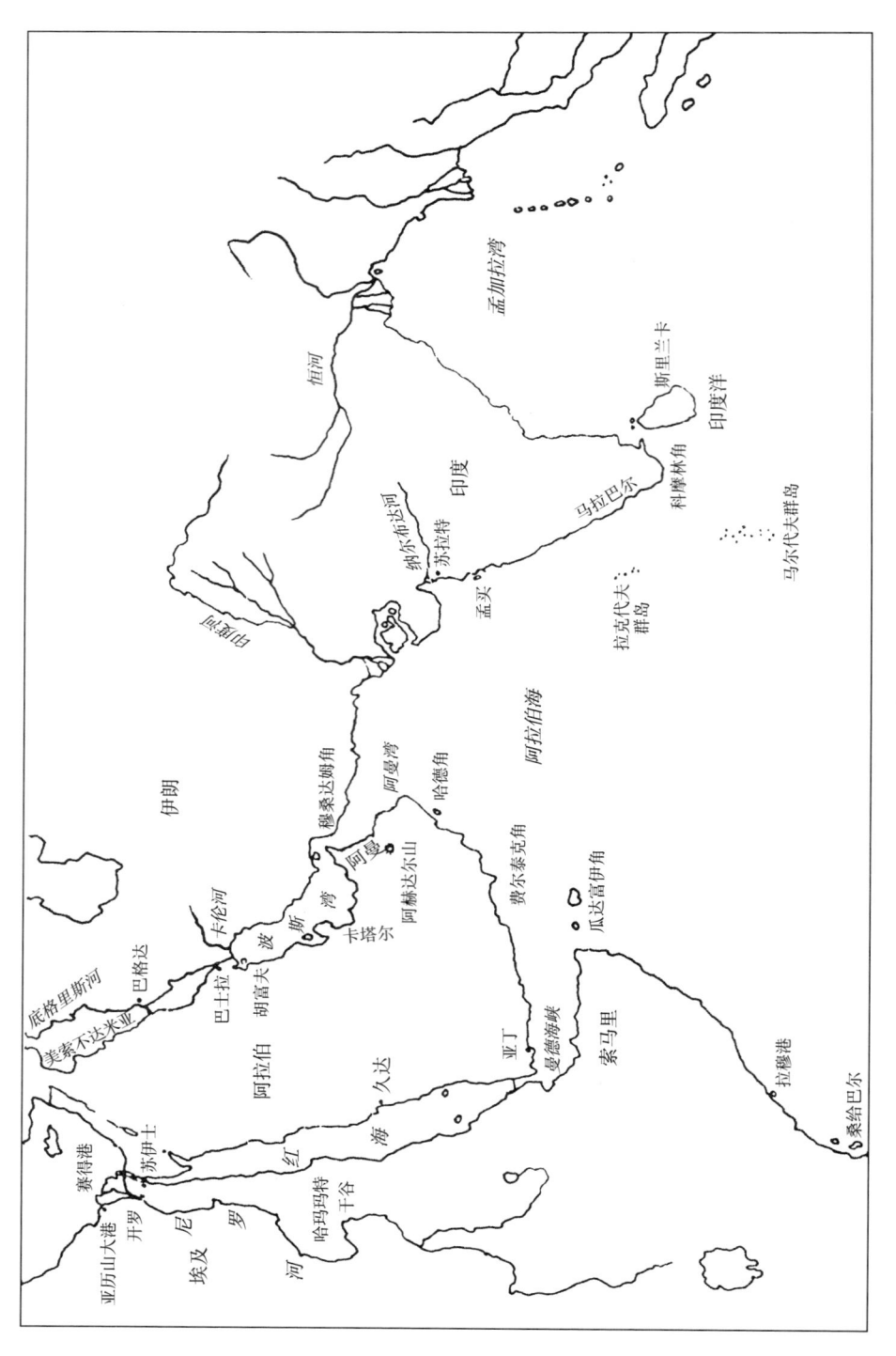

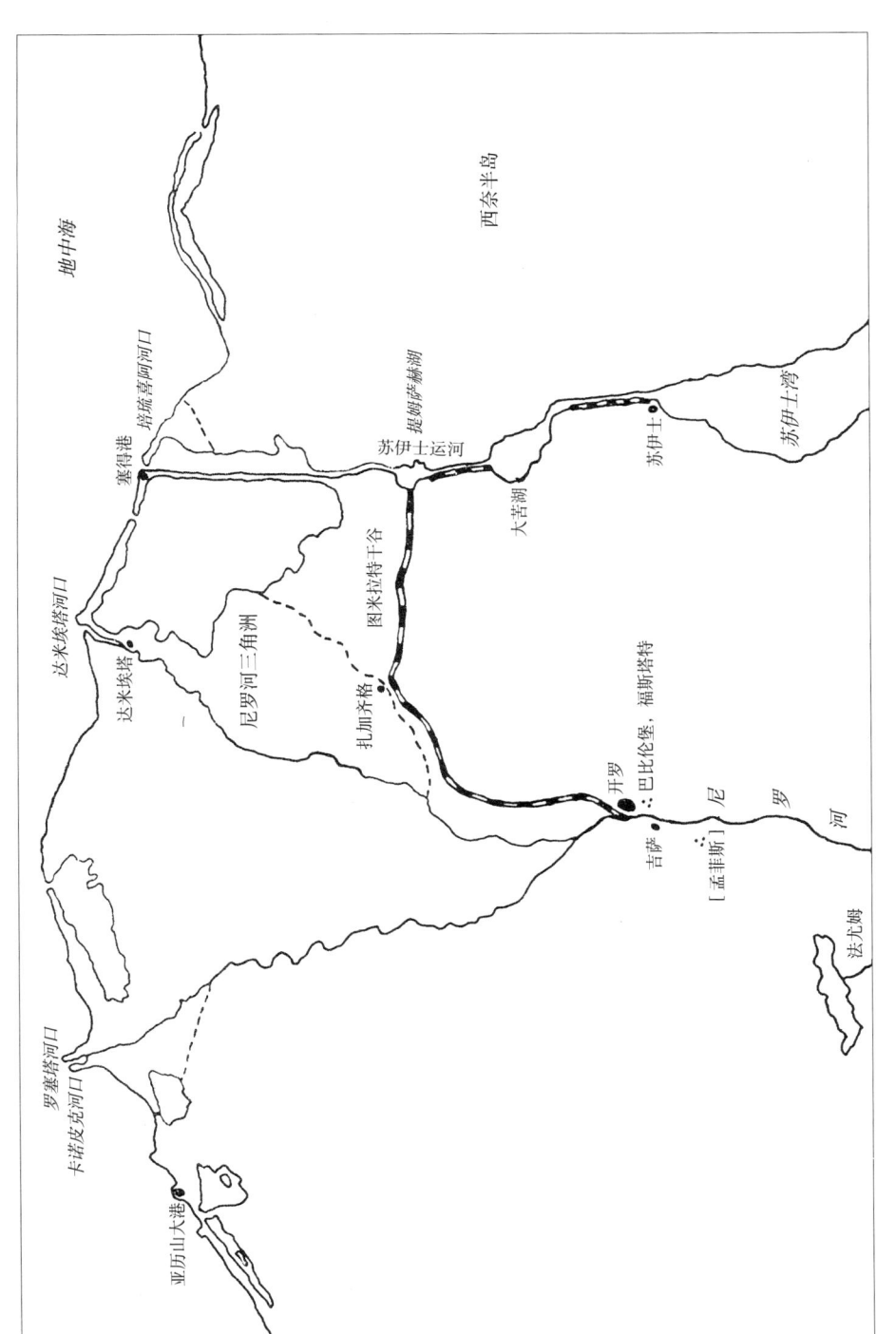

图 17 当代下埃及

注释

[1] 霍内尔：《阿拉伯海船的初步分类》(A Tentative Classification of Arab Seacraft)，《水手之镜》(Mariner's Mirror)，1942年1月。维里埃：《辛巴达之子》，通篇。R. L. 鲍文：《大食东部的阿拉伯独桅帆船》。船只名称的列表请参阅：麻合地昔：《阿拉伯舆地丛书》，第31页；艾兹迪（Azdi）著，A. 梅兹校勘：《阿比-卡西姆·巴格达迪的故事》(Hikayāt abi-al-Qāsim al-Baġdādī)。还可以参考 J. 吉尔德迈斯特（J. Gildemeister）《关于阿拉伯的造船业》(Über arabisches Schiffswesen)，载《哥廷根学术通讯》(Göttinger Nachrichten)，1882年；H. 金德曼（H. Kindermann）：《阿拉伯语中的"船"》("Schiff"im Arabischen)。

  我找到的唯一关于船体长度的记录在布祖格的著作《印度珍奇录》，第17—19页，他记载的其中一艘船的长度为50个普通腕尺（dhirā'），即76英尺。一个普通腕尺是18.24英寸，详见 E. 尼克尔森（E. Nicholson）《人类与测量》(Men and Measures)。

[2] 引自《大英百科全书》（第11版），"柚木"词条（文中所引）。关于古代柚木的遗迹请参阅：肖夫译：《厄立特里亚海航行记》，第152页；霍内尔：《印度船舶设计的起源及其民族学意义》(The Origins and Ethnological Significance of Indian Boat Designs)，载《孟加拉亚洲学会纪念文集》(Memoirs of the Asiatic Society of Bengal)，第7卷，加尔各答，1920年；W. 乌斯利（W. Ouseley）：《东方各国之旅》(Travels in Various Countries of the East)，第280页，注67。狄奥弗拉斯图：《植物志》，第5册，第4章。《厄立特里亚海航行记》，第36页的"dokōn kai keratōn"，由肖夫译为"柚木木材"，这是一个合理的推断。马苏第：《黄金草原》，第1卷，第365页；伊本·朱巴伊尔（ibn-Jubayr）著，W. 赖特（W. Wright）校勘，M. J. 德·胡耶二次校勘：《游记》(Travels)，第71页。

[3] 《大英百科全书》（第11版），"椰子"词条；《新娘凤冠》(Tāj al-'Arūs)，"nārjīl"（椰子）词条（译者注：《新娘凤冠》为阿拉伯世界最大的字典之一）；《伊本·白图泰游记》，第1卷，第204页及后续页；如果穆勒（Müller）正确地将"ναυπλιος"校订为"ναργιλιος"，那么《厄立特里亚海航行记》第17页就提到了椰子生长于东非的情况；阿布-宰德对《中国印度见闻录》的评注及增补，第130—131页；布祖格：《印度珍奇录》，第189页；伊德里西抄本第19页正面。

[4] S. 卢肯比尔：《亚述和巴比伦的古代记录》，第2卷，第318页及后续页；阿里安：《亚历山大远征记》，第7册，第19—20章；霍内尔：《印度船舶设计的起源及其民族学意义》，第194页。

[5] W. H. 莫尔兰（W. H. Moreland）：《公元1500年左右的阿拉伯海船》(The Ships

of the Arabian Sea about A.D. 1500），载《英国皇家亚洲学会会刊》，1939 年 1 月和 4 月期。伊德里西抄本第 84 页正面。

[6] 关于缝制船只的来源资料，参见：（1）印度：R. 慕克吉（R. Mookerji）：《印度船舶与海上活动史》（*A History of Indian Shipping and Maritime Activity*）；J. 马歇尔（J. Marshall）、F. 富歇（F. Foucher）：《桑奇的纪念碑》（*The Monuments of Sanchi*），第 2 卷，插图 51。（2）希腊：《厄立特里亚海航行记》，第 15—16、36、60 页；普罗柯比：《波斯战争》，第 1 册，第 19 章。（3）阿拉伯：雅库比：《诸国志》，第 360 页；阿布-宰德对《中国印度见闻录》的评注及增补，第 87—88、130—131 页；马苏第：《黄金草原》，第 1 卷，第 365 页；伊德里西抄本第 19 页正面、第 34 页正面、第 84 页正面；伊本·朱巴伊尔：《游记》，第 70—71 页（文中所引）；《伊本·白图泰游记》，第 4 卷，第 121 页；哈里里之舟，见插图 7 和该图简介。（4）欧洲：约旦努思（Jordanus）著，亨利·裕尔英译：《东方奇闻录》（*Mirabilia Descripta*），哈克路特（Hakluyt）学会系列丛书（一），第 31 卷，第 53 页；若望·孟德高维诺的记录，参见裕尔《东域纪程录丛》第 2 次修订版，第 3 部分，第 67 页；马可·波罗的记录，参见裕尔英译：《马可·波罗游记》，第 1 卷，第 111 页；鄂多立克（Friar Odoric）的记录，参见 M. 科姆洛夫（M. Komroff）：《马可·波罗同期的东方旅行者》（*Contemporaries of Marco Polo*），第 217 页；关于 G. 卡雷里（G. Carreri），参见 A. W. 斯蒂芬（A. W. Stiffe）《波斯湾早期的贸易中心》（*Former Trading Centres of the Persian Gulf*），载《地理期刊》（*Geographical Journal*），第 12 卷，第 294 页的引用。另参见莫尔兰的《公元 1500 年左右的阿拉伯海船》。

[7] 莫尔兰在《英国皇家亚洲学会会刊》（1939 年 4 月号）的第 179 页及后续页讨论了葡萄牙和意大利人对该时期阿拉伯船只中所用铁钉的观察。目前仍存有缝制船只的例子：维里埃：《辛巴达之子》，第 54、131 页；B. 托马斯（B. Thomas）：《福地阿拉伯》（*Arabia Felix*），第 2 页；霍内尔：《印度船舶设计的起源及其民族学意义》，以及霍内尔：《拉穆群岛的海船姆泰佩及达乌》（*The Sea-Going Mtepe and Dau of the Lamu Archipelago*），载《水手之镜》，第 27 卷，1941 年 1 月，第 54—68 页。西方自文艺复兴以来诸多著作并不在我所列举的参考资料范围之内，其中一些在霍内尔的《水上交通：起源和早期演变》第 235 页有提到。

[8] 阿伽撒尔基德斯：《论厄立特里亚海》，第 101 页；喀拉塞的伊西多尔：《帕提亚驿程志》，第 20 页（见《希腊地理学次要著作集》第 1 卷）；《厄立特里亚海航行记》，第 7、27 页；普林尼：《自然史》，第 6 册，第 34 章；霍内尔：《水上交通：起源和早期演变》。

[9] 伊本·朱巴伊尔：《游记》，第 70—71 页；《马可·波罗游记》，第 1 卷，第

第三章　船舶

111页；约旦努思：《东方奇闻录》，第53页；孟德高维诺的记录，参见裕尔《东域纪程录丛》，第3部分，第67页（文中所引）；维吉尔：《埃涅阿斯纪》（*Aeneid*），第6册，第413—414行（文中所引）；布祖格：《印度珍奇录》；莫尔兰：《公元1500年左右的阿拉伯海船》；霍内尔：《水上交通：起源和早期演变》，第236页，该文献提到：在锡兰，最近已经消失的缝制船只，每年必须拆解、重新组装和重新缝合。

[10] 薄阇（Bhoja）的记录，参见：慕克吉：《印度船舶与海上活动史》，第21页；普罗柯比：《波斯战争》，第1册，第19章；J.吉尔德迈斯特校勘：《远征亚历山大港》；J.吉尔德迈斯特：《关于阿拉伯的造船业》，第437页；J.阿什顿（J. Ashton）校勘：《曼德维尔游记》，第53章，第125页。

[11]《马可·波罗游记》，拉丁及赖麦锡（Ramusio）本，在引文中指定的地方；参见莫尔兰《公元1500年左右的阿拉伯海船》，第68页及后续页以及第182页及后续页。

[12] 马苏第：《黄金草原》，第1卷，第365页（文中所引）；韦格蒂乌斯（Vegetius）著，C. 兰格（C. Lang）校勘：《兵法简述》（*Epitome Rei Militaris*），第4册，第34章；J. 约翰斯通（J. Johnstone）：《海洋学导论》（*Introduction to Oceanography*），第137页；莫尔兰：《公元1500年左右的阿拉伯海船》，第191—192页。

[13] 伊德里西抄本第84页正面；伊本·朱巴伊尔：《游记》，第70—71页；《伊本·白图泰游记》，第4卷，第121页；J. 布鲁斯（J. Bruce）：《寻找尼罗河源之旅》（*Travels to Discover the Source of the Nile*），第3次修订版，第2卷，第107页。

[14] 莫尔兰：《公元1500年左右的阿拉伯海船》，第188页，该文献表明了1600年左右冶铁的高成本，这是有记录的最早时间。唯一真正的谜团是关于埃及：为什么古勒祖姆的船只与亚历山大的不同？也许我们必须回到第（4）点，也就是缝制船只的柔韧性，要记得红海存在不少珊瑚礁。

[15] 伊本·朱巴伊尔：《游记》，第70页。关于"杜苏尔"，参见：赖特对伊本·朱巴伊尔著作的术语汇编，《游记》首版，第22页；爪瓦哈里（Jawhari）的定义；由C. 夏帕雷利（C. Schiaparelli）翻译为"细丝"（filament），收录于伊本·朱巴伊尔《游记》，第42页；与《古兰经》54:13进行对比，在此处它被理解为"木钉"；孟德高维诺的记录，参见裕尔《东域纪程录丛》，第3部分，第67页；阿布-宰德对《中国印度见闻录》的评注及增补，第140—141页；马苏第：《黄金草原》，第2卷，第365页；伊德里西抄本第24页正面（文中所引）、第34页正面、第84页正面；裕尔英译：《马可·波罗游记》，第1卷，第111页。此外，普罗柯比《波斯战争》第1册第19页记载道："因为它们既没有涂抹沥

青，也没有涂抹任何其他物质。"但我认为在这一概括性的陈述中，他的消息来源可能是错误的。

[16] 约旦努思：《东方奇闻录》，第52页（文中所引）；裕尔英译：《马可·波罗游记》，第1卷，第111页。关于杜阿尔特·巴博萨的记录，参见哈克路特学会系列丛书，第二辑，第39卷，第76页；关于瓦尔泰马的记述，参见哈克路特学会系列丛书，第一辑，第32卷，第152页。布祖格：《印度珍奇录》，第33、94、141页（船舱），第165页（一艘载有400人的船），以及第53页（200个奴隶）。小型船只仍然没有甲板，参见维里埃《辛巴达之子》关于红海中一艘"尖艉四边形拉丁帆船"（*zārūq*）的记录，第5—7页。

[17] 若望·孟德高维诺的记录，参见裕尔《东域纪程录丛》，第3部分，第67页（文中所引）；哈里里的插图（图13）；G. S. L. 克洛斯：《帆船》，第1部分，第48页。

[18] 阿拉伯语"*anjar*"或"*angar*"源自波斯语"*langar*"（其中字母"l"成为阿拉伯语冠词的一部分）；或者可能源自希腊语"*angkuraṣ*"。关于卡雷里（Carreri），引自斯蒂芬《波斯湾早期的贸易中心》，第294页。

[19] 布祖格：《印度珍奇录》，第44、61、69、86、88、167、191页；《厄立特里亚海航行记》，第36页；维里埃：《辛巴达之子》，第28—29页。

[20] 阿布·宰德对《中国印度见闻录》的评注及增补，第130—131页。马苏第：《黄金草原》，第1卷，第344页，第4卷，第27页；布祖格：《印度珍奇录》，第87页，"达古尔-阿克巴"（*al-daqal al-akbar*）。马可·波罗和若望·孟德高维诺的记录，前文所引。布祖格：《印度珍奇录》，第43—44页。A. 柯斯特（A. Köster）：《古代航海》（*Das antike Seewesen*），第42—44页，该文献提到一种独特的方式：人们将桅杆固定在船底的支柱上，这种方式只在古埃及人、红海地区的现代阿拉伯人和马拉巴尔海岸的马来人中发现。这是埃及对阿拉伯造船技术产生影响的外在表征之一。

[21] 阿布·宰德对《中国印度见闻录》的评注及增补，第130—31页；伊本·朱巴伊尔：《游记》，第68页；马可·波罗和孟德高维诺的记录，前文所引；瓦尔泰马的记录，第153页；布祖格：《印度珍奇录》，第23页等；马苏第：《黄金草原》，第1卷，第234页；P. H. 科洛姆（P. H. Colomb）：《在印度洋追捕奴隶》（*Slave-catching in the Indian Ocean*），第38页（文中所引）；另根据霍内尔《阿拉伯海船的初步分类》，第11页，通常携带3套帆。

[22] 关于帆的一般历史，参见：R. C. 安德森（R. C. Anderson）：《帆船》（*The Sailing Ship*）；G. S. L. 克洛斯：《帆船》，以及《帆的故事》（*The Story of Sail*）；H. W. 史密斯（H. W. Smyth）：《欧洲及亚洲的船桅和帆》（*Mast and Sail in Europe and Asia*）；E. K. 查特顿（E. K. Chatterton）：《纵帆船及其历史》（*Fore and Aft Craft*

第三章 船舶

and their Story）；A. 柯斯特：《古代航海》，以及《古代航海史研究》（Studien zur Geschichte des antiken Seewesens）。关于帕拉瓦钱币的资料，参见 W. 艾略特（W. Elliott）《南印度的金属货币》（Coins of Southern India），插图 1，图 38。关于阿旃陀船，参见本书插图 4 和简介。中国帆船的"席帆"（matsail）在我的论述中被省略了，它们是一种更高级别的类型，但有着自己独特的历史，不太受其他类型的影响，也没有对其他类型的船帆产生重大影响。

[23] G. L. S. 克洛斯：《帆的故事》，第 87 页。J. 蒲佳德（J. Poujade）：《印度航线及其船只》（La route des Indes et ses navires），第 5 章，作者提出了充分的理由认为平衡斜桁四角帆是从印度向东传播的，但没有决定性证据表明印度是其起源地。R. L. 鲍文：《大食东部的阿拉伯独桅帆船》，第 1—10 页，该文献主张纵帆起源于波斯湾，同样，在我看来，这个说法没有决定性的证据。

[24] 关于拜占庭绘画的资料，参见：法国国家图书馆，希腊文手稿，第 510 号，第 3 页及 367 页背面；H. H. 布林德利（H. H. Brindley）：《拉丁帆的早期图片》（Early Pictures of Lateen Sails），载《水手之镜》，第 12 卷，1926 年，第 9—22 页。另可参见：A. 贾尔（A. Jal）：《航海术语词汇表》（Glossaire des termes nautiques），第 257、915 页；R.C. 安德森：《帆船》，第 102—103 页；J. 索塔（J. Sottas）：《地中海的早期拉丁帆》（An Early Lateen Sail in the Mediterranean），《水手之镜》，1939 年，该文献讨论了 533 年的拜占庭拉丁帆，但该帆装可能是三角形的中桅帆，参见鲍文《大食东部的阿拉伯独桅帆船》，第 7 页，注释 9。R. H. 多利《罗马帝国晚期的战舰》的插图 5 展示了一个 10 世纪拜占庭式有桨德罗蒙战舰（dromōn）的模型，该艘战舰有三根桅杆并配备有拉丁帆。关于帆与鲸的资料，参见：《中国印度见闻录》，第 3 节；马苏第：《黄金草原》，第 1 卷，第 234 页；布祖格：《印度珍奇录》，第 14—15、101 页。关于意大利语"mezzana"的资料，参见：G. S. L. 克洛斯：《帆船》，第 53 页；K. 洛科奇（K. Lokotsch）：《源自东方的欧洲词汇语源词典》（Etymologisches Worterbuch der europäischen Wörter orientalischen Ursprungs）；W. 迈耳·卢伯克（W. Meyer-Lubke）：《罗曼语词源词典》（Romanisches etymologisches Wérterbuch）；G. S. L. 克洛斯：《帆船》，第 54 页（文中所引）。另可参见：利奥六世（Leo VI）：《战船演练》（Naumachica），第 7 章；A. 达因（A. Dain）校勘：《战船演练》（Naumachica），巴黎，1943 年，在该文献中出现了这样的句子："περὶ τὸ μέσον τοῦ καταρτίου。"多利《罗马帝国晚期的战舰》第 51 页建议对此做出修订，改为"περὶ τὸ μέσον κατάρτιου"，并认为这个"μέσον"（拉丁转写为 meson）可能源于阿拉伯语"mīnzān"。利奥六世是拜占庭帝国马其顿王朝第二位皇帝，于 886—912 年在位。

[25] H. H. 布林德利：《原始船只——进化还是扩散》（Primitive Craft—Evolution or Diffusion），载《水手之镜》，1932 年 7 月。

[26] A. 柯斯特:《古代航海》,第 51、190—193 页。R. 贝尔（R. Bell）英译:《古兰经》6: 97（文中所引）,另参阅 16: 12、16。

[27] 费琅:《阿拉伯航海天文学导论》(Introduction à l'astronomie nautique arabe)。这本书除了包含费琅和德·索绪尔（de Saussure）撰写的章节外,还重印了两篇重要的文章:普林赛普（J. Prinsep）:《关于阿拉伯航海仪器的笔记》(Note on the Nautical Instruments of the Arabs),载《孟加拉亚洲学会杂志》(Journal of the Asiatic Society of Bengal), 1836 年 12 月,第 784 页及后续页;德·索绪尔:《风向标的起源和罗盘的发明》(L'origine de la rose des vents et l'invention de la boussole),载《自然和物理科学档案》(Archives des sciences physiques et naturelles),第 5 卷,日内瓦, 1923 年。

C. A. 那列诺（C. A. Nallino）, "天文学"（Astronomy）词条,《伊斯兰大百科全书》;菲利普·K. 希提:《阿拉伯通史》,第 375 页;N. 艾哈迈德（N. Ahmad）:《穆斯林对天文学和数学地理学的贡献》(Muslim contributions to astronomical and mathematical geography),载《伊斯兰文化》,第 18 卷, 1944 年 7 月;R. T. 冈瑟（R. T. Gunther）:《世界的星盘》(The Astrolabes of the World), 2 卷本,第 524—525 页。

[28] 麻合地昔:《阿拉伯舆地丛书》,第 10—11 页（文中所引）;艾哈迈德·伊本-马吉德:《航海守则》,抄本第 3 页背面及后续页（文中所引）。该书的完整标题为《航海术基本原理和原则指导手册》(Kitāb al-fawā'id fi usūl 'ilm al-bahr w-al-qawā'id),法国国家图书馆,手稿 2292 号,由费琅以摄影方式复制于《印度、中国和印度尼西亚海域的水手》(Le pilote des mers de l'Inde et de la Chine et de l'Indonesie)。参见费琅:《阿拉伯航海天文学导论》,第 175—255 页;《伊斯兰大百科全书》,希哈卜丁所撰词条;费琅:《阿拉伯航海文献中的波斯元素》等,载《亚洲学报》, 1924 年;索瓦杰:《关于印度海域古代阿拉伯航海指南》(Sur d'anciennes instructions nautiques arabes pour les mers de l'Inde),载《亚洲学报》, 1948 年。

[29] 德·索绪尔:《风向标的起源和罗盘的发明》等,载《航海天文学》。贝莱克·奇布亚齐（Baylaq al-Qibjaqi）:《商人宝藏之书》(Kitāb kunz al-tujjār),法国国家图书馆,手稿 2779 号,由德·索绪尔引用,第 80—84 页;马格里兹（Maqrizi）的摘录,载《道程志》(Khiṭaṭ),布拉克（Būlāq）,伊斯兰教历 1270 年,第 1 卷,第 210 页。J. 吉尔德迈斯特:《关于阿拉伯的造船业》。中世纪印度洋地区使用磁针的技术缺陷在于:(1)磁针浮放在水面上,在枢轴上的干式磁针发明之前,无法准确地从一个中心确定任何方向。(2)出于同样的原因,磁针无法安装在风玫瑰图上。(3)磁化方法的效果较弱。

[30] 关于近岸观测鸽,参见:普林尼:《自然史》,第 6 册,第 24 章;《诸蕃志》英

译本,序言,第 28 页。关于迎风换舷和顺风换舷,参见:维里埃:《辛巴达之子》,第 40—41 页;鲍文:《大食东部的阿拉伯独桅帆船》,第 35—43 页。关于收帆和风暴,参见:P. H. 科洛姆:《在印度洋追捕奴隶》,第 36—38 页;马苏第:《黄金草原》,第 1 卷,第 234 页("巨大的帆");布祖格:《印度珍奇录》,第 44—47、87—88、165—168 页;《伊本·白图泰游记》,第 4 卷,第 185—186 页。

[31] 我已忽略了包含关于地点等方面的极大模糊性的段落,以及不典型的航行,比如伊本·朱巴伊尔的《游记》,第 72—75 页,涉及从阿伊扎卜('Aydhāb)到久达的航行。伊本·朱巴伊尔的船花了 7 天时间才覆盖了 115 英里的路程,原因是遭遇了暴风雨和暗礁。

参考文献已在文本中提供。这些都是直达航线,除了布祖格《印度珍奇录》第 130 页提到的从簡罗到施遏香岸的航线,关于该段航行,我们必须假设在尼科巴群岛和故临停留,至少要留出足够长时间用以补充水源。麻合地昔《阿拉伯舆地丛书》第 215 页给出了从古勒祖姆到久达航行的最短和最长时间;60 天似乎过于缓慢,但我们必须记住途经这片海域的困难以及夜间停泊的必要性。布祖格《印度珍奇录》第 91—92 页给出了距离:"至少 400 法尔萨赫(farsakhs)",即 1 245 海里(假如一个法尔萨赫是 6 305 码的话)。

E. 德·圣丹尼斯(E. de Saint-Denis):《古代船舶的航行速度》(La vitesse des navires anciens),载《考古杂志》(Revue archéologique),第 18 卷,1941 年 7—9 月,第 121—138 页。

[32] 《一千零一夜》,第 556 夜,R. 伯顿(R. Burton)译本,第 6 卷,第 48 页(文中所引)。《一千零一夜》中对地方和船只的描述过于模糊,对我们的研究目的并没有太大价值。值得注意的是,辛巴达是个商人,而不是水手。关于现代组织,参见维里埃《辛巴达之子》,第 296—297 页,以及《阿拉伯独桅船贸易的几个方面》(Some Aspects of the Arab Dhow Trade),载《中东杂志》(Middle East Journal),第 1 卷,1948 年 10 月,第 399—416 页;现代科威特的船长被称为"纳瓦希德"(nawākhid,意为"船东"),他们名义上拥有船只,但实际上在财务上受制于商人。

[33] 关于船上的拥挤状况,参见:伊本·朱巴伊尔:《游记》,第 71 页;布祖格:《印度珍奇录》,第 165 页;维里埃:《辛巴达之子》,第 60 页。关于强制停靠和过路费,参见:《中国印度见闻录》,第 11 节;《伊本·白图泰游记》,第 4 卷,第 79 页。关于风暴和暗礁,参见:布祖格:《印度珍奇录》;伊本·朱巴伊尔:《游记》,第 72—75 页;《伊本·白图泰游记》,第 4 卷,第 185—186 页;白拉祖里:《征服诸国史》,第 431 页(文中所引);等等。关于海盗船只,参见:泰伯里:《历代民族与帝王史》,第 3 卷,第 1582 页,该处描述了海盗

"舰队"（*bawārij*）于866年攻击巴士拉的情况：每艘船都配备了1个领航员（*ishtīyām*）、3个投火手（*naffātūn*）、1个木匠、1个面包师，以及39名桨手和战士，总共45人；裕尔英译：《马可·波罗游记》，第2卷，第389页。关于战舰，《伊本·白图泰游记》第4卷；第59—60页描述了一艘印度战船，该船有60只桨，另一艘有50名桨手和50名阿比西尼亚武士，舱顶在战斗中可以保护桨手免受箭矢和石块的伤害。请参阅J.吉尔德迈斯特的著作。关于海上宗教，参见：巴托尔德：《〈古兰经〉与海洋》；J.吉尔德迈斯特的著作；伊本·朱巴伊尔：《游记》，第72—75页；《伊本·白图泰游记》，第1卷，第39—44页，第2卷，第90—91页。

[34] 与他本人不同，这里指的是船东。参见布祖格《印度珍奇录》第5页有关穆罕默德·伊本-巴比沙德的内容，后者是一位著名的船长。

[35] 伊本·朱巴伊尔是一位来自西班牙的朝觐者。相较于印度洋的航海词汇，他和西班牙的读者都更熟悉地中海的航海术语，所以他煞费苦心地解释了印度洋上使用的一些术语。

第一章注释

史前史与地理学

第 4 页。* 关于美索不达米亚的古代模型船的早期描述，请参见：一件带有帆船配件的黏土模型，出土自埃利都（Eridu）的乌拜德人（'Ubayd）古墓，约前 4000 年；一艘由银制成的桨船，出土自乌尔王朝的皇家陵墓（前 2600—前 2500）。在 M. D. 罗夫（M. D. Roaf）的《美索不达米亚文化地图集》（*Cultural Atlas of Mesopotamia*）中有二者的插图。（彼得·摩根）

第 5 页。尽管红海地区常年盛行北风，并且沿岸地区荒凉且危险，不利于航行，但在伊斯兰时期早期阶段，这似乎并没有阻碍贸易的进行。唐纳德·威特科姆（Donald Whitcomb）在亚喀巴（这是第一批向先知穆罕默德效忠的城市之一，其时间可以追溯到 630 年）的发现和最近的挖掘工作，发现了大量且确凿的中国唐代瓷器，同时还有来自美索不达米亚的早期伊斯兰物证，这证明针对远东的远程海上贸易一直延伸至亚喀巴湾的深处。可以

---

* 这部分的页码指的是原书页码，即中文版的边码。

参考威特科姆在参考书目中的相关作品以及乔治·斯坎伦的文章《埃及和中国》。（约翰·卡斯威尔）

亚历山大东征之前的东方

第6页。关于马甘和梅禄克哈，目前学界广泛认同梅禄克哈无疑指的是印度河流域文明的地区，即信德、旁遮普邦、古吉拉特邦和相邻省份的部分地区。希瑞恩·拉特纳加（Shireen Ratnagar）在《相遇》（Encounters）这本书中，很好地总结了印度河流域和美索不达米亚之间的联系。然而，这是一个快速发展的领域，她的成果并未涉及在库奇兰恩（Rann of Kutch）和阿曼的哈德角（Ras's al-Ḥadd）附近发现的令人兴奋的新证据，这些证据与印度河流域的海港有关。其中一些内容将会在由朱利安·里德（Julian Reade）编辑的印度洋研讨会的相关文章中进行总结，该会议由大英博物馆举办。其中，有一篇由毛里济奥·托西（Maurizio Tosi）撰写的非常初步的文章专注于阿曼；还有一些简短的报告刊登在罗马的中远东研究所发行的《东方与西方》（East and West）期刊上，此刊也有关于阿曼的研究。（亨利·赖特）

关于阿拉伯语词汇"航海"（milāḥa）的分析，请参阅 S. 索切克、V. 克里斯蒂迪斯、G. R. 蒂贝茨和 G. 奥曼在《伊斯兰大百科全书》最新版本中"milāḥa"条目下的解释。该词汇至少可以追溯到阿拔斯时代的早期，并似乎源于早期的阿卡德语，而其源头最终可以追溯到苏美尔语。（约翰·卡斯威尔）

130

第 7 页。学术界对于蓬特的位置已经进行了广泛的辩论，一致认为它位于红海，可能在厄立特里亚地区的非洲海岸附近。参阅 K. A. 基钦（K. A. Kitchen）的文章《蓬特及其到达方式》（Punt and How to Get There），以及 D. 奥康纳（D. O'Connor）的文章《埃及，公元前 1552—前 664 年》（Egypt, 1552-664 B.C.）。对于相关理论的有用概述可以在 R·赫尔佐格（R. Hertzog）的文章《蓬特》（Punt）中找到。在苏丹卡萨拉省（Kassala）加什三角洲（Gash Delta）进行的考古工作，识别出了公元前第三千纪末至公元前第二千纪初的埋葬、丧葬纪念物和定居点，该地区很可能是非洲蓬特族群（Puntite）的聚居地；请在参考文献中查阅 R. 法托维奇（R. Fattovich）的文章。有关更早期的报告，请参阅《上帝的灵魂》（Nyame Akuma）杂志的第 28、29、31 期。在红海地区发现了一个古埃及的定居点，这个定居点促进了海上联系；请参阅 A. M. 赛义德（A. M. Sayed）的《遗迹发掘报告》（Discovery of the Site）。（马克·霍顿）

第 9 页。俄斐可能位于阿拉伯半岛南部而并非印度。主要的证据来自语言学：希伯来语中"猿""象牙"和"孔雀"这些词是从梵语和泰米尔语借来的。关于这一时期俄斐与印度的贸易的文献和考古证据，在 P. 克罗恩（P. Crone）的著作《麦加贸易》（Meccan Trade）的第 30—37 页中有讨论。（马克·霍顿）

第 10 页。总体而言，关于后加喜特王朝（post-Kassite）时期的诸政权（包括"海国王朝"）的证据已由 J·布林克曼（J. Brinkman）在其《政治史》（A Political History）一书中进行了整理。胡拉尼似乎对在海湾地区存在大量有关加喜特王朝（Kassite）活动的证据不知情。在巴林发现了一个带有文本记录的加喜特港口遗迹。关于加喜特人在海湾地区的概况，克里斯托弗·伊登斯（Christopher Edens）尚未发表的哈佛大学论文，以及他的文章《公元前第二千纪的阿拉伯湾》（The Arabian Gulf in the IInd Millennium B.C.）都是很有意思的参考资料。若要了解整个海湾地区的综合情况，可以参考丹尼尔·波茨（Daniel Potts）最近的著作《古代阿拉伯湾》（*The Arabian Gulf in Antiquity*）。这本书提供了关于海湾地区的历史、文化和地理等方面的综合概述。（亨利·赖特）

美索不达米亚与海湾地区贸易的主要港口是乌尔城（Ur），在约前2000年第三王朝崩溃后，海湾地区的贸易由富有的个人而非神庙资助。（彼得·摩根）

希腊化和罗马时期的波斯湾

第13—17页。我们对希腊化时期和罗马时期的波斯湾的了解突飞猛进，主要得益于考古工作的推进。与此相关的参考文献也相当丰富。以下作品特别值得注意：雷米·布沙拉（Remy Boucharlat）和让-弗朗索瓦·萨勒斯（Jean-Francois Salles）的《大食东部地区》（*Arabe orientale*），以及丹尼尔·波茨的《古代阿拉伯湾》。

在海湾的北部地区，通过实地工作和挖掘，已经发现了多个重要遗址，其中一些可能与希腊罗马时期诸作家提到的地点相符。在伊拉克南部，有两个这样的地方（都被普林尼提到），它们分别是福拉特（Forat）和喀拉塞；前者的遗址被认为位于巴士拉西北约 30 公里处，后者的遗址位于同一城市的西北约 50 公里处。在海湾地区，最令人惊叹的发现之一是在费莱凯岛（Failaka，即古伊卡洛斯，ancient Ikaros）上发现的希腊化时期堡垒遗址、两座神庙以及其他建筑物的遗迹。其中一座庙宇采用了希腊式设计，其具有由两根柱子组成的柱廊，而这种前廊被称为"双柱门廊"（in antis）。该遗址被人占据的时间可以分为两个时期：前 3 世纪中叶至前 2 世纪晚期或前 1 世纪早期，以及公元前 1 世纪晚期至公元 1 世纪。约翰·汉斯曼（John Hansman）在《喀拉塞和卡尔黑》（Charax and the Karkheh）一文中描述了伊拉克南部的遗址。另外可参阅丹麦考古队在费莱凯岛上发掘工作的便捷摘要，该摘要由丽丝·汉内斯塔德（Lise Hannestad）所撰写，被收录于雷米·布沙拉与让-弗朗索瓦·萨勒斯所编的《大食东部地区》一书中。

萨吉（Thaj）是阿拉伯半岛大陆地区东北部在历史时期最大的遗址，该地距离朱拜勒（al-Jubayl）港口 90 公里。萨吉是一个由城墙包围的城寨，其整体尺寸为 825 米乘以 990 米。当地经过小规模的挖掘后，发现了塞琉古时期的陶器、硬币和其他材料。根据考古资料所揭示的信息，这个地方有人类居住的历史可能一直延续到 1 世纪左右。不时有人提出，萨吉其实就是格尔哈遗址的观点（见第 14 页）；但它的身份仍然不能确定，尽管该遗址庞大的规模和建有坚固防御工事的事实都显示出它的重要性。沙特阿拉伯东部省的其他"希腊化时期"和"罗马时期"的遗址还包括塔鲁特（Tarut）。塔鲁特发现了一个由坑式墓葬（Cist-graves）*和陶罐式墓葬（Pithos-burials）组成的墓地，在里面发现了一块带有希腊铭文的石碑，还有来自希腊塞琉古时期的釉陶鱼盘和其他陶器。类似地，在宰赫兰（Dhahran）机场附近一个大型遗址中，出土了一批珠宝，其中包括一枚黄金戒指，上面镶嵌有一颗石榴石，雕刻着一个希腊化时期风格的雕像翅膀的尼刻（Nike）女神，还有其他的希腊化时期物品，以及陪葬的塞琉古或帕提亚陶器。关于这些遗址的最新讨论，附有广泛的参考文献，可以在丹尼尔·波茨的《古代阿拉伯湾》一书中找到，其中第 23—102 页和第 197—263 页涉及相关内容。

再往南，巴林岛［Baḥrayn，在古代被称为太拉斯岛（Tylus）］为希腊人所熟知，并且岛上的植物被狄奥弗拉斯图（Theophrastus）所广泛记录。在这些记录中，他提到了几种明确或显而易见地源自印度的物种。20 世纪 50 年代，一支丹麦考古队在早期伊斯兰堡垒遗址上进行的挖掘，发现了当时最为庞大的前伊斯兰遗存。而后，在 1977 年至 1981 年期间对该堡垒进行的新一轮发掘表明，这座伊斯兰建筑在 10 世纪左右被翻新，其建成年代实际更为古老。针对最初建成堡垒的讨论，引发了一系列关于其建造日期和起源的学术观点的各种猜想。一些学者认为它可以追溯到塞琉古

132

---

* 即表面砌筑石头，顶部加盖的小型土坑墓葬类型。

第一章注释

帝国时期，而另一些学者则提出了它可能建于公元 2 或 3 世纪的帕提亚帝国时期的观点。在巴林的卡拉特角遗址（Ra's al-Qal'at）和其他遗址上发现了一处包含 292 枚银币的囤积货物，这些银币的存放时间大约在公元前 3 世纪末和公元前 1 世纪之间。此外，还发现了塞琉古帝国风格的陶器和其他物品，尽管没有迹象表明巴林岛曾经是塞琉古帝国的一部分。然而，来自 131 年帕尔米拉的一篇铭文表明，至少存在一段很短的时间，太拉斯岛（Tylos）是由喀拉塞的帕提亚统治者派遣的代理人所统治的；波茨讨论了这个地点，见《古代阿拉伯湾》的第 103—153 页。摩尼克·凯弗兰（Monique Kervran）在她的文章《古往今来的巴林》（Bahrain through the Ages）中关注过这座前伊斯兰时期的堡垒。布沙拉和萨勒斯在《巴林国家博物馆考古收藏》（*Bahrain National Museum Archaeological Collections*）一书中有一篇名为《太拉斯时期》（The Tylos Period）的文章，也同样值得注意。

长期以来，学界认为帕尔米拉商人曾存在于海湾地区，是根据位于伊朗沿海哈尔克岛（Kharg Island）上的两座精心雕刻的岩石墓葬所推论出的观点。这两座墓穴每座都有一个门厅、一个主墓室和许多小的墓室。尽管这些墓葬在形制上与帕尔米拉的地下墓穴存在着家族传承般的相似性，但这些共性更多是浅显而一般的，并非具体而细节的相似。即便考虑到其中一座墓穴上的浮雕具有帕尔米拉陪葬浮雕的普遍特征（描绘一个人斜躺在一张床上，手持一个杯子），也并不能够说明两者具有明显的传承关系。因此，尽管这些陵墓看起来确实是帕尔米拉墓葬的仿制品，但它们不太可能是帕尔米拉人建造的。关于哈尔克岛上的这些所谓"帕尔米拉墓穴"的重要出版物，请参阅 R. 吉什曼（R. Ghirshman）的《哈尔克岛》（The Island of Kharg）以及 E. 哈林克（E. Haerinck）的文章《几块墓葬纪念碑》（Quelques monuments funéraires）。

在海湾地区的伊朗一侧，塞琉古帝国和帕提亚帝国时期最大的考古遗址位于布什尔（Bushehr）以南几公里的里沙赫尔（Rishahr）。如果需要了解关于里沙赫尔在阿契美尼德王朝以及希腊化时期的占领情况，可以参阅威特科姆的文章《布什尔和安伽利运河》（Bushire and the Angali Canal），他在文中针对这些内容提供了一个方便易懂的摘要。

在波斯湾入口处，帕提亚时期最为重要的遗址是位于乌姆盖万酋长国的埃德杜尔遗址（ed-Dur）。在这个遗址上，由比利时、丹麦、法国和英国等多国团队组成的伊拉克考古队进行了勘探性发掘。考古队员发掘出了一个历史可追溯到 1 至 4 世纪的大型定居点，其中包括房屋、寺庙、墓葬和其他建筑。在该遗址上发现的罗马遗物包括东方红精陶（Eastern terra sigillata）碎片和一个令人印象深刻的 1 世纪玻璃收藏品。关于埃德杜尔遗址的资料可以参考让-弗朗索瓦·萨勒斯的文章，相关信息可以在布沙拉和萨勒斯合著的《大食东部地区》一书的 241—270 页中找到。此外，还可以参阅布沙拉、哈林克、菲利普斯（Phillips）和波茨的《考古勘察》（Archaeological Reconnaissance）；布沙拉、哈林克、勒康特（Lecomte）、波茨和斯蒂文斯（Stevens）的《欧洲考古考察》

133

第一章注释 175

（The European Archaeological Expedition）；还有哈林克、梅特德佩内克（Metdepenninghen）和斯蒂文斯（Stevens）的《埃德杜尔的发掘》（Excavations at ed-Dur）。哈林克、梅特德佩内克和斯蒂文斯参与了比利时的第三期考古工作，而哈林克则在第四期继续进行了相关研究。

正如胡拉尼在本书第 16 页所指出的那样，经常在海湾出现的贸易商包括印度人。证明印度与海湾之间存在贸易联系的考古证据，主要是"红抛光陶"（red polished ware）。这些陶器在公元前几个世纪是由古吉拉特邦和邻近地区制造的，出现在伊朗的尸罗夫、苏哈尔和其他伊朗沿海地区以及阿拉伯半岛上。关于这个问题，请参阅大卫·怀特豪斯和安德鲁·威廉姆森（Andrew Williamson）的《萨珊帝国的海上贸易》（Sasanian Maritime Trade）第 29—49 页。特别需要注意的是该书第 37—40 页的内容以及截至 1972 年的发现地点地图。关于两个可能是传自印度的佛教遗址以及可以证明印度人在海湾地区活动的地名证据，请参阅沃里克·鲍尔（Warwick Ball）的《一些岩雕纪念碑》（Some Rock-cut Monuments）和《佛教向西传播了多远？》（How Far Did Buddhism Spread West）。（大卫·怀特豪斯）

位于印度西海岸的婆卢羯车*的重要性不可低估。它濒临坎贝湾（Gulf of Cambay），位于讷尔默达河北岸，距离河口大约 30 英里。该地目前的城镇覆盖在一个至少 50 米高的巨大土丘之上，

---

* 今布罗奇，近代曾用名 Broach。

土丘的北侧有一道壕沟，与叙利亚土丘（Syrian tell）极为相似。在这里从未进行过任何重要的考古发掘工作；请参阅约翰·卡斯威尔的《中国与伊斯兰教：一项调查》（约翰·卡斯威尔）。

希腊化和罗马时期的红海

第 17 页。命名和识别古代文献中提及的港口，并确定它们的实际位置（即考古痕迹），是一项相当复杂的任务，只有亲自进行过港口调查的人才能真正理解这一点。特别是在印度次大陆和更远的东部，在半年一次的季风所带来的毁灭性影响下，考古遗址和有机物质的痕迹往往被彻底破坏；关于此，请参阅文献目录中卡斯威尔的文章。

威特科姆和约翰逊（Johnson）的挖掘工作在库萨尔·卡蒂姆（Quṣeir al-Qadīm）遗址取得了重要发现，揭示了这个中世纪早期的重要伊斯兰港口与罗马之间的联系。与其他印度洋地区的遗址相比，库萨尔·卡蒂姆遗址有许多保存完好的材料，如纺织品和皮革；详见文献目录中威特科姆和约翰逊的文章。（约翰·卡斯威尔）

第 17—35 页。在文献证据方面，关于前伊斯兰时期红海地区内外海上贸易的相关研究取得了重要进展。其中最重要的是 M. G. 拉什克（M. G. Raschke）的《罗马贸易新探》（New Studies in Roman Commerce）系列考古调查，以及莱昂内尔·卡松（Lionel Casson）对《厄立特里亚海航行记》进行的新翻译和评注。卡松不仅确认了《厄立特里亚海航行记》的编写日期（即

1世纪中叶，如胡拉尼所主张的那样），还提供了关于罗马航海和贸易惯例的丰富信息。此外，他还确定了罗马商人的活动范围：从拉普塔（可能位于坦桑尼亚的达累斯萨拉姆附近）一直延伸到斯里兰卡。例如，在附录中，他清楚地描述了季风对红海、东非和印度各港口之间航行的季节性影响。此外，上冈弘二（Koji Kamioka）和家岛彦一（Hikoichi Yajima）合著的《印度洋西部的区域间贸易》（*The Inter-regional Trade*），也对该区域内的贸易情况进行了研究。对于一般综合性的论述，则以布罗代尔（Braudel）的思想为基础，相关研究可以参阅 K. N. 乔杜里（K. N. Chaudhuri）的《印度洋的贸易与文明》（*Trade and Civilisation in the Indian Ocean*）。

当今学界能够对希腊化和罗马时代的埃及商人在红海乃至更为偏远地区的到访情况有所了解，这要归功于考古学家们所作出的重大贡献。关于这方面的相关研究概况，大部分已于维玛拉·贝格利和德·普马编辑的《罗马与印度：古代海上贸易》（*Rome and India: The Ancient Sea Trade*）一书中进行了总结。赛德博特姆（Sidebotham）在红海北部的阿布·沙尔（'Abū Sha'ar）主导了针对一座建于5至7世纪的拜占庭堡垒的勘测和发掘工作，该堡垒位于米乌斯·赫尔穆斯附近。同时，威特科姆和约翰逊对库萨尔·卡蒂姆的罗马和后罗马时期遗迹进行了挖掘，该地可能是琉克斯·里门（Loukos Limen）遗址的所在地。关于这些地区考古发掘工作的出版物包括赛德博特姆、莱利（Riley）、哈姆鲁（Hamroush）和巴拉卡特（Barakat）所著的《红海沿岸的实地考察》(Fieldwork on the Red Sea Coast)以及参考书目中所列的威特科姆和约翰逊的相关著作。

在更南的地方，内维尔·奇蒂克（Neville Chittick）在阿克苏姆王国的首都阿克苏姆城遗址（Aksum）进行了考古挖掘工作。在3世纪，阿克苏姆王国已经将其影响力扩展至南阿拉伯和东苏丹的部分地区，并且（通过其位于阿杜利斯的港口）在阿拉伯海的贸易中扮演着重要角色。关于这方面，S. C. 蒙罗－海（S. C. Munro-Hay）出版了三本关于阿克苏姆的著作。

在红海以外的区域，一些可追溯到公元前1世纪至公元1世纪初的罗马玻璃碎片在索马里北部的希斯（Heis）出土。此外，在索马里南部沿岸距离索马里瓜达富伊角以南160公里的哈丰角（Ra's Hafūn或Xaafuun）的两个遗址中，还发现了来自埃及和地中海东部地区的双耳细颈陶瓶和其他类型的陶器。这两个遗址中较早的遗址可以追溯到公元前1世纪至公元1世纪，而且可能与欧波尼的"贸易港"（Emporion）有某种联系。较晚的遗址则发现了来自波斯湾地区的陶器，可能还包括来自南亚地区的陶器；考古证据显示出，这个遗址似乎在2至5世纪之间较为繁荣，是商人经常到访的中转港。这些遗址的重要性在于，哈丰角地区是迄今为止，在非洲东海岸瓜达富伊角以南地区唯一出土有关前伊斯兰时代的远距离海上贸易的物证的地方。有关索马里考古遗址出土材料的出版物包括E. M. 斯特恩（E. M. Stern）的《早期罗马玻璃》（Early Roman Glass）和马修·史密斯（Matthew Smith）和亨利·赖特的《来自哈丰角的陶瓷》（The Ceramics from Ra's Hafūn）。

在阿拉伯海东岸进行的挖掘工作提供了有关《航行记》中记录的两个地区的信息：印度河三角洲和印度南部。在印度河三角洲，罗马商人经常出现在巴巴里贡（Barbarikon），他们在那里卸下制成品，如银餐具、玻璃器皿和葡萄酒，并从包括阿富汗（进口青金石）和中国（进口丝绸）在内的远方地区装上回程商品和产品。印度河三角洲唯一一处1世纪就有人居住的大型遗址是班波尔（Bhanbhore）。在这个遗址进行的挖掘工作中，发现了一系列长时间的连续人类活动的遗址层序，这是整个阿拉伯海地区最长的持续为人居住的层序之一。有关班波尔的资料包括刊载于《巴基斯坦考古》（*Pakistan archaeology*）的一篇匿名文章；还有S. M. 阿夫沙克（S. M. Afshaque）的文章《班波尔的大清真寺》（The Grand Mosque of Banbhore）；以及F. A. 汗（F. A. Khan）的著作《班波尔》（*Banbhore*）。

或许可以通过在阿富汗喀布尔北部的贝格拉姆（Begram）和印度中西部的马哈拉施特拉邦的戈尔哈布尔（Kolhapur）发现的两个贮藏品，最生动地一瞥那些从古罗马世界出口到掌控着中转港贸易——如巴巴里贡——的统治者手中的奢侈品。那些被发现于贝格拉姆的西方世界物品，有青铜、水晶和玻璃器皿，以及为金匠或银匠制作的石膏模具，这些物品可能在公元1世纪晚期就被隐藏起来了。来自戈尔哈布尔的贮藏物包括一百多枚硬币和一些铜制品。在这些铜制品中，有13件是来自罗马的物品，包括一个波塞冬小雕像。对于贝格拉姆的相关研究主要参阅的著作是J. 哈钦（J. Hackin）的《贝格拉姆考古研究》（*Recherches archéologiques à Begram*）和 R. 吉尔什曼（R. Ghirshman）的《贝格拉姆》（*Begram*）。此外，关于这些物品所贮藏物日期的重新评估，请参阅大卫·怀特豪斯的《贝格拉姆》（Begram）一文。关于戈尔哈布尔，请参阅德·普马的《来自戈尔哈布尔的罗马青铜器》（The Roman Bronzes from Kohlapur）一文。在印度南部，科罗曼德尔海岸的阿里卡梅杜（Arikamedu）是一个关键的遗址。它于1945年由莫蒂默·惠勒爵士（Sir Mortimer Wheeler）以及于1947年至1950年由让-玛丽·卡萨尔（Jean-Marie Casal）相继进行了挖掘。在该遗址发现了来自罗马的阿雷汀陶器（Arretine ware）、双耳细颈陶瓶（Amphorae）和玻璃等器物的碎片。惠勒得出结论，该遗址是一个印度-罗马贸易站，其繁荣时期是在1世纪和2世纪之间。不过，最近对这些发现进行的重新评估表明，阿里卡梅杜早在前3世纪就已经被占据。来自地中海地区的双耳细颈陶瓶最早于前2世纪末传播到当地，而那些被发现的阿雷汀陶器则属于公元10—30年左右的时期。关于这部分的研究，主要的参考文献是惠勒、戈什（Ghosh）和克里希那·德瓦（Krishna Deva）的《阿里卡梅杜》（Arikamedu），以及让-玛丽·卡萨尔的《维兰帕特南-阿里卡梅杜的挖掘工作》（*Fouilles de Virampatnam-Arikamedu*）。关于阿里卡梅杜所发现罗马物品的重新评估，请参阅维玛拉·贝格利的《重新审视阿里卡梅杜》（Arikamedu Reconsidered）；霍华德·康福特（Howard Comfort）的《阿里卡梅杜的红精陶》（Terra Sigillata from Arikamedu）；以及伊丽莎白·利丁·威尔（Elizabeth Lyding Will）的《阿里卡梅杜的罗马船只运输

的双耳细颈陶瓶》(The Roman Shipping Amphoras from Arikamedu)。在对阿里卡梅杜进行考古挖掘之前,证明罗马与印度南部贸易的最重要实物证据是大量的硬币,并且这些硬币经常以囤积的方式出现。这些1至2世纪的硬币可以分为三组:奥古斯都和提比略时期的狄纳里银币(Denarii),朱利奥-克劳狄安时期的奥雷金币(Aurei,似乎取代了狄纳里银币成为首选的交换媒介),以及2世纪时期的奥雷金币。在阿里卡梅杜遗址中,罗马共和国时期的硬币稀缺,而奥古斯都时期的狄纳里银币却非常丰富。这一鲜明对比,进一步印证了斯特拉波关于奥古斯都统治时期罗马与印度贸易增长的说法。关于这方面的研究,请参阅保拉·特纳(Paula Turner)的著作《来自印度的罗马硬币》(Roman Coins from India)。(大卫·怀特豪斯)

穆吉里斯位于印度西南海岸,靠近克兰加诺尔(Cranganore)*,而胡拉尼似乎是唯一将该地与迈索尔(Mysore)画等号的人。(亨利·赖特)

第32页。在阿拉伯海岸上,盖纳(Kane,也作Qana)——作为来自红海的商人获取乳香的地点,已经被确定为也门阿拉伯共和国的乌鸦城堡。该地地形(一个高耸的岬角)符合《航行记》中的描述,并且在遗址中出土了一篇带有地名"盖"(Qn')的碑文。关于该遗址的注释出现在格瓦斯·马修(Gervase Mathew)的《厄立特里亚海航行记的成书年代和意义》(*The Dating*

---

* 中文史料作"僧急里国"。

and Significance of The Periplus of the Erythraean Sea）一书中。他书中提及，在遗址现场发现了罗得岛陶器的碎片。这条消息的另一个来源是布莱恩·多伊（Brian Doe）的著作《南部阿拉伯半岛》（Southern Arabia）（大卫·怀特豪斯）

最近，一支苏联-也门联合考古队自 1985 年以来在盖纳进行了五个季度的发掘工作。考古发现的文物包括大量的硬币、大约 4 世纪的希腊文本，以及进口自非洲和地中海的陶器；有证据表明，从 1 世纪到 6 或 7 世纪，这个宽阔的港口经历了三个主要的繁荣时期。在下城的一座很可能是一个基督教礼堂的大型建筑中，发现了一块刻在灰泥上的 4 世纪的希腊铭文。铭文提到了一个名叫科斯［马斯］（Kos[mas]）的人，并祈求他的商队和海上航行平安。底层遗址中包括了 2 世纪的迦太基双耳细颈陶瓶（Punic amphorae）碎片和东意大利的红精陶，这种类型的遗物在南阿拉伯半岛和阿里卡梅杜等地也有发现。此外，遗址还发现了 1 世纪的纳巴泰彩绘陶（Nabataean painted pottery）。值得一提的是，整个遗址都发现了乳香的痕迹。详见 A. V. 谢多夫（A. V. Sedov）的《新考古和铭文材料》（New Archaeological and Epigraphical Material）。（约翰·卡斯威尔）

第 33—34 页。拉普塔的确切位置有待确定，不过胡拉尼的观点是相对能被接受的。大多数研究过资料来源的人，都认为该地位于现代坦桑尼亚的某个地方。参见 B. A. 达图（B. A. Datoo）的文章《拉普塔》（Rhapta）；卡松（Casson）在研究《厄立特里亚海航行记》时也持有类似观点。然而，最近在对后者的回顾

中，马克·霍顿比较了《航行记》和托勒密的著作，并提出拉普塔可能更向北一些的新观点（见下文）。（亨利·赖特）

到目前为止，关于拉普塔城的考古证据尚未被发现。对于该城的具体位置，理论上存在广泛的范围，因而学界也持有各种不同的观点。其涵盖范围从拉穆群岛（Lamu archipelago）到达累斯萨拉姆（Dar es Salaam），再延伸到鲁菲吉（Rufigi）三角洲的沼泽地带。最近的研究请参考：M. 霍顿（M. Horton）的《〈航行记〉与东非》(The *Periplus* and East Africa)、柯万（Kirwan）的《拉普塔》(Rhapta)和 B. A. 达图的《拉普塔》。在确定拉普塔的位置方面存在的困难之一是托勒密的《地理学》和《航行记》提供的信息不一致，特别是它与梅努西亚斯岛（Menouthias）的关系，可能是奔巴岛（Pemba）或桑给巴尔岛。实际上，拉普塔可能并非是一个固定定居点，而是一个根据海上贸易需求和季风变化而不断变迁的地方。目前尚未在哈丰角以南的整个海岸线上发现任何 1 或 2 世纪的有关文物。关于这些罗马硬币的具体清单和相关讨论，请参考拉什克在《罗马贸易新探》中的第 1536 条注释，可以在该系列调查的第 1023—1024 页找到。桑给巴尔虽然发现了大量罗马硬币，但这些硬币的来源存在疑问，并未包含在该清单中。以上信息引用自 A. M. H. 谢里夫（A. M. H. Sheriff）的《东非海岸》(The East African Coast) 第 554 页。在已经发现的罗马硬币中，最著名的来自布尔·高（Bur Gao），该地是《航行记》中尼肯（Nikon）的可能候选地之一；更多关于这些硬币的详细情况，请参阅奇蒂克的《考古勘查》(An Archaeological Reconnaissance)，第 129—130 页。此外，C. W. 海伍德（C. W. Haywood）的《巴纠尼群岛和比里考》（The Bajun Islands and Birikau）以及 H. 马丁利（H. Mattingly）的《来自一个遗址的硬币》（Coins from a Site Find）也提供了对这些硬币的进一步讨论。根据研究者的结论，这些硬币可能是中世纪遗留下来的。

  在 1974 年至 1975 年期间，在由奇蒂克进行的调查中，在非洲海岸的极东北角发现了古典时期最重要的陶器和玻璃文物。他成功地确定了三个遗址，并且这些遗址中的文物呈现出明显的地层分布。详细信息请参阅奇蒂克的《考古勘查》、《非洲之角的早期港口》（Early Ports in the Horn）和《前伊斯兰时代的贸易》（Pre-Islamic Trade）的第 364—366 页。最近，关于哈丰角出土陶瓷的详细资料已经得到出版。哈丰角是奇蒂克调查过的主要遗址之一，并且很可能与欧波尼相对应。这些研究结果修正了奇蒂克的初步结论，有关详细内容，请参阅马修·史密斯和亨利·赖特的《来自哈丰角的陶器》一文。在该遗址的西部地区发现了来自美索不达米亚和伊朗、尼罗河和东地中海等地的各种陶器材料，还发现了少量可能来自南亚的碎片。史密斯和赖特根据一件托勒密王朝后期的灯具碎片、一些希腊化时代后期的长颈瓶（lagynos）碎片以及帕提亚后期的浅黄色细砂釉陶，认为遗址的存续时间在公元前 1 世纪到公元 1 世纪早期。在达莫（Daamo）附近，奇蒂克发现了一个古典时期的遗址，它位于瓜达富伊角以西 5 公里处。这个地点往往被学界认为是阿罗马顿港（Aromaton Emporion）的所在地，而且它还是绕过这个岬角前最后方便停泊的锚地。该遗址曾受到采石活动的干扰，但发现了大量的陶器、一些帕提亚后期釉陶器的碎片和一些双耳细颈陶瓶的提柄。考古报告中还提及，在该地发现了一些深陷进天然砂岩中的岩石凹陷，并对外呈现出类似墙基的外观。

在 19 世纪，G. 勒沃（G. Révoil）领导了在索马里北部的第四批考古挖掘工作。与此相关的资料请参考：G. 勒沃的文章《阿洛马蒂卡的墓葬》（Tumuli dans l'Aromatica region），该文章收录在他的著作《达罗尔谷地》（La vallée du Darror）的第 279—293、584—589 页；以及《科马尔地区的发掘成果》（Recueilles dans le Comal）的第 11—15 页和第 81 页反面的插图。他在考古报告中称在位于希斯东部的萨勒温（Salwayn）墓葬土丘中发现了大量的陶器和玻璃，其中包括千花玻璃珠（Millefiori beads）和雪花石膏瓶（Alabaster vase）的碎片，还有红泥釉陶（Red slip ware）和双耳细颈陶瓶（Amphorae）等罗马陶器。最近，该遗址的玻璃被重新评估，并被确定为前 1 世纪头 40 年的产物；详见 E. M. 斯特恩的《早期罗马玻璃》。（马克·霍顿）

萨珊帝国和拜占庭帝国时期

第 36 页。自从《阿拉伯人的大航海》一书出版以来，学界对于波斯萨珊王朝商人在印度洋海上贸易所扮演的角色这一议题，已经在多个场合进行了回顾与探讨。这些研究包括：大卫·怀特豪斯和安德鲁·威廉姆森的《萨珊海洋贸易》（Sasanian

Maritime Trade）；瓦莱丽亚·菲奥拉尼·皮亚琴蒂尼（Valeria Fiorani Piacentini）的《萨珊王朝的夺权》（La presa di potere sassanide）和《印度洋的国际交往》（International Indian Ocean）；还有大卫·怀特豪斯的《萨珊海洋活动》（Sasanian Maritime Activity）。（大卫·怀特豪斯）

阿克苏姆城遗址。该遗址最近的一次考古调查是由奇蒂克在1972年至1974年进行的。参见蒙罗-海的《阿克苏姆发掘报告》（*Excavations at Aksum*）。蒙罗-海主要根据对遗址出土的硬币进行研究，对该遗址之前为学界广泛接受的年代序列进行了较大的修正。他提议将该国建国时间定于公元前100年至公元200年之间，并将阿克苏姆城作为首都的终止日期定在了630年左右。关于贸易的主要证据来自奇蒂克发现的金属制品、玻璃和陶器，这些物品的来源大部分都指向尼罗河流域。此外，还可能在该遗址发现了来自海湾地区的一些萨珊伊斯兰时期的陶片（蒙罗-海：《阿克苏姆发掘报告》，第315页）。关于通过阿杜利斯贸易的讨论，请参见蒙罗-海的《阿杜利斯港的外贸》（The Foreign Trade of the Aksumite Port of Adulis.）。（马克·霍顿）

第40页。在这里，胡拉尼的文本中肯定存在印刷错误。科斯马斯·印第科普莱特斯并非"理论地理学家"（Theoretical geographer），而更适合被描述为"神学地理学家"（Theological geographer）。（亨利·赖特）

ardown
第二章注释

伊斯兰扩张的总体结果

第51页。V. 克里斯蒂迪斯在新版的《伊斯兰大百科全书》关于伊斯兰航海的条目"milāḥa"(意为"航海")中,提供了关于倭马亚王朝和阿拔斯王朝时期阿拉伯人对地中海地区进行海上扩张,以及与拜占庭帝国进行的军事和经济对抗的大量额外信息。(约翰·卡斯威尔)

阿拉伯人在地中海的活动

第54页。伊什塔克尔和波斯波利斯(Persepolis)并不能互相等同;它是一个距离波斯波利斯东部约8公里的大遗址。阿契美尼德帝国的首都在被亚历山大摧毁后完全被废弃。(亨利·赖特)

第57页。要了解阿拉伯人与拜占庭人之间的著名战役,请参考《伊斯兰大百科全书补编》(Encyclopaedia of Islam, Supplement)中的词条"骑兵之主"(Dhāt al-Ṣawārī)。(约翰·卡斯威尔)

波斯和阿拉伯与远东的海上贸易

第 61 页。在过去的 30 年中，仰赖于波斯湾、巴基斯坦、斯里兰卡、泰国等地进行的考古调查和挖掘的不断深入，我们得以对伊斯兰早期与南亚和东亚的海上贸易有了更加全面的认识。这一系列考古活动最重要的结果之一便是证明了西亚与中国之间的定期海上贸易最迟不晚于 800 年开始。（大卫·怀特豪斯）

第 69 页。在海湾地区，截至目前最大规模的考古挖掘活动发生在尸罗夫。800 年至 1000 年左右，尸罗夫在贸易网络中扮演着领导角色，将来自南亚、东南亚、东非和红海的商品和奢侈品运往巴格达和西亚其他城市。尽管尸罗夫夏季酷热、土壤贫瘠，雨量稀少，但这座城市作为船只的母港而繁荣发展，这些船只涉足的远方包括中国的广州和莫桑比克的索法拉。

尸罗夫城在伊斯兰时代早期发展于一个 4 公里宽的浅水湾周围，并且占据了一片被海洋、向着内陆一侧的陡峭山脊和两条季节性水道所定义的区域。而这个早期伊斯兰城市的核心地区包括 110 公顷的房屋、市场、清真寺和由石头和砂浆建造的作坊组成。其余的一些更大的区域似乎包含了花园或社区中最贫困成员所构成的贫民窟。在 1966 年至 1973 年进行的考古发掘中，发现了主麻清真寺和其他清真寺、一座宫殿、房屋、一部分集市、制陶工宿舍的部分区域以及一座宏伟的墓地。

这座主麻清真寺在 800 年至 1150 年之间经历了三个主要的

建设阶段。最初的清真寺面积为 51 米乘以 44 米，拥有一个庭院，其中三面被同一个拱廊所环绕。此外，它还有一个纵深为三个间距的内殿（Sanctuary）。此后，最迟在 850 年左右，它通过增加侧向扩展部分、增设外部洗浴设施以及添加其他功能进行了扩建。在 12 世纪，当尸罗夫渐渐衰落时，这座清真寺得到了修复。这些房屋中有一些是多层楼房，尽管在细节方面各不相同，但它们都展现了相似的建筑风格，比如都带有一个中央庭院。宫殿位于城市最凉爽的地方，由几个这样的单元构成，并被一道围墙所环绕。

尸罗夫出土的文物中，发现了大量的中国陶瓷。这些实物证据以及其他地层的发现显示，在 8 世纪，尸罗夫与中国有限的（也许是间接的）贸易已经开始了。到了 9 世纪初，进口货物的数量显著增加，同时也伴随着城市财富的普遍增长。关于尸罗夫的挖掘工作的临时报告可以在《伊朗研究》（*Iran*）的第 6 至 10 卷（1968—1972）和第 12 卷（1974）找到。此外还可以参考两卷已经出版了的最终报告：大卫·怀特豪斯的《尸罗夫 III：主麻清真寺》（*Sīrāf III. The Congregational Mosque*）和尼古拉斯·M. 洛伊克（Nicholas M. Lowick）的《尸罗夫 XV：硬币和纪念铭文》（*Sīrāf XV. The Coins and Monumental Inscriptions*）。

在波斯湾的其他地方，研究者对阿曼的苏哈尔也进行了调查和发掘，该港口与尸罗夫活跃于同时期；另外也在基什岛（Kish）进行了调查和发掘，基什取代尸罗夫成为波斯湾中段的主要港口；这些考古挖掘还涉及了霍尔木兹地区。关于苏哈尔的出版物包括安德鲁·威廉姆森的《苏哈尔与阿曼航海》(Sohar and 'Omani Seafaring)，以及凯弗兰的《寻找苏哈尔》(À la recherche de Suhar)。1976 年，大卫·怀特豪斯在《伊朗研究》杂志上发表了一个关于"基什"的注释。瓦莱丽亚·菲奥拉尼·皮亚琴蒂尼则在《霍尔木兹的商埠和王国》(L'emporio ed il regno di Hormuz)一文中对霍尔木兹进行详细论述。

第 70 页。安德鲁·威廉姆森从旧霍尔木兹收集了包含大量 13 至 14 世纪青瓷的中国考古材料。关于这些文物的详细分析，请参考彼得·摩根的文章《旧霍尔木兹的新思考》(New Thoughts on Old Hormuz)。稍晚的元代青花瓷（约 14 世纪前中半叶）也在霍尔木兹岛上被发现。这方面的资料，请参阅 U. 魏斯纳（U. Weisner）的著作《中国陶瓷》(Chinesische Keramik)。（约翰·卡斯威尔）

朱尔法（Julfār）是伊斯兰时期位于波斯湾口区域的主要阿拉伯港口，并且在早期和中世纪的伊斯兰文献中经常被提及。朱尔法这个名称，与现如今阿拉伯联合酋长国的哈伊马角地区（Ra's al-Khayma）沿海北部一座延伸约两公里的"土丘区域"（tells）存有渊源关系。根据史学家泰伯里的记载，穆斯林军队在约伊斯兰教历 16 年（637 年左右）从朱尔法起兵对抗萨珊王朝（引用自泰伯里：《历代民族与帝王史》，第 1 部分，第 2 卷，第 698 页）。值得一提的是，根据 10 世纪作家阿卜杜拉·本·忽马亦德·撒里米（'Abd Allāh b. Ḥumayd al-Salimi）的记载，似乎是同一支军队在奥斯曼·本·阿比·阿绥（'Uthmān b. Abī al-'Aṣ）指挥下前往格什

142

姆（Qishm）。相关资料请参阅 B. 德·卡迪（B. de Cardi）的《考古调查》（Archaeological Survey），第 230 页。

在倭马亚帝国、阿拔斯帝国和布韦希王朝（Buwayhid）的统治下，朱尔法逐渐成为阿拉伯东南海域一个重要的锚地，为往来船队提供了安全的停泊环境。在 705 年左右，倭马亚王朝派遣了一支由穆贾阿·伊本·什瓦（Muja'a ibn Shi'wa）率领的庞大军队，以对抗阿曼的阿兹德部落。军队分为陆路和海上两路行动，并遭到了阿兹德人的重创。在损失了 50 艘船后，穆贾阿带领残存的舰队逃往马斯喀特并在那里驻扎，同时从叙利亚召集援军。在军队重新集结后，倭马亚人采取严厉手段镇压了阿曼的阿兹德部落。关于这部分的相关内容，可以参考 E. C. 罗斯（E. C. Ross）的《阿曼年鉴》（The Annals of Oman）第 119—203 页；G. P. 巴德格（G. P. Badger）主编的《阿曼伊玛目和圣裔的历史》（A History of the Imāms and Seyyids of 'Omān）第 1—2 页。

与之类似的是，为了平息阿曼的第一位艾巴德派（Ibadhi）伊玛目朱兰达·本·马苏德（Julanda b. Mas'ūd）领导的叛乱，阿拔斯王朝的哈里发阿布·阿拔斯·萨法赫（Abu'l-'Abbās al-Saffah）于伊斯兰教历 132 年暨公元 750 年派遣了一支军队进攻阿曼。起初，阿拔斯王朝的军队被击败，不过随后哈里发派遣了增援部队。阿拔斯军队与伊玛目朱兰达的部队在朱尔法进行了战斗，这次阿曼人被压倒性地击败。关于这场战争的详细情况，请参阅《泰伯里史》第 3 卷，第 78 页。历史学家 S. B. 迈尔斯（S. B. Miles）在《波斯湾国家和部落》（The Countries and Tribes of the

Persian Gulf）一书第 81 页，提到了哈里发针对阿曼的又一次军事行动。伊斯兰教历 280 年（公元 893 年），阿拔斯王朝派遣了一支军队前往阿曼镇压艾巴德派运动。哈里发再次选择了朱尔法作为登陆点，然后继续向阿曼内陆推进。可以推测阿拔斯的军队利用了朱尔法作为"安全港"的优越条件，才得以顺利登陆。他们上岸以后，在陆地上沿着哈贾尔山（Jabal Ḥajar）山脚前进，这个地区有丰富的水源。此后，军队将穿越山脉，到达阿曼的巴提奈海岸（Baṭina coast）*。通过这种方式，船队避免了穿越霍尔木兹海峡的风险。

布韦希王朝多次选择朱尔法作为进入阿曼的跳板。布韦希王朝的埃米尔穆仪兹·道莱（Muʿizz al-Dawlah）派遣军队在与伊斯兰教历 352 年（公元 963 年）和伊斯兰教历 354 年（公元 965 年）先后前往朱尔法，迫使阿曼人接受他的统治（详见迈尔斯《波斯湾国家和部落》，第 110、114 页）。伊斯兰教历 362 年（公元 972 年），布韦希王朝再次派遣舰队从尸罗夫前往朱尔法，以镇压阿曼的一次叛乱。彼时，麻合地昔将朱尔法与苏哈尔、尼兹瓦（Nizwa）与其他地方一起，同列为阿拉伯半岛东南部的"盖塞拜城市"（qaṣaba）**。后续的记载将朱尔法描述为一个珍珠捕捞中心，并提到了该地的养羊业、酥油（samn）和奶酪。这些特产与朱尔法的沿海平原以及其背后的哈贾尔山脉的环境非常契合，上

143

---

* 阿拉伯语"内部"的意思，在今阿曼北部阿曼湾岸。
** 阿拉伯语老城、城堡的含义，代指大城市。

第二章注释

述地区以其富饶的土壤而著名，这与海湾的大部分阿拉伯海岸形成鲜明对比。

最近的考古工作表明，朱尔法的定居点会随着时间沿海岸线迁移，可能的解释是港口航道的淤积使得旧定居点的航运变得不可达。还有迹象显示，在至少萨珊王朝时期，该地区便已经存在定居点。考古证据表明在哈伊马角地区以北的赫莱拉岛（Jazīrat al-Ḥulayla）存在着前伊斯兰时代和伊斯兰教早期的定居点遗址。朱尔法"土丘区域"（tells）的定居区位于哈伊马角地区附近，其主要定居时间可追溯到 14 世纪至 17 世纪或更晚的时间，这一推断基于进行挖掘发现的众多中国、越南和泰国的贸易瓷所属年代而得出的结论；请参阅 J. 汉斯曼（J. Hansman）的著作《朱尔法》（Julfar）和佐佐木达夫（T. Sasaki）的论文《越南、泰国、中国、伊拉克和伊朗陶瓷》（Vietnamese, Thai, Chinese, Iraqi and Iranian Ceramics）。彼时，朱尔法同时受到忽鲁谟斯国王及葡萄牙人的统治，其中后者已经开始主导西方与远东的贸易。在葡萄牙统治时期，在朱尔法发现的大部分远东陶器都源自进口，当时这个港口似乎在东方贸易中充当了重要的转运港。事实上，整个阿拉伯海岸上的任何一个港口也没有一个像朱尔法那样，保留着如此丰富的伊斯兰时代后期的文物。根据当地的传说，著名的阿拉伯航海家伊本-马吉德来自靠近朱尔法和哈伊马角附近的古卜（al-Gūb）地区。关于朱尔法最近的考古发掘情况，请参阅 G. R. 金（G. R. King）在本书"参考文献"中的报告以及 B. 福格特（B. Vogt）的报告《1988 年试掘》（A 1988 Test Trench）。

在后来的时代，朱尔法的地位被其邻居哈伊马角和拉姆斯（Al-Rams）所取代。在 1739—1749 年间，土库曼人纳迪尔·沙（Nadir Shah）曾短暂占领了该地区的沿海和内陆地带，但在他撤离后，阿拉伯的卡西米酋长（al-Qasimi）* 开始主宰该区域，并一直延续至现代时期。当英国人在 1809 年和 1819 年两次袭击卡西米家族的堡垒以打击瓦哈比（Wahhābī）海盗时，朱尔法已经让位给哈伊马角，已经不再是这一沿海地区的主要城镇。

代勒马岛（Dalmā）位于卡塔尔东部，属于阿布扎比。它是该地区少数拥有良好水源（可以通过井水获取）的阿拉伯海岸岛屿之一。在代勒马岛有一些遗址显示了当地在乌拜德时期（'Ubayd period）便有人类定居的证据，以及从萨珊/早期伊斯兰时期一直延续到后期伊斯兰时代的历史痕迹。

在代勒马岛的东南方向是锡尔巴尼亚斯岛（Sīr Bāni Yās），该岛也位于阿布扎比酋长国内。锡尔巴尼亚斯岛东侧的沿海平原散布着各种类型的建筑遗迹，这些遗迹可以追溯到萨珊时期和早期伊斯兰时期。尽管这些遗址尚未被详细勘察，但它们与哈伊马角地区的赫莱拉岛以及迪拜的朱美拉古城（al-Jumayra）一同，为公元后第一千纪阿拉伯半岛岛屿和波斯湾下游海岸地区的人类定居活动提供了初步证据。（杰弗里·金）

位于印度三角洲的班波尔，是巴基斯坦南部在公元后第一个千年内最为重要的一处考古遗址。它在卡拉奇以东 60 公里，离

---

* 即今阿联酋沙迦酋长国的统治者。

现在的海岸线 40 公里。通过考古挖掘，我们发现班波尔在斯基泰-帕提亚时期（公元前 1 世纪至公元 2 世纪）就已有人类定居，而在 9 世纪更发展为了一个重要的中转港（Entrepôt）。早期伊斯兰遗址通常被认为是提颰（德巴尔），该地在 712 年成为信德省第一个落入穆斯林手中的城市。这里有一个周长为 525 米的城墙围起的区域，外围是住宅区和一个可能是人工湖的港口盆地。挖掘工作发现了各种建筑，包括城墙、主麻清真寺以及几座住宅、商业和工业建筑。在清真寺发现了多块碑文，其中一块可以追溯到伊斯兰教历 109 年即公元 727 年，是一份献词。有关班波尔的资料包括《巴基斯坦考古》上的一篇匿名文章；还有 S. M. 阿夫沙克的《班波尔的大清真寺》；以及 F. A. 汗的《班波尔》。（大卫·怀特豪斯）

第 71 页。我们之所以知晓有波斯人生活在锡兰，源于科斯马斯·印第科普莱特斯的记载；请参阅 J. W. 麦克林德尔（J. W. McCrindle）的著作《科斯马斯的基督教地貌学》（The Christian Topography of Cosmas），第 365—368 页。而且这一事实得到了考古学的印证。从曼泰（Mantai）发现的一枚波斯/萨珊时期的烧制黏土印章，上面有一个聂斯脱里派十字架、一个古波斯语铭文和一只四足动物；请参阅卡斯威尔的《曼泰港口》（The Port of Mantai）一文。

几乎可以确定波斯人（Po-sse/Persians）是从曼泰航行至远东的。曼泰位于锡兰的西北角，直到 1000 年左右被注辇即朱罗王朝（Cholas）毁灭之前，在长达 1000 年的时间里一直是一个重要的贸易中心。除了波斯人，曼泰还有阿拉伯人存在。例如，从该遗址中发现了一块阿拉伯墓碑，上面还刻有库法体的铭文，详见卡斯威尔的《中国与伊斯兰教在马尔代夫群岛的影响》（China and Islam in the Maldive Islands）一文中的描述。在曼泰出土的早期伊斯兰和中国陶器与尸罗夫、班波尔和阿亚喀巴发现的类似。透过这些实物证据之间的联系，清晰地展示了海上丝路贸易路线的传播路径。在遗址中还发现了大量早期伊斯兰玻璃制品，而伊斯兰陶器则包括仿唐代白瓷（Imitation Tang white ware）、萨玛拉白釉绿斑器（Samarra splashed ware）、虹彩陶器（Lusterware）和绿松石釉陶器（Turquoise-glazed earthenware）。后一种类型在中国也被发现，例如在福建省福州附近的刘华（930年去世）墓中，以及江苏省扬州的发掘现场；详见冯先铭的《波斯和朝鲜陶瓷》（Persian and Korean Ceramics）。

正如胡拉尼在本书第71页所述，我们对印度西海岸的港口了解甚少。然而，1974年/1976年的调查显示，印度西海岸的港口（如奎隆）仅仅是港外泊地（Roadstead），而科罗曼德尔海岸上的港口则位于河流上游，两者情况截然不同。详见约翰·卡斯威尔的《中国与伊斯兰教在马尔代夫群岛的影响》和《中国与伊斯兰教：一项调查》。

辛岛昇（N. Karashima）的后续调查，记录了马拉巴尔和科罗曼德尔的多个沿海地点发现的中国陶瓷。其中，在位于泰米尔纳德邦的朱罗王朝首都"冈伽贡陀朱罗补罗"（Gangaikondacholapuram），发现了11至12世纪的进口陶瓷；而位于马纳尔湾（Mannar）对面的"波离耶般提南"（Periyapattinam）则出土了13至14世纪的青瓷和青花瓷。辛岛昇认为，波离耶般提南就是伊本·白图泰提到的"发塘港"（Fattan）。根据从加异勒（Kayal）出土的大量13世纪实物资料，可以确认这是马可·波罗所记录的加一港（Cail），该港口与从阿拉伯运往潘地亚王国（Pandyan kingdom）的马匹贸易有关联。从故临（Kollam）/奎隆发现了更多的13至14世纪元代青瓷和青花瓷的碎片；这是伊本·白图泰从印度启程前往中国的港口。请参考辛岛昇的《贸易关系》（Trade Relations）和《发现》（Discoveries）。

尽管胡拉尼坚持认为航行穿过了保克海峡，但是并非无论什么尺寸的船只都可以；请参阅卡斯威尔的《中国与伊斯兰教在马尔代夫群岛的影响》和《中国与西方世界》（China and the West），以及下文的第152—153页。潮满岛的重要性得以证明，是因为在那里发现了大量中国瓷器，尽管其中大部分属于宋代以后的作品。关于这方面的资料，请参考林（Lam）、卡斯威尔、拉塞尔（Russell）、阿布·巴卡尔（Abu Bakar）、关（Kwan）以及马丁（Martin）合著的《亚洲海上贸易的陶瓷遗产》（*A Ceramic Legacy of Asia's Maritime Trade*）一书。

马尔代夫在海上贸易的返程航行中扮演了重要的角色，据推测，这主要是为了补给淡水。在马累（现藏于英国阿什莫尔博物馆）发现了大量的9世纪到19世纪的中国瓷器碎片，而伊斯兰文化特征的实物材料几乎完全不存在，这表明这种交流主要是单向的。这一观点在15世纪中国的地理志中得到了进一步的支持；

详见马欢的著作《瀛涯胜览》以及卡斯威尔的《中国与伊斯兰教在马尔代夫群岛的影响》。

乔治·斯坎伦在福斯塔特的挖掘中发现了大量来自中国的物品；参见乔治·斯坎伦的《埃及与中国》（Egypt and China）以及参考书目中吉伦斯瓦德（Gyllensvard）的两部作品；同时，从信德省的婆罗米纳巴德（Brahminabad）、班波尔/提飑（德巴尔）、尸罗夫、乃沙不耳（Nishapur）*、库法（Kūfa）、亚喀巴、东非乃至叙利亚的安条克等地都发现了中国唐代的瓷器碎片。请参阅卡斯威尔的《中国与伊斯兰教在马尔代夫群岛的影响》以及 F. 瓦格（F. Waage）编辑的著作《奥龙特斯河畔的安条克》（Antioch-on-the-Orontes）。（约翰·卡斯威尔）

近年来对泰国南部的研究表明，存在两个与贸易商品运输有关的遗址。其中一个是位于泰国西海岸的郭各考遗址（Ko Kho Khao），另一个是位于东海岸的林门波遗址（Laem Pho）。这些遗址成为证据，展示了当时的东西方贸易活动是如何穿越马来半岛的。中国和东南亚的商品运往斯里兰卡和更远的西方港口时，会在林门波卸货，并被运往等候在郭各考的船只上。相反地，来自印度、斯里兰卡和阿拉伯海的货物则采用同样的方式以相反的路线运输。特别是郭各考遗址出土了大量来自中国和西亚的陶瓷，这也就意味着 9 世纪东西方最为繁荣的商业贸易活动持续的时间并不是很长。关于这两个遗址的出版著作包括本内特·布朗森

---

* 今作内沙布尔。

第二章注释

（Bennet Bronson）、皮西特·查罗昂渥沙（Pisit Charoenwongsa）、何翠媚（Ho Chuimei）和塔拉蓬·斯里苏查特（Tharapong Srisuchat）合著的《郭各考考古挖掘报告》（Excavations at Ko Kho Khao），以及何翠媚的《在泰国南部郭各考和林门波挖掘中发现的陶瓷》（Ceramics Found at Excavations at Ko Kho Khao and Laem Pho, Southern Thailand）。（大卫·怀特豪斯）

关于南印度、斯里兰卡和印度尼西亚群岛之间贸易联系的重要证据，请参阅 E. 艾德华·麦金农（E. Edwards McKinnon）的《与印度尼西亚群岛的贸易往来》（Trade Contacts with the Indonesian Archipelago）。此外，在西爪哇以及巴厘岛北海岸的仙美莲遗址（Sembiran）发现了制于 1 或 2 世纪的轮制陶器（Rouletted ware）。（约翰·卡斯威尔）

第 78 页。亚历山大·波波维奇（Alexandre Popovic）对僧祇（赞吉）暴动进行了极好的批判性研究，具体请参见其《伊拉克的叛乱》（La révolte des esclaves en Iraq）。（亨利·赖特）

东非和阿拉伯海岸

第 79 页。奴隶。现今学术界认为，伊斯兰教历 75 年 / 公元 694 年的第一次奴隶起义其实并不是由僧祇（赞吉）人而是由祖图人（Zull）所发动的，后者是一支来自信德地区以牧牛为生的游牧族群。这一观点可以在 J. S. 特里明翰（J. S. Trimingham）的《阿拉伯地理学家》（The Arab Geographers）中找到，特别是注释

2，第 116 页。（马克·霍顿）

第 79—82 页。考古研究为马苏第和布祖格对东非海岸的描述提供了重要的解释。主要的考古发现包括奇蒂克在坦桑尼亚的基尔瓦（Kilwa）和肯尼亚的曼达（Manda）的发掘，以及马克·霍顿在肯尼亚的上加遗址（Shanga）所进行的研究。在这三个遗址中，来自波斯湾、西亚其他地区以及中国的陶器非常普遍。明显地，这些定居点就是当时文献所描述的海上贸易网络中的一环。然而，这些定居点的性质和起源仍存在争议。奇蒂克的著作包括《基尔瓦》（*Kilwa*）和《曼达》（*Manda*）。马克·霍顿曾就曼达撰写了《亚洲殖民》（Asiatic Colonization）和《早期穆斯林贸易定居点》（Early Muslim Trading Settlements）二文，并与 T. R. 布莱顿（T. R. Blurton）合作撰写了关于上加的《东非的"印度"金属工艺品》（"Indian" Metalwork in East Africa）。

在结束对基尔瓦的发掘工作以后，奇蒂克先后于 1965 年、1970 年和 1978 年在拉穆群岛的曼达岛又进行了三个季度的考古工作。在曼达岛，他发掘了一个约 10 公顷的遗址，该遗址有人类定居的历史可以追溯到公元 9 世纪。与基尔瓦的早期定居点不同，曼达有着石头和烧成砖砌筑的建筑。因此，奇蒂克得出结论，这个定居点是由来自波斯湾的移民建立的。

不过，这一"殖民地"假说受到了霍顿的质疑，主要是基于他在拉穆群岛另一个遗址上加的挖掘工作，以及对曼达岛最早发现的文物的重新解释。霍顿在 1980 年至 1988 年期间在上加进行了挖掘工作。上加的挖掘揭示了一个从 8 至 14 世纪被占据的定居点。最初的定居点规模较小，由木建筑组成，其中包括了迄今为止东非发现的最早的清真寺。后来在 10 世纪中叶，清真寺和其他建筑被重建为石头结构。在根据这些发现重新解释曼达岛的遗址层序时，霍顿认为石头和砖块建筑物并不属于最初的定居点；但不可否认的是，它们确实早于泥土和木材房屋存在。

因此，目前的证据表明，8 世纪时便已经有穆斯林商人在拉穆群岛出现，他们可能是传统斯瓦希里社区中的小规模群体，也许是精英阶层。

根据马苏第的记载，来自尸罗夫和阿曼的商人曾航行到的最遥远的贸易港口是干贝鲁、索法拉和瓦克瓦克。干贝鲁可能是拉穆群岛中的一个地点，索法拉位于莫桑比克，而瓦克瓦克则可能是非洲海岸上的另一个地方，或者可能是科摩罗群岛或马达加斯加其中的一个岛屿。在莫桑比克南部的奇布尼遗址（Chibuene）、科摩罗群岛登伯尼（Dembeni）等其他遗址以及马达加斯加的伊罗多遗址（Irodo）中，发现了来自西亚的 9 至 10 世纪的陶器和其他进口物品。关于上述遗址的出版物包括保罗·辛克莱尔（Paul Sinclair）的《奇布尼》（Chibuene）；亨利·赖特的《科摩罗群岛的早期航海者》（Early Seafarers of the Comoro Islands）；皮埃尔·韦兰（Pierre Vérin）的文章《南岛民族对马达加斯加文化的贡献》（Austronesian Contribution to the Culture of Madagascar），尤其是第 184 页。（大卫·怀特豪斯）

第 80 页。与东非的贸易。最近几年的考古发现非常支持胡拉尼对第 9 世纪和第 10 世纪贸易规模的结论。其中，最主要的考古挖掘工作发生在拉穆群岛的曼达和上加遗址。其他的遗址包括基尔瓦和基西马尼·马菲亚（Kisimani Mafia）。关于这方面的相关信息，请参阅奇蒂克的著作《基西马尼·马菲亚》（*Kisimani Mafia*）和《关于基西马尼·马菲亚和库亚的挖掘报告》（Report on the Excavations at Kisimani Mafia and Kua），第15—16页。关于桑给巴尔和奔巴岛的相关研究，请参阅凯瑟琳·克拉克（Catherine Clark）和马克·霍顿的《桑给巴尔1984/1985年的考古调查》（*Zanzibar Archaeological Survey 1984/1985*）。关于科摩罗群岛的研究，请参阅 H. T. 赖特的《科摩罗群岛早期航海者》（Early Seafarers of the Comoro Islands）和 C. 阿利贝尔（C. Allibert）的《登伯尼遗址》（Le site de Dembeni）。关于马达加斯加北部的伊罗多遗址，请参阅皮埃尔·韦兰的《文明史》（*The History of Civilization*），第142—145页。关于莫桑比克南部的奇布尼遗址，请参阅保罗·辛克莱尔的《奇布尼》和《空间、时间与社会的形成》（Space, Time and Social Formation），第86—91页。（马克·霍顿）

第80—81页。目前几乎没有学者认为干贝鲁位于马达加斯加。关于12世纪之前马达加斯加与外界的贸易互动，也缺乏足够的考古证据。目前学术界最普遍的观点是干贝鲁可能位于奔巴岛，或者可能在姆坎皮角（Ra's Mkumbuu）上。这个议题在詹姆斯·柯克曼（James Kirkman）的《姆坎皮角的发掘》（Excavations at Ras Mkumbuu）一文中有过讨论，然而该遗址上并未发现早于13世纪的人类活动证据。但是 J. S. 特里明翰在他的《阿拉伯地

第二章注释

理学家》(The Arab Geographers)中继续支持姆坎皮角在 11 世纪早期就有人居住的这个观点。更详细的信息，请参阅凯瑟琳·克拉克和马克·霍顿的《桑给巴尔 1984/1985 年的考古调查》第 29—31 页和 35 页。在学术界中还存在一种少数观点，认为干贝鲁可能位于科摩罗群岛上，尤其是昂儒昂岛（Anjouan）*的希玛（Sima）地区。这个观点可以在吉利安·谢泼德（Gillian Shepherd）的文章《斯瓦希里语的形成》(The Making of the Swahili)中找到。然而，我个人在希玛地区进行了考古挖掘，并在昂儒昂岛进行了广泛的调查。希玛在公元 9 至 10 世纪似乎只是一个小村庄，而不是一个有城墙的城镇，并且我没有找到其他可能的候选地点。相关信息，请参考亨利·赖特编辑的《科摩罗群岛早期航海者》一文的记载。总的来说，干贝鲁在历史文献中被屡次提及，是一个重要的港口，但是在考古学上我们尚未找到具有确凿证据的候选地点。

149　　胡拉尼在追随费琅的研究方向，而费琅在比较语言学这门学科完全建立之前，就开始了这方面的研究工作。语言学的证据表明，原始马尔加什语（Proto-Malagasy）可能来自印度尼西亚的某个地方，但没有理由认为它来自苏门答腊。与马达加斯加语最接近的语言是婆罗洲的巴里托语支（Barito languages）。关于这方面的研究学者，最具平衡性的、时间最近的来源可能是皮埃尔·韦兰。（亨利·赖特）

---

* 也称为恩佐瓦尼岛，英文名为 Nzwani。

保罗·辛克莱尔在他的著作《空间、时间与社会的形成》第 89 页中记录了在奇布尼遗址沿海地区发现了 10 世纪穆斯林的埋葬地。这一发现可能与布祖格的文献中关于索法拉的记述相对应,这暗示着该地区并非完全由异教徒居住。此外,在拉穆群岛上加遗址进行的考古工作还发现了一系列可以追溯到 8 世纪末的早期清真寺,并且这些清真寺均位于一个前伊斯兰教时期的围场内。此外,拉穆群岛上发现的当地铸币显示了 9 至 10 世纪期间存在一个由穆斯林统治的王朝,相关资料可以参考霍顿的文章《原始伊斯兰教》(Primitive Islam)。

由于盛行的北风(第 20 页、第 82 页),船只沿红海航行向上前进时,采取"抢风"(takkīya)航行对船只至关重要。关于这方面的信息,请参考 G. R. 蒂贝茨在《葡萄牙人来临之前的印度洋阿拉伯航海》(*Arab Navigation in the Indian Ocean before the coming of the Portuguese*)一书中的相关内容。正是因为面临海上逆风的困难,从阿伊扎卜和吉达(Jeddah)向北广泛使用陆路替代海运。

# 第三章注释

总　论

150　　第 87 页。对于船舶和造船史的研究而言，对水下沉船的科学调查无疑为我们的知识增添了无尽的宝藏。有趣的是，在胡拉尼的研究工作开始之时，水下考古学的研究也开始走入了正轨。在这方面，霍纳·弗罗斯特的《两艘卡里亚沉船》(Two Carian Wrecks) 和《迈向解决方案》(Vers une solution) 是关于水下考古学的重要参考文献。不过，迄今为止，在印度洋的沉船遗址上进行的科学研究并不多。尽管已发现了一些 17 世纪后期的沉船，它们载有重要的中国瓷器货物。这些重要的沉船遗址包括白狮号沉船 (Witte Leeuw, 1613 年，圣赫勒拿岛)、班达号沉船 (Banda, 1615 年，毛里求斯)、圣贡萨洛号沉船 (São Gonçalo, 1630 年，好望角)、康塞普西翁号沉船 (Concepción, 1641 年，海地)、哈彻号沉船 (Hatcher, 1640—1645 年，中国南海) 和头顿沉船 (Vung Tau, 约 1690 年，越南沿海) 等。有关这些沉船的更多信息，可参考 M. 里纳尔迪 (M. Rinaldi) 的《克拉克瓷器》(*Kraak Porcelain*); C. 西夫 (C. Sheaf) 和 R. 基尔伯恩 (R. Kilburn) 的《哈彻号沉船瓷器货物》(*The Hatcher Porcelain Cargoes*)以及《头顿沉船货物》(*The Vung Tau Cargo*)。

韩国南部海岸附近的新安沉船(Sinan wreck)沉没于14世纪初期，其所处水域深不可测，对其进行调查必然面临巨大的危险。然而，这艘沉船却满载了中世纪早期的中国陶瓷，这一发现对于研究这个时期的陶瓷艺术和历史具有极其重要的学术意义。关于新安沉船，请参观"文化遗产和新安海岸沉船宝藏文物特展"(Special Exhibition of Cultural Relics and The Sunken Treasures of the Sinan Coast)以获取更多信息。

许多在科学上可信的信息都来自对地中海的沉船的勘探；其中，土耳其西南海岸的斯泽·利曼沉船(Serçi Liman)尤为重要，这是一艘载有大量伊斯兰玻璃器的11世纪船只；关于该艘沉船，请参阅G. 巴斯(G. Bass)和F. 凡·多宁克(F. van Doorninck)的《斯泽·利曼的11世纪沉船遗址》(The 11th Century Shipwreck at Serçi Liman)。(约翰·卡斯威尔)

关于"船只"与"航海"，请参阅H. 金德曼(H. Kindermann)与C. E. 博斯沃思(C. E. Bosworth)在《伊斯兰大百科全书》中的阿拉伯语"船"(*Safina*)词条。

船体及船上设备

第89页。在现代社会，对于如何重建中世纪的阿拉伯独桅三角纵帆船并怎么从印度南部获得类似柚木的木材（埃尼木，

aini），蒂姆·塞弗林（Tim Severin）的记述是非常宝贵的。他的著作《现代辛巴达航海记》（The Sindbad Voyage）提供了关于这一议题的深入了解。值得注意的是，当他在 1980 年驾驶一艘阿拉伯独桅三角纵帆船从阿曼航行至中国时，因为没有合适的季风，在斯里兰卡东部滞留了 35 天。早期航海家们知道，单靠一个季风是不可能一路航行到目的地的，必然要在印度或斯里兰卡停留几个月。另一方面，如果选择合适的时机从马六甲海峡启航，从远东返航的全部路程只靠一个季风是完全可行的。不过，这需要选择一条更南且经过马尔代夫的航线。有关这条南方航线的信息，可参考马欢的《瀛涯胜览》、G. R. 蒂贝茨的《葡萄牙人来临之前的印度洋阿拉伯航海》以及卡斯威尔的文章《中国与伊斯兰教在马尔代夫群岛的影响》等文献；此外，还有一份 15 世纪的中国地图也佐证了这条南方航线的重要性。（约翰·卡斯威尔）

第 93 页。在世界各地的大多数时期，人们使用缝线（有时结合木钉）来制作各种类型的船只，用于在海上和内陆水域航行。除了人类文化学上的遗存之外，考古学的例子还包括法老时代的"奇阿普斯船"（Cheops Ship）；在古代地中海地区，"缝合结构"（sewing）与更常见的"榫卯结构"（mortise and tenon joinery）共存。其中的例子包括法国南部发掘的前 6 世纪的希腊或伊特拉斯坎沉船（Etruscan wreck）；以及在西西里岛盖拉（Gela）附近正在发掘的、同一时期的希腊货船。关于奇阿普斯船的详细信息，参见：P. 利普克（P. Lipke）的《皇家船只奇阿普斯》（The Royal Ship of Cheops）；关于伊特拉斯坎沉船的详细信息，参见：P. 波梅（P. Pomey）的《波恩波特沉船》（L'épave de Bon Porté）。在亚得里亚海地区的克罗地亚附近，还发现了类似的船体残骸。关于该船的详细信息，请参见：P. 波梅的《波恩波特沉船》。而一艘公元前 1 世纪的完整大型罗马载货船，在位于艾米利亚-罗马涅（Emilia-Romagna）的科马基奥（Comacchio）附近的一条运河中被发现，并正在进行保护处理。参见 O. 帕里西（O. Bacilieri）等：《沉船的剖析》（Anatomia di un naufragio）。此外，芬兰从公元前 1 世纪到 20 世纪 70 年代都使用了这种技术（见《芬兰海事博物馆 1980 年年度报告》）。尽管当前可能对其他地方的考古实例了解有限，但这些欧洲沉船暗示了缝合结构普遍存在于世界各地区的船舶建造中，而并非源于跨文化传播。

金属材料的缺乏和对于本地传统的坚持只能部分解释人们采取"缝合结构"的原因，实际上这种技术也具有积极的优势。首先，在避风港有限的情况下，船体的弹性和韧性非常重要。其次，缝合的船体易于拆解，可以进行轻微修补或大规模维修。并且，在木材稀缺的地区，旧的船体还可以进行再利用。

尽管马格里兹（al-Maqrīzī）提到他在横渡红海前往吉达的渡船上没有看到一颗钉子，而且在古尔代盖港（Hurghada）现如今蓬勃发展的船坞（源于潜水旅游者的结果）中，缝合技术也并未被当地的造船业所采用，但古尔代盖港现行的工艺很好地说明了一直以来影响造船技术改进的因素。关于马格里兹的记录，请参见詹姆斯·霍内尔《水上交通：起源和早期演变》（Water Transport: Origins and Early Evolution）。古尔代盖港的这些船其上层结构采用先进的舱式游艇设计，配备有阳光甲板，而下层结构则是嫁接了木质船体的方形船艉。船艉的风格一般采用传统卡蒂拉船（khatira）*或者库蒂亚船（kutiyya，源自印度的船型）的形式。选择木材不仅是因为木材比玻璃纤维更坚固，还因为在木制船只不可避免地碰到珊瑚尖峰和礁石而造成损坏时，更容易修复。与古代一样，造船所需的木材需要从东方沙漠的岸边进口，不过由于珊瑚生长使得沿海航运变得不可行，木材要么通过尼罗河上游的河床道路运送，要么通过苏伊士运河的陆路运输。一如既往，地理条件造成了问题；连续的解决方案只是彼此的改进，以应对不断变化的社会模式。

《阿曼，一个航海国家》（'Omān, a Seafaring Nation）是一本关于阿曼当地船只的权威指南书籍。书中刊印的文物船只，无论从考古和造船结构的角度来看，都具有很高的价值。（霍纳·弗罗斯特）

在胡拉尼讨论缝制船的背景下，应提及斯里兰卡和马尔代夫仍然采用这种技术。在马尔代夫，船只完全由椰木构建，并广泛使用木制暗榫（胡拉尼未提及）；参见卡斯威尔的论文《中国与伊斯兰教在马尔代夫群岛的影响》。（约翰·卡斯威尔）

最近 A. H. J. 普林斯（A. H. J. Prins）对东非缝制船进行了研究，参见他的论文《拉穆群岛的姆泰佩船》（The Mtepe of Lamu），第 85—100 页。在蒙巴萨的耶稣堡顶上保存了一些缝制

---

* 红海及波斯湾的一种单桅船。

船船体的碎片。普林斯提出东非的缝制船具有两种不同的类型，分别是"道拉姆泰佩"（Daw la Mtepe）和"正统姆泰佩"（Mtepe proper），两者分别反映了印度以及阿拉伯/波斯的航海传统影响。虽然现在缝制船的传统已经从斯瓦希里海岸消失，但在20世纪70年代，索马里海岸上还有缝制船仍在使用的记录，这些记录可以在奇蒂克的文章《非洲之角的早期港口》（Early Ports in the Horn of Africa）中找到。（马克·霍顿）

第99页。要深入学术研究石锚，建议关注霍纳·弗罗斯特自1951年以来在该领域的开创性贡献。其著作《地中海之下》（Under the Mediterranean）中的章节包括从《绳索到链条》（From Rope to Chain），《比布罗斯的石锚》（The Stone Anchors of Byblos），《季蒂昂的石锚》（The Kition Anchors）以及《神圣与世俗的锚》（Anchors Sacred and Profane）等，将为你提供丰富的关于石锚的学术资料。

在印度的西海岸，小型船舶的使用特别普遍，因为许多港口比如故临/奎隆和古里都是危险的锚地，船只能被迫在海上抛锚。可以参考卡斯威尔的《中国与伊斯兰教在马尔代夫群岛的影响》和《中国和伊斯兰教：一项调查》以及伊本·白图泰的相关著作。在这些地方，小型船只既对陆上联系至关重要，又用于来回大船用以货物的运输。例如，在斯里兰卡西北部拥有千年历史的大型贸易港曼泰，东西方的大型船只显然会在马纳尔岛的两侧抛锚，并通过它与大陆之间的狭窄航道进行货物交换。（约翰·卡斯威尔）

第三章注释

这种类型的石锚也在东非海岸广为人知。肯尼亚的"耶稣堡"博物馆中有几个这样的石锚。其中一个例子（现在收藏于桑给巴尔博物馆中），被用作12世纪图姆巴图岛（Tumbatu）清真寺建筑的一部分，并且作为该建筑中央柱支撑的基础部分。（马克·霍顿）

考古发现的锚远比沉船更多，通过对这些不同类型的锚进行分析，可以作为对船只海上活动模式的总体指导，但前提是建立一种分类学。例如，在地中海地区，在陆地的遗址中出土了古代青铜时代特定形状的石锚，从锚中可以推断航线、船只尺寸、日期和来源，可以推断出这些锚曾经属于这些船只，然后因为某种原因被抛弃在海底。

阿拉伯海上航行面临着更复杂的问题，来自中国、非洲和欧洲大西洋沿岸的穆斯林为了应对各种气候和物理条件，乘坐各种传统造船风格的船只汇聚于麦加。这些状况包括：从季风到缺乏安全避风港等各种气候和物理条件，从湾口到深处充斥着浅滩、沙质和潮汐变化的波斯湾，还有多风和无潮汐变化的并且沿岸长满了珊瑚礁的红海。从技术上讲，在如此不同的条件下，需要使用有不同设计的锚来固定船只：例如，设计用于在沙子中抓紧的钉子状锚臂部会在珊瑚之间被缠住，等等。

尽管迄今为止，对阿拉伯锚的有关研究仍然缺乏足够的关注，但通过与沉船结合研究所了解到的信息，印证了胡拉尼的观点：阿拉伯人的造船技术在地中海地区并没有起到重要的作用。正因为此，在地中海地区并没有发现明显的阿拉伯式锚。而且，在 10 世纪的沉船上发现的锚（仅通过其形制被确认为伊斯兰类型）要么符合拜占庭的样式（通常是 T 形或 Y 形，由铁制成），要么采用粗糙的穿孔石的形式。

此外，这些沉船船体的遗骸本身的研究，也表明阿拉伯人接管了现存的地中海船坞。关于法国海岸附近的沉船，请参阅特拉贝尔西·德拉莫尔（Trabelsi Dramoul）的《萨拉森沉船》（Les épaves sarrasines），J. 朱恩谢雷（J. Joncheray）的《巴提吉尔号船舶》（Le navire de Batiguier），A. G. 维斯奎斯（A. G. Visquis）的《沉船遗物的首次清点》（Premier inventaire du mobilier de l'épave），以及 S. 西米内兹（S. Ximinez）的《萨拉森沉船的初步研究》（L'étude préliminaire de l'épave sarrasine）。关于西西里附近的沉船，请参阅 G.-F. 普普拉（G.-F. Purpura）的《诺曼时代的沉船》（Un relitto di età normana）；关于土耳其附近的沉船，可以参考 G. 巴斯（G. Bass）和 F. 凡·多宁克的《斯泽·利曼的 11 世纪沉船遗址》（The 11th Century Shipwreck at Serçi Liman）。此外，在地中海并没有发现诸如瓷器这样有价值的货物，甚至在斯泽·利曼的沉船上发现的伊斯兰玻璃货物似乎也只是用于回收再利用的废料。

但是在东方，情况却有很大不同。从波斯湾到坎贝湾，石锚的类型在伊斯兰教兴起前后存在显著区别。来自尸罗夫的阿拉伯锚（参见大卫·怀特豪斯《尸罗夫的发掘报告》，1968、1970年）有一种倾向于延展的特点。不过在其他地方，这种锚被制作为类似方尖碑的长方锥形，底座上有两个相反方向的穿孔。这样一来，一旦将木质臂固定在锚脚上，它们就会给人一种总体上类

154

似抓钩的外观。正如奇蒂克所提出的（石锚臂），这可能是哈里里的《玛卡梅集》的第 7 幅插图的描绘意图。在泰米尔纳德邦附近的克卢萨代岛（Crusade Island）东部海域（消息源自与 V. 拉贾马纳贾姆 /V. Rajamanajam 的个人通信），发现了一根惊人长的石制抛锚臂（近 3 米）。这是一个发人深省的迹象，它表明可以携带这种锚的船只的规模，也是布祖格在《印度珍奇录》中讲述的"阿伯拉罕船长"故事（第 114 页）提到的船舶负载的实物证据。（霍纳·弗罗斯特）

船桅和船帆

第 103 页。自 1951 年以来，学术界对伊斯兰天文学史的整体研究，特别是航海学史方面，取得了特别显著的进展。有兴趣的读者可在《伊斯兰大百科全书》的新版中查阅以下词条："'Ilm al-hay'a"（天文学）、"Milāḥa"（航海）和"Mīkāt"（时间测定）。关于航海学最重要的单一著作是 G. R. 蒂贝茨的《葡萄牙人来临之前的印度洋阿拉伯航海》。现在，还有 J. B. 哈利（J. B. Harley）和 D. 伍德沃德（D. Woodward）编辑的《地图学史》（*The History of Cartography*）中的各个章节作为补充。

关于伊斯兰数理天文学和民间天文学的区别，请参阅 D. A. 金（D. A. King）的文章《陆地住民的天文学》（Astronomy for Landlubbers）。关于伊斯兰数理天文学，请参阅 E. S. 肯尼迪（E. S. Kennedy）的《伊斯兰精确科学研究》（*Studies in the Islamic Exact*

Sciences）和 D. A. 金（D. A. King）的《伊斯兰数理天文学》（*Islamic Mathematical Astronomy*），还有 P. 库尼齐（P. Kunitzsch）的《阿拉伯人和星星》（*The Arabs and the Stars*）。

这两个分支的天文学分别处于完全不同的两个层面，并且彼此独立。古巴比伦、希腊和穆斯林的数理天文学并没有被航海者所使用。他们满足于纯粹基于天空观察所获得的天文知识，并且不使用如星盘等复杂仪器。（大卫·金）

第113页。船长诗是海洋文学的重要组成部分，提供了有用的航行指南，至今仍可遵循。有关前往东非的航行，请参阅 R. B. 萨金特（R. B. Serjeant）的文章《从哈达拉毛到桑给巴尔》（Ḥaḍramawt to Zanzibar）。（马克·霍顿）

参考文献

'Abd al-Masīḥ, Y., and O. H. E. Burmester, eds. and trs. *History of the Patriarchs of the Egyptian Church*. 2 vols. Cairo, 1943.

Abu-Zaid Ḥasan al-Sīrafī. Supplement to *'Akhbār aṣ-Ṣin wa l-Hind*. Edited by L. M. Langlès, with French translation and introduction by J. T. Reinaud. In *Relation des voyages faits par les Arabes et les Persans dans l'Inde et à la Chine*. Paris, 1845.

Aeschylus. *Persians*.

Afshaque, S. M. "The Grand Mosque of Banbhore." *Pakistan Archaeology* 6 (1969), pp.182–219.

Agatharchides. *On the Erythraean Sea*. In K. Müller, *Geographi graeci minores*. Paris, 1882.

Ahmad, N. "Muslim Contributions to Astronomical and Mathematical Geography." *Islamic Culture* 18 (July 1944).

———. "The Arabs' Knowledge of Ceylon." *Islamic Culture* 19 (July 1945).

Akhbār aṣ-Ṣīn wa l-Hind. Relation de la Chine et de l'Inde. Redigée en 851. Edited and translated by J. Sauvaget. Paris, 1948.

Allibert, C. "Le site de Dembeni, Mayotte, Archipel des Comores." *Asie du sud-est et le monde insul-indien* 18 (1987).

Ammianus Marcellinus. *Res gestae*.

Anderson, J. G. C. (On the date of the *Periplus*.) In *Cambridge Ancient History*, vol.10. Cambridge, 1934.

Anderson, R., and R. C. Anderson. *The Sailing Ship*. London, 1926.

Années d'Epigraphie. (1912).

Antoninus Martyr. *De locis sanctis*. In *Itinera Hierosolymitana*, edited by Tobler and Monier, vol.1. Geneva, 1885.

Arrian (Arrianus Flavius). *Anabasis* and *Indica*.

al-Azdī, al-Baṣrī, Muḥammad ibn 'Abd Allāh. *Ḥikayāt abi-al-Qāsim al-Baghdādi*. Edited by A. Mez. Heidelberg, 1902.

Bacilieri, O., et al. "Anatomia di un naufragio." *Archaeologia Viva* n.s. 12 (1990).

Badger, G. P., ed. *A History of the Imāms and Seyyids of 'Omān*. Hakluyt Society, vol.44. London, 1871.

Bakhsh Khān as-Sindi, B. N. "The Probable Date of the First Arab Expeditions to India." *Islamic Culture* 20(July 1946).

al-Balādhurī, Aḥmad ibn Yaḥyā. *Futūḥ al-buldān*. Edited by M. J. de Goeje. Leiden, 1866.

Ball, W. "Some Rock-cut Monuments in Southern Iran." *Iran* 24 (1986).

―――. "How Far Did Buddhism Spread West?" *Al-Rafīdān* 10(1989).

"Banbhore." *Pakistan Archaeology* 1 (1964), pp.49-54.

Barbosa, D. *The Book of Duarte Barbosa — An account of the countries bordering on the Indian Ocean and their inhabitants*. Hakluyt Society, 2nd series, vol.39 (1918-1921).

Barhebraeus. *The Chronography of Gregory Abū'l Faraj, the son of Aaron, the Hebrew Physician, commonly known as Bar Hebraeus, being the first part of his political history of the world*. 2 vols. Edited and translated by E. A. W. Budge. Oxford, 1932.

Barthold, W. "Der Koran und das Meer." *Zeitschrift der Deutschen morgenländischen Gesellschaft* n. s. 8 (1929).

Basch, L. "La félouque des Kellia." *Neptunia* (Paris, 1991).

Bass, G., and F. van Doorninck. "The 11th Century Shipwreck at Serçi Liman, Turkey." *International Journal of Nautical Archaeology* 7: 2 (1978).

Baylaq al-Qibjaqi. *Kitāb kunz al-tujjār* (Bibliothèque Nationale, Paris. Ms. 2779). Quoted by de Saussure; copied by al-Maqrīzī, *Khiṭāṭ*, vol. 1. Būlāq, A. H. 1270, p.210.

Begley, V. "Arikamedu Reconsidered." *American Journal of Archaeology* 87 (1983).

―――, and Richard D. De Puma, eds. *Rome and India: The Ancient Sea Trade*. Madison, Wisconsin, 1992.

Bell, H. I., ed. *The Aphrodite Papyri*. London, 1910.

al-Bīrūnī, Muḥammad ibn Aḥmad (Abu al-Raiḥān). *Alberuni's India*. Translated by E. C. Sachau. 2 vols. London, 1910.

Blochet, E. *Musulman Painting*. London, 1929.

Boucharlat, R.; E. Haerinck; O. Lecomte; D. T. Potts; and K. G. Stevens. "The European Archaeological Expedition to ed-Dur, Umm al-Qaiwain (U. A. E.). An interim report on the 1987 and 1988 seasons." *Mesopotamia* 24 (1989), pp.5-72.

Boucharlat, R.; E. Haerinck; C. S. Phillips; and D. T. Potts. "Archaeological Reconnaissance at ed-Dur, Umm al-Qaiwain U. A. E." *Akkadica* 58 (1988), pp.1-26.

Boucharlat, R.; and J.-F. Salles. *Arabie orientale, Mésopotamie et Iran méridionale de l'age de fer au début de la période islamique*. Paris, 1984.

―――. "The Tylos Period." In Pierre Lombard and Monique Kervran, eds., *Bahrain National Museum Archaeological Collections: A Selection of Pre-Islamic Antiquities*. Bahrain, 1989.

Bowen, R. L. *Arab Dhows of Eastern Arabia*. Rehoboth, Mass., 1949.

Breasted, J. H. *Ancient Records of Egypt*. Chicago, 1906−1907.
Brindley, H. H. "Early Pictures of Lateen Sails." *Mariner's Mirror* 12(1926).
———. "Primitive Craft — Evolution or Diffusion." *Mariner's Mirror* (July 1932).
Brinkman, J. *A Political History of Post-Kassite Mesopotamia, 1158−722 A. C.* Rome, 1968.
Bronson, B.; P. Charoenwongsa; Ho Chuimei; and T. Srisuchat. "Excavations at Ko Kho Khao: A Preliminary Report." Unpublished manuscript. Bangkok, 1989.
Browne, E. G. *A Literary History of Persia*. Cambridge, 1929.
Bruce, J. *Travels to Discover the Source of the Nile*. 3rd ed., vol.2. Edinburgh, 1813.
Bunbury, E. H. *A History of Ancient Geography among the Greeks and Romans from the Earliest Ages till the Fall of the Roman Empire*. London, 1879.
Bury, J. B. *History of the Later Roman Empire*. London, 1923.
Butler, A. J. *The Arab Conquest of Egypt*. Oxford, 1902.
Buzurg ibn Shahriyār, al-Rām-Hurmuzī. *Kitāb 'ajā'ib al-Hind*. In *Le livre des merveilles de l'Inde*, edited by P. van der Lith; translated to French by L. M. Devic. Leiden, 1883−1886.
Caetani, L. *Annali dell'Islam*. Milan, 1905−1926.
Cambridge Ancient History. Cambridge, 1927−1984.
Cambridge Mediaeval History. Planned by J. B. Bury. Cambridge, 1911−1936.
Carreri, G. "Former Trading Centres of the Persian Gulf." *Geographical Journal* 12 (quoted by A. W. Stiffe).
Carswell, J. "China and Islam in the Maldive Islands." *Transactions of the Oriental Ceramic Society, 1975−1976, 1976−1977* 41 (London, 1977).
———. "China and Islam, A Survey of the Coast of India and Ceylon." *Transactions of the Oriental Ceramic Society, 1977−1978* 42 (London, 1979).
———. "China and the West: Recent Archaeological Research in South Asia." *Asian Affairs* 20: 1 (February 1989).
———. "The Port of Mantai, Sri Lanka." In V. Begley and R. D. De Puma, eds., *Rome and India: The Ancient Sea Trade*. Madison, Wisconsin, 1991.
———, and M. Prickett. "Mantai 1980: A Preliminary Investigation." *Ancient Ceylon* 5 (1984).
Cary, M. *The Geographical Background of Greek and Roman History*. Oxford, 1949.
Casal, J.-M. *Fouilles de Virampatnam-Arikamedu*. Paris, 1949.
Cassius, D. (Cassius Dio Cocceianus). *Roman History*.
Casson, L. *The Periplus Maris Erythraei: Text with Introduction, Translation and Commentary*. Princeton 1989.
Charlesworth, M. P. *Fore and Aft and Their Story*. London, 1927.
———. "The *Periplus Maris Erythraei*." *Classical Quarterly* 22 (1928).

―――. *Trade Routes and Commerce of the Roman Empire*. Cambridge, 1926.
Chatterton, E. K. *Fore and Aft Craft and their Story*. London, 1927.
Chaudhuri, K. N. *Trade and Civilisation in the Indian Ocean: An Economic History from the Rise of Islam to 1750*. Cambridge, 1985.
Chau Ju-Kua (New History of the T'ang). Translated by F. Hirth and W. Rockhill. St. Petersburg, 1911.
Ch'ien-han-shu. Translated by F. Hirth. In *China and the Roman Orient*. Leipzig, 1885.
Chittick, H. N. "An Archaeological Reconnaissance in the Horn: The British Somali Expedition, 1975." *Azania* (1976), pp.117−33.
―――. "An Archaeological Reconnaissance of the Southern Somali Coast." *Azania* 4 (1969).
―――. "Early Ports in the Horn of Africa," *International Journal of Nautical Archaeology* 8: 4 (1979), pp.273−77.
―――. *Kilwa: An Islamic Trading City on the East African Coast*. Memoir No.5 of the British Institute in Eastern Africa. Nairobi, 1974.
―――. *Kisimani Mafia*. Dar es Salaam, 1961.
―――. *Manda: Excavations at an Island Port on the Kenya Coast*. Memoir No.9 of the British Institute in Eastern Africa. Nairobi, 1984.
―――. "Pre-Islamic Trade and Ports of the Horn." In R. E. Leakey and B. A. Ogot, eds. *Proceedings of the 8th Panafrican Congress of Prehistory and Quarternary Studies*. Nairobi, 1977.
―――. "Report on the Excavations at Kisimani Mafia and Kua." *Tanzania Antiquities Report for 1964*. Dar es Salaam, 1964.
―――. "Stone Anchor Shanks in the Western Indian Ocean." *International Journal of Nautical Archaeology* 9: 1 (1979).
―――. "Unguja Okuu: The Earliest Imported Pottery and an 'Abbasid Dinar." *Azania* 1 (1966), pp.161−63.
Chung, K. W., and G. F. Hourani. "Arab Geographers on Korea." *Journal of the American Oriental Society* 58 (December 1938), pp.658−61.
Clark, C., and M. Horton. *Zanzibar Archaeological Survey 1984/1985*. Zanzibar, 1985.
Clemesha, W. W. "The Early Arab Thalassocracy." *Journal of the Polynesian Society* 52 (1943).
Clowes, G. S. L. *Sailing Ships*. London, 1932.
―――. *The Story of Sail*. London, 1936.
Codazzi, A. "Il compendio geografico arabo di Isḥāq b. al-Ḥusayn." *Rendiconti della R. Accademia Nazionale dei Lincei*. Classe di scienze morali, storiche e filologiche, ser.6,

vol.4 (1929).

Colomb, P. H. *Slave-Catching in the Indian Ocean*. London, 1873.

Comfort, H. "Terra Sigillata from Arikamedu." In V. Begley and R. D. De Puma, eds., *Rome and India: The Ancient Sea Trade*. Madison, Wisconsin, 1992, pp.134–50.

Cosmas Indicopleustes. *The Christian Topography of Cosmas Indicopleustes, an Egyptian Monk*. Hakluyt Society, ser. 1, vol.97. Reprint London, 1987.

Crone, P. *Meccan Trade and the Rise of Islam*. Princeton, 1987.

Datoo, B. A. "Rhapta: The Location and Importance of East Africa's First Port." *Azania* 5 (1970), pp.65–75.

De Cardi, B. "Archaeological Survey in the Northern Trucial States." With a Gazetteer by D. B. Doe. *East and West* 21: 3–4 (1971).

———. "Trucial Oman in the 16th and 17th Centuries." *Antiquity* 44 (1970).

De Goeje, M. J., ed. *Bibliotheca geographorum arabicum*. Leiden, 1879.

De Puma, R. D. "The Roman Bronzes from Kohlapur." In V. Begley and R. D. De Puma, eds., *Rome and India: The Ancient Sea Trade*. Madison, Wisconsin, 1992, pp.82–112.

Doe, B. *Southern Arabia*. London, 1971.

Dolley, R. H. "The Warships of the Later Roman Empire." *Journal of Roman Studies* 38 (1948).

Dougherty, R. P. *The Sealand of Ancient Arabia*. New Haven, 1932.

Economic Survey of Ancient Rome. Baltimore, 1933–1940. Vol.2, no.235.

Edens, C. "The Arabian Gulf in the IInd Millennium B.C." In Shaikha H. A. al-Khalifa and M. Rice, eds., *Bahrain through the Ages*. London, 1986.

Elliot, W. *Coins of Southern India*. London, 1885.

Encyclopaedia Britannica. "Coconut" and "Teak" in 11th ed.(Cambridge and New York, 1910–1911); "Red Sea" in 14th ed.(New York, 1929).

Encyclopaedia of Islam. "Shihāb al-Dīn," and "Sulaimān al-Mahrī." Leiden, 1934.

Encyclopaedia of Islam (new edition). "Milāḥa," and "Safīna." Leiden, 1991.

Eratosthenes. In Strabo, *Geography*.

Erman, A. *The Literature of the Ancient Egyptians*. Translated by A. M. Blackman. London, 1927.

Eusebius, Pamphili (Bishop of Caesarea). *Praeparatio evangelica*.

Eutropius, Flavius. *Breviarum historiae romanae*.

Fattovich, R. "Gash Delta Archaeological Project: 1988–1989 Field Season." *Nyame Akuma* no.3 (1990).

———. "At the Periphery of the Empire: The Gash Delta, Eastern Sudan." In W. V. Davies,

ed., *Egypt and Africa, Nubia from Prehistory to Islam*. London, 1991.
Fawzi, H. *Ḥadīth al-Sindabād al-Qadīm*. Cairo, 1943.
Ferrand, G. "L'élément persan dans les textes nautiques arabes." *Journal Asiatique* 204 (April-June 1924).
―――. *Introduction à l'astronomie nautique arabe*. Paris, 1928.
―――. "Le K'ouen-Louen et les anciennes navigations interocéaniques dans les mers du sud." *Journal Asiatique* (1919).
―――. "Madagascar" and "Wāqwāq." In *Encyclopaedia of Islam*. Leiden, 1936.
―――. *Relations de voyages et textes géographiques arabes, persanes et turks, rélatifs a l'Extrême Orient du VIII au XVIII siècles*. 2 vols. Paris, 1913-1914.
Fraenkel, S. *Die aramäischen Fremdwörter im Arabischen*. Leiden, 1886.
Frankfort, H. "The Origin of Monumental Architecture in Egypt." *American Journal of Semitic Languages and Literatures* 58 (1941).
Frost, H. "Anchors Sacred and Profane: The Ugarit-Ras Shamra Stone Anchors Revised and Compared." *Ras Shamra-Ougarit IV: Arts et industries de la pierre* (ERC)(1991).
―――. "From Rope to Chain: On the Development of Anchors in the Mediterranean." *Mariner's Mirror* 49 (1963).
―――. "The Kition Anchors." *Excavations at Kition* 5, Appendix 1 (1985).
―――. "The Stone Anchors of Byblos." *Mélanges de l'Université Saint-Josèph* 65 (1969).
―――. "Two Carian Wrecks." *Antiquity* 34 (Cambridge, 1960).
―――. *Under the Mediterranean*. London, 1962.
―――. "Vers une solution: comment faire des relevés élémentaires pour décrire une épave archéologique." *Le plongeur et l'archéologie* (CMAS) 4 (1960).
Ghirshman, R. *Begram: recherches archéologiques et historiques sur les Kouchans*. Mémoires de la Délégation Archéologique Française en Afghanistan, no.12. Paris, 1946.
―――. *The Island of Kharg*. Tehran, 1971.
Gildemeister, J. "Über arabisches Schiffswesen." *Göttinger Nachrichten* (1882).
Glaser, E. *Skizze der Geschichte und Geographie Arabiens*. Berlin, 1890.
Glueck, N. *Annual Report of the Smithsonian Institution*. 1941.
―――. *Bulletin of the American Schools of Oriental Research*, nos.71, 72 (October and December 1938); no.76 (October 1939); no.80(October 1940).
Greek Papyri in the British Museum. Vol.4. London, 1910.
Gunther, R. T. *The Astrolabes of the World*. 2 vols. Oxford, 1932.
Gyllensvärd, B. "Recent Finds of Chinese Ceramics at Fostat. I." *Bulletin of the Museum of Far Eastern Antiquities* 45 (Stockholm, 1973).

———. "Recent Finds of Chinese Ceramics at Fostat. II." *Bulletin of the Museum of Far Eastern Antiquities* 47 (Stockholm, 1975).

Hackin, J. Nouvelles recherches archéologiques à Begram. *Mémoires de la Délégation Archéologique Française en Afghanistan*, no.11. Paris, 1954.

———. Recherches archéologiques à Begram. *Mémoires de la Délégation Archéologique Française en Afghanistan*, no.9. Paris, 1939.

Haerinck, E. "Excavations at ed-Dur, Umm al-Qaiwain (U. A. E.). Preliminary Report on the Fourth Belgian Season (1990)." *Arabian Archaeology and Epigraphy* (in press).

———. "Quelques monuments funéraires de l'Ile de Kharg dans le Golfe Persique." *Iranica Antiqua* 11 (1975), pp.134−67.

———, C. Metdepenninghen, and K. G. Stevens. "Excavations at ed-Dur, Umm al-Qaiwain (U. A. E.). Preliminary Report on the Second Belgian Season (1988)." *Arabian Archaeology and Epigraphy* 2 (1991), pp.31−60.

———. "Excavations at ed-Dur, Umm al-Qaiwain (U. A. E). Preliminary Report on the Third Belgian Season (1989)." *Arabian Archaeology and Epigraphy* (in press).

Hannestad, L. "Danish Archaeological Excavations on Failaka." In R. Boucharlat and J.-F. Salles, eds., *Arabie orientale, Mésopotamie et Iran méridionale de l'age de fer au début de la période islamique*. Paris, 1984.

———. "The Hellenistic Pottery from Failaka." In *Ikaros: The Hellenistic Settlements*, vol.2. Aarhus, 1983.

———. "The Pottery from the Hellenistic Settlement on Failaka." In R. Boucharlat and J.-F. Salles, eds., *Arabie orientale, Mésopotamie et Iran méridionale de l'age de fer au début de la période islamique*. Paris, 1984.

Hansman, J. "Charax and the Karkheh." *Iranica Antiqua* 7 (1967).

———. *Julfar. An Arabian Port*. London, 1985.

Hardy-Guilbert, C. *Julfar, cité portuaire du Golfe arabo-persique à la periode islamique*. Paris, 1991.

al-Ḥarīrī, Qāsim ibn 'Ali. *Maqāmāt*. Bibliothèque Nationale, Paris. Ms. arabe 5847, Schefer collection.

Harley, J. B., and D. Woodward, eds. *The History of Cartography*, vol.2, book. 1: *Cartography in the Traditions of Islamic and South Asian Societies*. Chicago and London, 1992.

Hartmann, M. "China." In *Encyclopaedia of Islam*. Leiden, 1936.

Hasan, H. *A History of Persian Navigation*. London, 1928.

Ḥaurānī, G. F. *Al-'Arab wa'l-milāḥa fi 'l-muḥīṭ al-hindī. Being an authorized translation by Saiyid Ya'qūb Bakr of Ḥaurānī's* Arab Seafaring in the Indian Ocean. Cairo, 1958.

Haywood, C. W. "The Bajun Islands and Birikau." *Geographic Journal* 85 (1935), pp.59−64.
Hermann, A. "Die Verkehrswege zwischen China, Indien und Rom." *Veröffentlichung des Forschungsinstituts für Vergleichende Religionsge-schichte a.d. U. Leipzig* 7 (1922).
Herodotus. *History*.
Hertzog, R. "Punt." *Abhandlungen des deutschen archaeologischen Instituts Kairo* 6 (Cairo, 1968).
Herzfeld, E. *Paikuli*. Berlin, 1924.
———. *Zoroaster and His World*. Princeton, 1947.
Hirth, F. *China and the Roman Orient*. Leipzig, 1885.
———, and W. Rockhill. *Chau Ju-Kua*. St. Petersburg, 1911.
Hitti, P. K. *History of the Arabs*. 2nd ed. London, 1940.
Ho Chuimei. "Ceramics Found at Excavations at Ko Kho Khao and Laem Pho, Southern Thailand." *Journal of Trade Ceramics* (in press).
Hornell, J. "Indian Boat Designs." *Mariner's Mirror* 27 (January 1941).
———. "Naval Activity in the Days of Solomon." *Antiquity* 21 (June 1947).
———. "The Origins and Ethnological Significance of Indian Boat Designs." *Memoirs of the Asiatic Society of Bengal* 7 (Calcutta, 1920).
———. "The Sea-going Mtepe and Dau of the Lamu Archipelago." *Mariner's Mirror* 27 (January 1941).
———. "Sea-trade in Early Times." *Antiquity* 15 (1941).
———. "A Tentative Classification of Arab Seacraft." *Mariner's Mirror* (January 1942).
———. *Water Transport: Origins and Early Evolution*. Cambridge, 1946.
Horton, M. "Asiatic Colonization of the East African Coast: the Manda Evidence." *Journal of the Royal Asiatic Society* 2 (1986), pp.201−11.
———. "Early Muslim Trading Settlements on the East African Coast: New Evidence from Shanga." *Antiquaries Journal* 67: 2 (1987).
———. "The *Periplus* and East Africa." *Azania* 25 (1990), pp.95−99.
———. "Primitive Islam and the Architecture in East Africa." *Muqarnas* 8 (1991), pp.103−16.
———. *Trading Settlements on the East African Coast, Excavations at Shanga 1980−1988*. Forthcoming.
———, and T. R. Blurton. "'Indian' Metalwork in East Africa: The Bronze Lion Statuette from Shanga." *Antiquity* 62 (1988).
Hou-han-shu. Translated and edited by F. Hirth. In *China and the Roman Orient*. Leipzig, 1885.
Hourani, G. "Arab Navigation in the Indian Ocean in the Ninth and Tenth Centuries." Ph.D. dissertation, Princeton University, 1938−1939.

———. *See also* Ḥaurānī (in Arabic).

Hwi-Chao. Translated by F. Hirth. *Journal of the American Oriental Society* 33 (1913).

Ibn 'Abd al-Ḥakam. *Futūḥ Miṣr (The History of the Conquest of Egypt, North Africa and Spain)*. Edited by C. C. Torrey. New Haven, 1922.

Ibn Baṭṭūṭah. *Voyages d'Ibn Batoutah*. Edited and translated into French by C. Defrémery and B. de Sanguinetti. 4 vols. Paris, 1853–1859.

Ibn al-Faqīh, al-Hamadānī (Aḥmad ibn Muḥammad). *Kitāb al-buldān*. In M. J. de Goeje, ed., *Bibliotheca geographorum arabicorum*. Leiden, 1885.

Ibn Ḥauqal, Muḥammad. *Kitāb ṣurāt al-arḍ*. In M. J. de Goeje, ed., *Bibliotheca geographorum arabicorum*. Leiden 1879; second edition by J. H. Kramers, 1938.

Ibn Jubayr, Muḥammad ibn Aḥmad. *Travels*. Edited by W. Wright. 2nd ed., revised by M. J. de Goeje. Leiden, 1907.

Ibn Khurdādhbah, 'Ubaid Allāh ibn 'Abd Allāh. *Kitāb al-masālik w'al-mamālik*. In M. J. de Goeje, ed., *Bibliotheca geographorum arabicum*. Leiden, 1889.

Ibn Mājid, Aḥmad (Shihāb al-Dīn) al-Najdī. *Kitāb al-fawā'id fi uṣūl 'ilm al-baḥr wa'l qawā'id*. Bibliothèque Nationale, Ms. 2292, reproduced in Ferrand, *Le pilote des mers de l'Inde et de la Chine et de l'Indonesie*. Paris, 1921–1923. Translated in Tibbetts, *Arab Navigation in the Indian Ocean before the Coming of the Portuguese*. London, 1971.

Ibn Rustah, Aḥmad ibn 'Umar. *Kitāb al-a'lāq al-nafīsah*. In M. J. de Goeje, ed., *Bibliotheca geographorum arabicorum*. Leiden, 1879.

I-ching. Translated by J. Takakusu in *A Record of the Buddhist Religion*. Oxford, 1896.

al-Idrīsī, Muḥammad ibn Muḥammad. *Kitāb nuzhat al-mushtāq fi ikhtirāq al-āfāq*. In *Opus Geographicum*. Edited by A. Bombaci, U. Rizzitano, R. Rubinacci, and L. V. Vagliere. Naples and Rome, 1971.

Isḥāq, M. "A Peep into the First Arab Expeditions to India under the Companions of the Prophet." *Islamic Culture* 19 (April 1945).

Isidore of Charax. *Parthian Stations*. Translated by W. H. Schoff. Philadelphia, 1914.

al-Iṣṭakhrī, Ibrāhīm ibn Muḥammad (Abu Isḥāq), al-Fārisī. *Kitāb masālik al-mamālik*. In M. J. de Goeje, ed., *Bibliotheca geographorum arabicorum*. Leiden, 1879.

Jal, A. *Glossaire des termes nautiques*. Paris, 1848.

Jātaka, The. Translated by E. B. Cowell et al. Cambridge, 1897.

Johnstone, J. *An Introduction to Oceanography with Special Reference to Geography and Geophysics*. London, 1923.

Joncheray, J. "Le navire du Batiguier." *Archéologia* 79 (1975); and *Gallia Informations* 1 (1987–1988).

Jordanus, Catalani. *Mirabilia descripta*. Translated by H. Yule. Hakluyt Society, 1st series, vol.31. London, 1863.

Kahle, P. "Zur Geschichte des mittelalterlichen Alexandria." *Der Islam* 12 (1922).

Kamioka, K., and Hikiochi Yajima. *The Inter-regional Trade in the Western Part of the Indian Ocean. The Second Report on the Dhow Trade*. Tokyo, 1979.

Kammerer, A. *La Mer Rouge, L'Abyssinie et l'Arabie* vol.3. Cairo, 1929.

Kantor, H. J. "The Final Phase of Predynastic Culture." *Journal of Near Eastern Studies* 3 (1944).

Karashima, N. "Discoveries of Chinese Ceramic-sherds on the Coasts of South India." Unpublished paper, UNESCO Trade Conference, Madras, 1990.

———. "Trade Relations between South India and China during the 13th and 14th Centuries." *Journal of East-West Maritime Relations* 1 (Tokyo, 1989).

Kennedy, E. S. *Studies in the Islamic Exact Sciences*. Beirut, 1983.

Kervran, M. "À la recherche de Suhar." In R. Boucharlat and J.-F. Salles, eds., *Arabie orientale, Mésopotamie et Iran méridionale de l'age de fer au début de la période islamique*. Paris, 1984, pp.285–98.

———. "Qal'at al-Bahrain: A Strategic Position from the Hellenistic Period until Modern Times." In Shaikha H. A. al-Khalifa and M. Rice, eds., *Bahrain through the Ages The Archaeology*. London, 1986.

Khan, F. A. *Banbhore*. 3rd ed., revised. Karachi, 1969.

Kia Tan. In *Chau-Ju-Kua (New History of the T'ang)*. Translated by F. Hirth and W. Rockhill. St. Petersburg, 1911.

Kien Chen. In J. Takakusu, *First Congress of Far Eastern Studies*. Hanoi, 1903.

Kindermann, H. *"Schiff" im Arabischen*. Zwickau, 1934.

King, D. A. "Astronomy for Landlubbers and Navigators: The Case of the Islamic Middle Ages." *Revista da Universidade de Coimbra* 32 (1985).

———. *Islamic Mathematical Astronomy*. London, 1986.

King, G. R. D. "Excavations by the British Team at Julfār, Ra's al-Khaimah, United Arab Emirates: Interim Report on the First Seson (1989)." *Proceedings of the Seminar for Arabian Studies* 20 (1990).

———. "Excavations by the British Team at Julfār... Report on the Second Season (1990)." *Proceedings of the Seminar for Arabian Studies* 21 (1991).

———. "Excavations by the British Team at Julfār... Report on the Third Season (1991)." *Proceedings of the Seminar for Arabian Studies* 22 (1992).

Kirkman, J. "Excavations at Ras Mkumbuu." *Tanganyika Notes and Records* 53 (1958).

Kirwan, L. P. "Rhapta, Metropolis of Azania." *Azania* 21 (1986), pp.99-104.
Kitchen, K. A. "Punt and How to Get There." *Orientalia* 40 (1971), pp.184-207.
Komroff, M. *Contemporaries of Marco Polo*. London, 1928.
Kornemann, E. "Die historischen Nachrichten des Periplus maris Erythraei über Arabien." *Janus* 1 (1921).
Köster, A. *Das antike Seewesen*. Berlin, 1923.
——. *Studien zur Geschichte des antiken Seewesens*. Leipzig, 1934.
Kunitzsch, P. *The Arabs and the Stars*. Northhampton (U. K.), 1989.
Kuwabara, J. "On P'u Shou-kêng." *Memoirs of the Research Department of the Toyo Bunko* 2 (1928).
Lam, P.; J. Carswell; T. Russell; M. M. Abu Bakr; K. Kwan; and J. Martin. *A Ceramic Legacy of Asia's Maritime Trade*. Southeast Asian Ceramic Society, Malaysia, 1985.
Laufer, B. *Sino-Iranica*. Chicago, 1919.
Le Strange, G. *The Lands of the Eastern Caliphate*. Cambridge, 1905.
Lewicki, T. "Les premiers commerçants arabes en Chine." *Rocznik Orientalistyczny* 11 1935.
Lipke, P. *The Royal Ship of Cheops*. British Archaeological Reports (International Series), 1984.
Littmann, E., et al. *Deutsche Aksum-Expedition*. 4 vols. Berlin, 1913.
Lokotsch, K. *Etymologisches Wörterbuch der europäischen Wörter orientalischen Ursprungs*. Heidelberg, 1927.
Lowick, N. M. *Siraf XV. The Coins and Monumental Inscriptions*. London, 1985.
Luckenbill, S. *Ancient Records of Assyria and Babylonia*, vol.2. Chicago, 1927.
Ma Huan. *Ying-yai Sheng-lan (The Overall Survey of the Ocean's Shores)*. Translated by J. V. G. Mills. Hakluyt Society, Cambridge, 1970.
Magie, D., tr. Historia Augusta: *The Scriptores Historiae Augustae*. 3 vols. London and New York, 1922-1923.
Mandeville, J. *Travels*. Edited by J. Ashton. London, 1887.
al-Maqdisī. *Aḥsan al-taqāsīm fī maʻrifat al-ʻaqālīm*. In M. J. de Goeje, ed., *Bibliotheca geographorum arabicorum*. Leiden, 1894. Translated by G. S. A. Ranking and F. Azoo. Calcutta, 1897.
Maritime Museum of Finland Annual Report, 1980.
Marshall, J., and A. Foucher. *The Monuments of Sanchi*, vol.2. Calcutta, 1947.
Martyrdom of St. Arethas. In *Patrologia Graeca* 115. Paris, 1890.
Massignon, L. "Zandj." In *Encyclopaedia of Islam*. Leiden, 1936.
al-Masʻūdī, ʻAlī ibn Ḥusain. *Kitāb al-tanbīh w'al-ashrāf*. In M. J. de Goeje, ed., *Bibliotheca*

geographorum arabicorum. Murūj al-dhahab wa ma'ādin al-jauhar. Edited and translated into French by C. B. de Meynard and P. de Courteille. 9 vols. Paris, 1861–1877.

Mathew, G. "The Dating and Significance of the *Periplus of the Erythraean Sea.*" In H. Chittick and R. T. Rotberg, eds., *East Africa and the Orient: Cultural Syntheses in Pre-Colonial Times.* New York and London, 1975, pp.147–63.

Mattingley, H. "Coins from a Site Find in British East Africa." *Numismatic Chronicle* ser. 5, vol.12 (1932).

McCrindle, J. W. *The Christian Topography of Cosmas, an Egyptian Monk.* Hakluyt Society, ser. 1, vol.97. Reprint London, 1987.

McKinnon, E. E. "Trade Contacts with the Indonesian Archipelago 6th to 14th Centuries." Unpublished paper, UNESCO Trade Conference, Madras, 1990.

Meyer-Lübke, W. *Romanisches etymologisches Wörterbuch.* Heidelberg, 1911.

Mez, A. *Die Renaissance des Islams.* Heidelberg, 1922.

Miles, S. B. *The Countries and Tribes of the Persian Gulf.* With a new introduction by J. B. Kelly. London, 1966.

Moberg, A., ed. *Book of the Ḥimyarites.* Lund, 1924.

Montet, P. *Byblos et l'Égypte.* Paris, 1928.

Montgomery, J. *Arabia and the Bible.* Philadelphia, 1934.

Mookerji, R. *A History of Indian Shipping and Maritime Activity.* London, 1912.

Moreland, W. H. "The Ships of the Arabian Sea about A.D. 1500." *Journal of the Royal Asiatic Society* 2 (January and April 1939), pp.173–92.

Morgan, P. "New Thoughts on Old Hormuz: Chinese Ceramics in the Hormuz Region in the Thirteenth and Fourteenth Centuries." *Iran* 31 (1991).

Moritz, B. *Arabien.* Hanover, 1923.

Muir, W. *The Caliphate, Its Rise, Decline and Fall.* Revised by T. H. Weir. Edinburgh, 1924.

Müller, K. *Geographi Graeci Minores.* Paris, 1882.

Munro-Hay, S. C. *The Coinage of Aksum.* New Delhi, 1984.

———. *Excavations at Aksum: An Account of Research at the Ancient Ethiopian Capital Directed in 1972–74 by the Late Dr. Neville Chittick.* London, 1989.

———. "The Foreign Trade of the Aksumite Port of Adulis." *Azania* 17 (1982).

Nadvi, S. S. "Arab Navigation." *Islamic Culture* 15 (October, 1941); 16 (January, April, and October 1942).

Nainar, S. M. H. *Arab Geographers' Knowledge of Southern India.* Madras, 1942.

Nallino, C. A. "Astronomy." In *Encyclopaedia of Islam.* Leiden, 1936.

Nāsir-i-Khusraw(Abu Mu'īn). *Sefer Nameh. Relation du voyage de Nassiri Khosrau, en Syrie,* en Palestine, en Égypte, en Arabie, et en Perse, pendant les années de l'Hegire 437-444 (1035-1942). Edited and translated into French by C. Schefer. Paris, 1881.

Naumachica. Edited by A. Dain. Paris, 1943.

Naville, E. *The Temple of Deir al Bahari.* London, 1898.

Newberry, P. E. "Notes on Sea-going Ships." *Journal of Egyptian Archaeology* 28 (1942).

Newbold, D. "The Crusaders in the Red Sea and the Sudan." *Sudan Notes and Records* 22, pt. 2 (1945). Reprinted in *Antiquity* 20 (1946).

Nicholson, E. *Men and Measures.* London, 1912.

Nöldeke, T. *Geschichte der Perser und Araber zur Zeit der Sassaniden.* Leiden, 1879.

———. *Sketches from Eastern History.* Translated by J. S. Black. London, 1892.

Nonnosus. In L. Dindorfius, ed., *Historici Graeci Minores*, vol.1. Leipzig, 1870-1871.

O'Connor, D. "Egypt, 1552-664 B.C." In J. D. Clark, ed., *The Cambridge History of Africa, From the Earliest Times to c. 500 BC*, vol.1, chap.12. Cambridge, 1982, pp.830-970.

Oman, a Seafaring Nation. Oman, 1979.

Otto, W., and H. Bengston. *Zur Geschichte des Niederganges des Ptolomäerreiches.* Munich, 1938.

Ouseley, W. *Travels in Various Countries of the East.* London, 1819.

Palmer, J. A. B. "Periplus Maris Erythraei: The Indian Evidence as to the Date." *Classical Quarterly* 41 (1947).

Parkinson, C. N. *Trade in the Eastern Seas, 1793-1813.* Cambridge, 1937.

Pauly, A. F. von, and G. Wissowa. "Saba." *Real Encyclopädie der classischen Altertumwissenschaft.* Stuttgart, 1893- .

Peake, H. "The Copper Mountain of Magan." *Antiquity* 2 (1928).

Pelliot, P. "Deux itinéraires de Chine en Inde à la fin du VIIIe siècle." *Bulletin de l'École Française d'Extrême-Orient* 4 (1904).

Periplus Maris Erythraei: The Periplus of the Erythraean Sea. Translated with notes by W. H. Schoff. New York, 1912. See also H. Frisk, ed., *Geographi Graeci Minores*, vol.1. Göteburg, 1927.

Philostorgius. *The Ecclesiastical History of Philostorgius.* Translated by Edward Walford. London, 1855.

Piacentini, V. F. "L'emporio ed il regno di Hormoz." *Memorie dell'Istituto Lombardo, Accademia di Scienze e Lettere, Classe di Lettere-Scienze Morali e Storiche* 35, fasc. 1. Milan, 1975.

———. "International Indian Ocean Routes and Gwadar Kuh-Batil Settlement in Makran." *Nuova Rivista Storica* 72: 3-4 (1988), pp.307-39.

———. "La presa di potere sassanide sul Golfo Persico tra leggenda e realtà." *Clio* 20: 2 (April-June 1984), pp.173−210.

Pirenne, H. *Mahomet et Charlemagne*. Paris, 1937.

Pliny the Elder. *Natural History*.

Polybius. *Histories*.

Pomey, P. "L'épave de Bon Porté et les bateaux cousus de Méditerranée." *Mariner's Mirror* (1981).

Popovic, A. *La révolte des esclaves en Iraq au IIIeme/IXeme siècle*. Paris, 1976.

Posener, G. "Le Canal du Nil à la Mer Rouge avant les Ptolomées." *Chronique d'Égypte* 26 (July 1938).

———. *La première domination perse en Égypte*. Cairo, 1936.

Potts, D. T. *The Arabian Gulf in Antiquity*, vol.2: *From Alexander the Great to the Coming of Islam*. Oxford, 1990.

Poujade, J. *La route des Indes et ses navires*. Paris, 1946.

Prins, A. H. J. "The Mtepe of Lamu, Mombasa and the Zanzibar Seas." *Paiduema* 28 (1982).

Prinsep, J. "Note on the Nautical Instruments of the Arabs." *Journal of the Asiatic Society of Bengal* 60 (December 1836), pp.784−93.

Procopius. *Gothic Wars*.

———. *Persian Wars*. Translated by H. B. Dewing. Loeb Classical Library, London, 1914.

Ptolemy Claudius. *Geography*.

Purpura, G.-F. "Un relitto di età Normana a Marsala." *Bolletino d'Arte*, supp. 29 (1985).

Qudāmah ibn Ja'far. *Kitāb al-kharādj*. In M. J. de Goeje, ed., *Bibliotheca geographorum arabicorum*. Leiden, 1879.

Raschke, M. G. "New Studies in Roman Commerce with the East." *Aufstieg und Niedergang der römischen Welt* 2: 9.2 (Berlin, 1978), pp.604−1,378.

Ratnagar, S. *Encounters: The Westerly Trade of the Harappa Civilization*. London, 1981.

Reade, J., ed. *The Indian Ocean in Antiquity*. London, 1995.

The Red Sea and Gulf of Aden Pilot. British Admiralty. 9th ed. London, 1944.

Reinaud, J. T. *Relations des voyages faits par les Arabes*. Paris, 1845.

Révoil, G. "Recueilles dans le Comal." *Revue d'Ethnographie et de Sociologie*. Paris, 1882.

———. "Tumuli dans l'Aromatica region, près Aden." *Bulletin de la Sociéte d'Anthropologie de Paris*, ser.3, no.4 (Paris, 1881), pp.584−89.

———. *La vallée du Darror*. Paris, 1882.

Rhodokanakis, N. "Die Sarkophaginschrift von Gizen." *Zeitschrift für Semitistik* 2 (1924).

———. *Handbuch der altarabischen Altertumskunde,* vol.1. Copenhagen, 1927.

Rinaldi, M. *Kraak Porcelain — A Moment in the History of Trade*. London, 1989.

Roaf, M. D. *Cultural Atlas of Mesopotamia*. New York and Oxford, 1990.

Rodgers, W. L. *Naval Warfare under Oars, 4th-16th Centuries: A Study of Strategy, Tactics and Ship Design*. Annapolis, 1939.

Ross, E. C., tr. and annotator. "The Annals of Oman from Early Times to the Year 1728 A.D. From an Arabic MS by Sheykh Sirhan bin Sa'id bin Sirhan bin Muhammad, of the Banu Ali tribe of Oman." *Journal of the Royal Asiatic Society of Bengal* 2 (1874), pp.111-96.

Rossini, C. "Expeditions et possessions des Habaṣāt en Arabie." *Journal Asiatique*, ser.11, vol.17 (July-September 1921).

Rostovtzeff, M. "Zur Geschichte des Ost- und Südhandels im ptolomäisch-römischen Ägypten." *Archiv für Papyrusforschung* 4 (1907-1908).

———. *The Social and Economic History of the Roman Empire*. Oxford, 1926.

———. *The Social and Economic History of the Hellenistic World*, vols.11 and 2. Oxford, 1941.

de Saint Denis, E. "La vitesse des navires anciens." *Revue archéologique* 18 (July-September 1941).

Salles, J.-F. "Céramiques de surface à ed-Dour, Emirats Arabes Unis." In R. Boucharlat and J.-F. Salles, eds., *Arabie orientale, Mésopotamie et Iran méridionale de l'age de fer au début de la période islamique*. Paris, 1984.

———. *Failaka: fouilles françaises, 1983*. Lyon, 1984.

Sasaki, T. "Vietnamese, Thai, Chinese, Iraqi and Iranian Ceramics from the 1988 Sounding at Julfar." *Al-Rafidan* 12 (1991), pp.206-16.

Saussure, L. de. "L'origine de la rose des ventes et l'invention de la boussole." *Archives des Sciences Physiques et Naturelles* 5 (Geneva, 1923).

Sauvaget, J. "Sur d'anciennes instructions nautiques arabes pour les mers de l'Inde." *Journal Asiatique* 236 (1948), pp.11-20.

Sayed, A. M. "Discovery of the Site of the 12th Dynasty Port at Wadi Gawesis on the Red Sea Shore." *Revue Égyptologique* 29 (1977), pp.138-77.

Scanlon, G. T. "Egypt and China: Trade and Imitation." In D. S. Richards, ed., *Islam and the Trade of Asia*. Oxford and Philadelphia, 1971, pp.81-95.

———, and W. B. Kubiak. *Fustat Expedition Final Report*, vol.2: *Fustat-C*. American Research Center in Egypt, Winona Lake, 1989.

———. "Re-dating Baghdat's Houses and the Aqueduct." *Art and Archaeology Research Papers* 4 (1973).

Schiaparelli, C. *Ibn Gubayr, Viaggio*. Rome, 1906.

Schur, W. "Die Orientpolitik des Kaisers Nero." *Klio* 15 (Leipzig, 1923).
Schwarz, W. "Die Inschriften des Wüstentempels von Redesiye." *Jahrbuch für Klassische Philologie* 153 (1896).
Sedov, A. V. "New Archaeological and Epigraphical Material from Qana (South Arabia)." *Arabian Archaeology and Epigraphy* 3 (1992).
Serjeant, R. B. "Ḥaḍramawt to Zanzibar: the Pilot Poem of the Nākhudhā Saʻid ba Ṭāyiʻ of al-Ḥāmī." *Paiduema* 28 (1982), pp.109-28.
Severin, T. *The Sindbad Voyage*. London, 1982.
Sharaf al-Zamān Ṭāhir, Marvazī on China, the Turks and India, Translated and edited by V. Minorsky. London, 1942.
Sheaf, C., and R. Kilburn. *The Hatcher Porcelain Cargoes*. Oxford, 1988.
Shepherd, G. "The Making of the Swahili: A View from the Southern End of the East African Coast." *Paiduema* 28 (1982), pp.149-64.
Sheriff, A. M. H. "The East African Coast and Its Role in Maritime Trade." In G. Mokhtar, ed., *Ancient Civilizations of Africa. UNESCO General History of Africa* 2. Berkeley, California, 1981.
"Shihāb al-dīn." *Encyclopaedia of Islam*. Leiden, 1936.
Sidebotham, S. E. *Roman Economic Policy in the Erythra Thalassa*. Leiden, 1986.
———. J. A. Riley; H. A. Hamroush; and H. Barakat. "Fieldwork on the Red Sea Coast: The 1987 Season." *Journal of the American Research Center in Egypt* 26 (1989).
Sinclair, P. "Archaeology in Eastern Africa: An Overview of Current Chronological Issues." *Journal of African History* 32 (1991).
———. "Chibuene—An Early Trading Site in Southern Mozambique." *Paideuma* 28 (1982), pp.149-64.
———. *Space, Time and Social Formation*. Upsalla, 1987.
Smith, M. C., and H. T. Wright. "The Ceramics from Ra's Hafun in Somalia: Notes on a Classical Maritime Site." *Azania* 23 (1988), pp.115-41.
Smyth, H. W. *Mast and Sail in Europe and Asia*. London, 1906.
Sottas, J. "An Early Lateen Sail in the Mediterranean." *Mariner's Mirror* (1939).
Souçek, S., V. Christides, G. R. Tibbetts, and G. Oman. "Milāḥa." *Encyclopaedia of Islam*, 2nd. ed., 7 (1991).
Special Exhibition of Cultural Relics Found off the Sinan Coast. Seoul, 1977.
Stern, E. M. "Early Roman Glass from Heis on the North Somali Coast." *Annales du roe Congrès de l'Association Internationale pour l'Histoire du Verre, Madrid — Segovie/23-28 septembre 1985*. Amsterdam, 1987, pp.23-36.

Strabo. *Geography*.
Strong, S. A., ed. "The History of Kilwah." *Journal of the Royal Asiatic Society* (1895).
al-Ṣūlī, Muḥammad ibn Yaḥyā. *Kitāb al-awrāq*. Edited by J. Heyworth-Dunne. London, 1934.
Sung-shu. Translated by F. Hirth. In *China and the Roman Orient: researches into their ancient and mediaeval relations, as related in old Chinese records*. Leipzig, 1885.
Sunken Treasures off the Sinan Coast. Tokyo, 1983.
al-Ṭabarī, Muḥammad ibn Jarīr. *Annales*. Edited by M. J. de Goeje et al. Leiden, 1879–1901.
Taha, M. Y. "The Excavations of the Iraqi Archaeological Expedition at al-Darbhaniya Settlement" (in Arabic). *Sumer* 31: 1–2. Baghdād, 1975.
Tāj al-ʿArus. "Nārjīl." Benghazi, 1306 H.
T'ang-Kuo-shi-pu. Paraphrased in Hirth and Rockhill, *Chau Ju-Kua*. St. Petersberg, 1911.
Ṭarafah, ibn al ʿAbd. *Muʿallaqāt*.
Tarn, W. W. *The Greeks in Bactria and India*. Cambridge, 1938.
———. "Ptolemy II and Arabia." *Journal of Egyptian Archaeology* 15 (1929).
Theophanes, Byzantius. *Chronographia*. In L. Dindorf, ed., *Historici Graeci Minores*, 1 (1870–1871), pp.446–49.
Theophrastus. *History of Plants*. Translated by A. Hort. Loeb Classical Library, London, 1916.
Theophylactus Simocatta. *Histories*.
Thomas, B. *Arabia Felix*. London, 1932.
Thomson, J. O. *A History of Ancient Geography*. Cambridge, 1948.
Thucydides. *Peloponnesian War*.
Thureau-Dangin, F. "Ugarit Lexicon." *Syria* 12 (1931).
Tibbetts, G. R. *Arab Navigation in the Indian Ocean before the Coming of the Portuguese*. Royal Asiatic Society, London, 1971.
Torr, C. *Ancient Ships*. Cambridge, 1894.
Tosi, M. "Early Maritime Cultures of the Arabian Gulf and the Indian Ocean." In Shaikha H. A. al-Khalifa and M. Rice, eds., *Bahrain through the Ages*. London, 1986.
Toynbee, A. J. *A Study of History*. London, 1934.
Trabelsi Dramoul, A. "Les épaves sarrasines." *L' Homme méditerranéen et la mer*. Tunis, 1985.
The Travels of Fa-Hien. Translated by J. Legge. Oxford, 1886.
Trimingham, J. S. "The Arab Geographers." In H. N. Chittick and R. Rotberg, eds., *East Africa and the Orient*. New York and London, 1975, pp.115–46.
Turner, P. J. *Roman Coins from India*. Royal Numismatic Society Special Publication, 22. London, 1989.
Varthema, Lodovico di. *The Travels of Ludovico di Varthema in ... India ... 1503 to 1508*.

Edited by J. W. Jones. Hakluyt Society, old series, no.32. London, 1863.

Vegetius, R. F. *Epitome rei militaris*. Edited by C. Lang. Leipzig, 1885.

Vérin, P. "Austronesian Contributions to the Culture of Madagascar: Some Archaeological Problems." In H. N. Chittick and R. Rotberg, eds., *East Africa and the Orient*. New York and London, 1975, pp.164–91.

———. *The History of Civilization in North Madagascar*. Rotterdam, 1986.

Villard, U. M. de. "Note sulle influenze asiatiche nell'Africa orientale." *Rivista degli Studi Orientali* 17 (July 1938).

Villiers, A. J. "Some Aspects of the Arab Dhow Trade." *Middle East Journal* 2 (October 1948).

———. *Sons of Sindbad*. London, 1940.

Virgil. *Aeneid*.

Visquis, A. G. "Premier inventaire du mobilier de l'épave des jarres à Agay." *Cahiers* 2 (1973).

Vogt, B. "A 1988 Test Trench at Julfar, Ra's al-Khaimah." *Al-Rafidan* 12 (1991).

The Vung Tau Cargo. Sale catalogue, Christies. Amsterdam, April 7–8, 1992.

Waage, F., ed. *Antioch-on-the-Orontes*. Princeton, 1948.

Warmington, E. H. *The Commerce between the Roman Empire and India*. Cambridge, 1928.

Wei-Shu. Translated by F. Hirth in *China and the Roman Orient*. Leipzig, 1885.

Weisner, U. *Chinesische Keramik auf Hormoz—Spuren einer Handels-metropole im Persischen Golf*. Museum für Ostasiatische Kunst, Klein Monographien I. Cologne, 1979.

Wheeler, R. E. M.; A. Ghosh; and Krishna Deva. "Arikamedu: An Indo-Roman Trading-station on the East Coast of India." *Ancient India* 2 (1946).

Whitcomb, D. S. *'Aqaba "Port of Palestine on the China Sea."* The University of Chicago, Oriental Institute, Chicago, 1988.

———. "Bushire and the Angali Canal." *Mesopotamia* 22 (1987).

———. "Excavations in 'Aqaba: First Preliminary Report." *Annual of the Department of Antiquities of Jordan* 31 (Amman, 1987).

———. "Glazed Ceramics of the Abbasid Period from the Aqaba Excavations." *Transactions of the Oriental Ceramic Society, 1990–1991* 55 (London, 1992).

Whitcomb, D. S., and J. H. Johnson. *Quseir al-Qadim 1978 Preliminary Report*. Princeton, 1979.

———. *Quseir al-Qadim 1980 Preliminary Report*. Malibu, 1982.

———. "1982 Season of Excavations at Quseir al-Qadim." *Newsletter of the American Research Center in Egypt* 120 (Winter 1982).

Whitehouse, D. "Begram, the *Periplus* and Gandharan Art." *Journal of Roman Archaeology* 2 (1989).

———. "Excavations at Sīrāf, First Interim Report." *Iran* 6 (1968).

———. "Excavations at Sīrāf, Second Interim Report." *Iran* 8 (1970).

———. "Kish." *Iran* 14 (1976).

———. "Sasanian Maritime Activity." In Julian Reade, ed., *The Indian Ocean in Antiquity*. London (1995).

———. *Sīrāf III. The Congregational Mosque*. London, n.d.

———, and Andrew Williamson. "Sasanian Maritime Trade." *Iran* 2 (1973).

Wilkinson, J. C. "A Sketch of the Historical Geography of the Trucial Oman down to the Beginning of the 16th century." *Geographic Journal* 130: 3 (1964).

Will, E. L. "The Roman Shipping Amphoras from Arikamedu." In V. Begley and R. D. De Puma, eds., *Rome and India: The Ancient Sea Trade*. Madison, Wisconsin, 1992, pp.151–56.

Williamson, A. *Sohar and Omani Seafaring in the Indian Ocean*. Muscat, 1973.

Wilson, A. T. *The Persian Gulf*. London, 1928.

Wright, H. T. "Early Seafarers of the Comoro Islands: the Dembeni Phase of the IXth-Xth Centuries AD." *Azania* 19 (1984), pp.13–59.

Xianming, Feng. "Persian and Korean Ceramics Unearthed in China." *Orientations* 17: 5 (Hong Kong, 1976).

Ximinez, S. "L'étude préliminaire de l'épave sarrasine du Rocher de l'Estéou." *Cahiers* 5 (1976).

al-Ya'qūbī, Aḥmad ibn Abī Ya'qūb ibn Wāḍiḥ. *Kitāb al-buldān*. In M. J. de Goeje, ed., *Bibliotheca geographorum arabicorum*.

Yāqūt, ibn 'Abd Allāh al-Ḥamawī. *Kitāb mu'jam al-buldān*. Edited by H. F. Wüstenfeld. 6 vols. Leipzig, 1924.

Yuan-chao. *Cheng-yuen*. Translated into French by S. Lévi. *Journal Asiatique* 15 (May-June 1900).

Yule, H. *Cathay and the Way Thither*. London, 1915.

———, tr. *Marco Polo*, vols. 1 and 2. 3rd ed. London, 1903.

索 引

A

'Abbādān 阿巴丹，69
'Abbāsid 阿拔斯王朝，53，64—65，77，106，130，140，142
'Abd Allāh b. Ḥumayd al-Salimi 阿卜杜拉·本·忽马亦德·撒里米，142
'Abdallah ibn-abi-Sarḥ 阿卜杜拉·伊本·艾比·赛尔赫，58
'Abdallah ibn-al-Junayd 阿卜杜拉·伊本—居纳德，118
Abḥar 阿布哈尔，121
'Abharah 阿伯拉罕，66，114—117，154
Abrahah 艾卜拉哈，44
'Abu Dhabi 阿布扎比，143
'Abū Sha'ar 阿布·沙尔，134
Abu'l-'Abbās al-Saffah 阿布·阿拔斯·萨法赫，142
Abyssinia 阿比西尼亚，36，39，42—46，54，114；另请参阅词条埃塞俄比亚（Ethiopia）
Achaemenid 阿契美尼德，90，140
Acila 阿西拉，17
Acre 阿卡，57
Aden, 'Adan, Adane 亚丁，23，26，31，35，39，69，78—80，84，94；另请参阅词条阿拉伯"福地"尤达蒙（Arabia Eudaemon）、伊甸（Eden）
Adriatic 亚得里亚海，151
Adulis 阿杜利斯，3，19，29，39—43，54，134，139
Aegean 爱琴海，23
Aela 埃拉，16，34，40，42；另请参阅词条艾义拉（Aylah）
Aelius Gallus 埃利乌斯·加卢斯，30—31
Aemilianus 埃米利安努斯，39

Aeschylus 埃斯库罗斯，11
Afghanistan 阿富汗，135
Agatharchides 阿伽撒尔基德斯，14，18—23，94
al-Ahwāz 阿瓦士，64
Ajanta 阿旃陀，101—102
Akhbār al-Ṣīn w-al-Hind《中国印度见闻录》，66，68—70，72，74，76—77
Akkad 阿卡德，1，6，8
Akkadian 阿卡德语，130
al-'Ala' 阿拉，54—55
Alabaster 雪花石膏瓶，138
Alexander the Great 亚历山大大帝，11，13，15—16，19—20，52，82，91，129，140
Alexander the Navigator 航海旅行者亚历山大，35
Alexandria 亚历山大港，18—19，23，28—29，31，34，42，52，56—60，95，97，106，154
'Ali ibn-Īsa 阿里·伊本-伊萨，106
Almagest《天文学大成》，106
Ammianus Marcellinus 阿米阿努斯·马塞林努斯，38，48
Ampelone 安培罗内，20
Amphorae 双耳细颈陶瓶，135—138
'Amr ibn-al-' Āṣ 阿慕尔·伊本·阿绥，54，56，60，82
Anatolia 安纳托利亚，52，56
Anchors, stone 石锚，152—154
Angali Canal 安伽利运河，132
Anjouan Islands 昂儒昂群岛，即恩佐瓦尼（Nzwani），148
An Lu-shan 安禄山，63
Annam 安南，35

Annius Plocamus 安尼乌斯·普洛卡穆斯，30
Antioch 安条克，57，78，146
Antiochus III 安条克三世，14
Antonines 安敦尼王朝，34—35
Antoninus Martyr "殉道者"安东尼，42
Apologus 阿坡洛古斯，11，15—17，41，69；另请参阅词条伍布拉/乌剌国（al-Ubullah）
al-'Aqabah 亚喀巴，9，20，22，34，82，129，146
Arabia 阿拉比亚［罗马帝国行省］，34
Arabia Eudaemon 阿拉伯"福地"尤达蒙，23，25，31—32，35，39；另请参阅词条亚丁（Aden）
Arabian Gulf 阿拉伯湾［红海］，28
Arabian Night《一千零一夜》，68，112
Arabian Sea 阿拉伯海，19，97
Aradus 阿拉杜斯岛，1，56
Ardashīr I 阿尔达希尔一世，38，69
Ariace 阿里亚兹，33
Arikamedu 阿里卡梅杜，136—137
Ariston 阿里斯顿，18，20
Aristotle 亚里士多德，82
Armenia 亚美尼亚，64
Aromaton Emporion 阿罗马顿港，138
Arretine ware 阿雷汀陶器，136
Arrian 阿里安，13，19，27，91
Arsinoe 阿尔西诺伊港，II
Arwād 艾尔瓦德岛，1，56
Ashur 阿舒尔，1
Asoka 阿育王，23
Assyrian 亚述语，10
astronomy 天文学，154—155
Athambelus 阿坦贝洛斯，15
Athenian 雅典的，雅典人，11，53
Augustus 奥古斯都，18，28—31
Australia 澳大利亚，84
abu al-Ā'war 阿布·阿瓦尔，58
Axum, Auxume 阿克苏姆，29，33，36，39—44，46，134，139
'Aydhāb 阿伊扎卜，82，90，92，113，149

Aylah 艾义拉，82
Azania 阿扎尼亚，38
Azd 阿兹德，45，81，142
al-Azdī 艾兹迪，89

B

Bāb al-Mandab 曼德海峡，19—20，32，40
Babylon/al-Fusṭāṭ 巴比伦堡/福斯塔特，34，60
Babylon（Meso-potamia）巴比伦（美索不达米亚），11，13—14，90，106；另请参阅词条福斯塔特（Fusṭāṭ）、新巴比伦王朝（Neo-Babylonian）
Baghdād 巴格达/报达，53，64，66，78—79，106，140
al-Baḥrayn 巴林/白莲，6，13，38，45，47，53—55，64，66，70，76，90，130，132；另请参阅词条迪尔蒙（Dilmun）、太拉斯岛（Tylus Island）
Bakr, abu 艾布·伯克尔，54
Ba'labakk 巴勒贝克，57
al-Balādhurī, Aḥmad ibn Yaḥyā 艾哈迈德·伊本·叶海亚·白拉祖里，45，46，47，54，59，70
Bali 巴厘岛，146
Banda wreck 班达号沉船，150
Bandar al-Kayrān 海兰港，65
Bandar Nus 努斯港，65
Bandar Raysūt 赖苏特港，65
Barbara 柏柏尔，81
Barbaria 柏柏里亚/弼琵罗，42；另请参阅词条索马里（Somalia）
Barbarikon 巴巴里贡，135
Barbosa, Duarte 杜尔特·巴博萨，98
Barhebraeus 把赫卜烈思，66，70
Barito 巴里托，149
Barr al-banādir 贝纳迪尔港，65
Barygaza（Broach）婆卢羯车（布罗奇），16—17，25，29，32—33，90，133
al-Baṣrah（Bassorah）巴士拉（弼斯啰），54，64，66，68—70，74，76，78，

112，131
Baṭina 巴提奈，142
Batne 巴达尼，48
al-Battāni 巴塔尼，106
Baylaq al-Qibjaqi 贝莱克·奇布亚齐，109
beads 玻璃珠，138
Begram 贝格拉姆，135—136
Bengal, Bay of 孟加拉湾，35，71，74—75；另请参阅词条哈尔干海（Harkand, Sea of）
Berenice 贝伦尼斯，20，29—31
Bhoga 佛逝国，62
Bhoja 薄阁，95
Bible《圣经》，9，10，11
Bilāl 比拉勒，45
Birikau 比里考，138
al-Bīrūnī 比鲁尼，71，106
Bombay 孟买，18，33，41，53，71
Borneo 婆罗洲，149
Boro-Budur 婆罗浮屠，102
Bostra 波斯特拉，34
Brahman 婆罗门，62
Brahminabad 婆罗米纳巴德，145
British travelers 英国旅行者，88
Bronzes 青铜器，135
Buddha 佛陀，48
Bullīn 布林，71
Bur Gao（？Nikon）布尔·高（？尼肯），137
Burma 缅甸，90
Bushehr 布什尔，132
Buwayhid 布韦希王朝，142
Buzurg ibn-Shahriyār, al-Rām-Hurmuzī 忽鲁谟斯的布祖格·伊本·沙赫里亚尔，65—66，68，74，76，78—82，91，94—95，98—100，104，110，113，114，146，149，154
Byzantine 拜占庭，41—42，44，46，52，55—58，60，82，103，105，134，140，153

C

Caesar 凯撒，31
Cairo 开罗，34

Calicut 卡利卡特/古里，83，93，99，152
Calliana 卡里阿纳，41
Cambay, Gulf of 坎贝湾，16，133，154
Canopic arm of the Nile 尼罗河卡诺皮克支流，34
Canton 广州，50，61—63，66，68，72，74—75，77—78，108，140；另请参阅词条汉府（Khānfu）、广州（Kwang-chou）
Cape of Good Hope 好望角，105，150
Cape Muṣandam 穆桑达姆角，13，15
Cape of Spices 香料之角，25，29—30；另请参阅词条瓜达富伊角（Guardafui, Cape）
Cape Syagrus 斯亚格鲁斯角，29
Caracalla 卡拉卡拉，36
Carmania 卡尔马尼亚，16—17，22；另请参阅词条克尔曼/怯迷城（Kirmān）
Carmatians 卡尔玛特派，78
Cattigara 卡蒂加拉港，35
Caryanda 卡里安达，11
Ceylon（Sri Lanka）锡兰（斯里兰卡），29—30，35，38，40—41，43—44，62，70—71，76，88，91，95，108，134，140，144，146，150，152；另请参阅词条细轮叠（Sarandīb）、僧伽罗人（Singalese）、塔普罗班岛/细兰岛（Taprobane/Sielediva）
Chaldaea 迦勒底，9—10，14—15
Champa 占婆，71
Chandragupta 旃陀罗笈多，23
Charax 喀拉塞，14—16，131，132
Cheops Ship 奇阿普斯船，151
Chibuene 奇布尼遗址，148，149
Ch'ien-han-shu《前汉书》，16
China 中国，129，135，140—141，145，150，153
China, Sea of 中国海，75，115
Cholas 朱罗王朝/注辇，144—145
Christian 基督徒，36，39，43，52，62，76，82—83
Chu'an-Chow-Fu 泉州府，72

Cilicia 奇里乞亚，55
Claudius 克劳狄乌斯（罗马皇帝），18，24，31
Clowes 克洛斯，104
Clysma 克里斯玛，11，34，40，42，60；另请参阅词条古勒祖姆（al-Qulzum）、苏伊士（Suez）
coconut 椰子，90—91
coins 硬币，11，131—132，135—137，139，149
Colomb, Captain 科洛姆舰长，100，110
Columbus 哥伦布，104
Comacchio 科马基奥，151
Comoros Islands 科摩罗群岛，148
Concepción wreck "康塞普西翁号"沉船，150
Constantinople 君士坦丁堡，36，52，56，59
Copts 科普特人，56—59
Coptus 科普托斯，8，20，24，29
Coromandel 科罗曼德海岸，93，96，136，145
Cosmas Indicopleustes 科斯马斯·印第科普莱斯特斯，19，23，39—42，139，144
Cranganore 克兰加诺尔，136
Croatia 克罗地亚，151
Crusade Island (Tamil Nadu) 克卢萨代岛（泰米尔纳德邦），154
Crusades 十字军东征，82—109
Ctesiphon 泰西封，41
Cutch, Gulf of 卡奇湾，70；另请参阅词条库奇兰恩（Rann of Kutch）
Cyprus 塞浦路斯，10，54，56
Cyrus-Mugqawais 居鲁士—穆高基斯，56

D

Daamo 达莫，138
Dad 达德，3
Dalmā Island 代勒马岛，143
Damascus 大马士革，34，64，106
Damirica 达米里卡港，25
Dar es Salaam 达累斯萨拉姆，134，137

Darius the Great 大流士大帝，11
David 大卫，8
al-Daybul (Bhanbhore) 德巴尔/提颽（班波尔），53，63，135，144，146
Dayr al-Baḥri 德尔·巴赫里，7—8
Delos 提洛岛，23
Dembeni 登伯尼，148
Dhahran 宰赫兰，131
Dhāt al-Ṣawāri 船桅之战，56—59，140
Dhū Nuwās 祖·努瓦斯，43
Diaz 迪亚士，104
Dibos 迪波斯，39
Dilmun 迪尔蒙，6，10；另请参阅词条巴林（al-Baḥrayn）、太拉斯岛（Tylus Island）
Dio Cassius 狄奥·卡西乌斯，16，35
Diodorus Siculus 狄奥多罗斯·西库洛斯，18
Diyār Muḍar 迪牙儿·木札儿，64
Diyār Rabī'ah 迪牙儿·剌必阿，64
Dravidian 达罗毗荼语，
Duarte Barbosa 杜阿尔特·巴博萨，98
Dubai 迪拜，144
ed-Dur 埃德杜尔，133
Dvipa Sukhatara 极乐岛，22，39；另请参阅词条索科特拉（Socotra）

E

East Africa 东非，134，137，140，146—148，153
East Indies 东印度群岛，83—84，105；另请参阅词条印度尼西亚（Indonesia）
Eden 伊甸，9；另请参阅词条亚丁（Aden）、阿拉伯"福地"尤达蒙（Arabia Eudaemon）
Edessa 埃德萨，48
Edom 以东地，8—9
Egypt 埃及，129，135
Ela Atzbeha 埃拉·阿兹贝哈，43
Elam 埃兰，10
Elbing 埃尔布隆格，99
Eloth 以禄，8
Encyclopaedia Britannica《大英百科全书》，90

Eridu 埃利都，10，139
Eritrea 厄立特里亚，32，130
Etesian winds 地中海季风，25
Ethiopia 埃塞俄比亚，20，43，45；另请参阅词条阿比西尼亚（Abyssinia）
Etruscans 伊特拉斯坎，151
Eudoxus 欧多克斯，24，27
Eulaeus 埃拉亚斯河，14；另请参阅词条卡伦河（Kārūn）
Euphrates River 幼发拉底河，5，9—10，14，38，47—48，64，78
Eusebius 尤西比乌斯，10
Eutropius 尤特罗庇乌斯，35
Ezekiel《以西结书》，17，32
Ezion-geber（Elath）以甸迦别（以拉他），8—9

F

Failaka 费莱凯岛，131
Fa-hien 法显，38
Fanṣūr 班卒儿，117
al-Faramā 凡莱玛，78；另请参阅词条"培琉喜阿姆"Pelusium
Fāris 法尔斯，64，80，97
Farj al-Hind or al-Uballah 法尔吉·印地，或见伍布拉，47
Fāṭimid 法蒂玛王朝，79
Ferrand 费琅，81，108
Finland 芬兰，151
Firmus 菲尔穆斯，39
Flavian emperors 弗拉维王朝，28
Forat 福拉特，131
Fort Jesus 耶稣堡，152—153
France 法国，103，109，151，153
Frankincense 乳香，136—137
Fujian province 福建省，145
al-Fusṭāṭ（Babylon）巴比伦堡（福斯塔特），34，60，79，145
Fuzhou 福州，145

G

Gabal al-'Araq 格贝尔阿拉克，7

Gaius Caesar 盖乌斯·恺撒，31
Gallienus 伽利埃努斯，39
Gangaikondacholapuram 冈伽贡陀朱罗补罗，145
Ganges River 恒河，29—30，33，35
Gash Delta 加什三角洲，130
Gebāl 迦巴勒，7—8
Gela 盖拉，151
Gemelli Carreri 杰梅利·卡雷里，99
Geography of Ptolemy Claudius 克罗狄斯·托勒密的《地理学》，35
German 日耳曼人，52，99
Gerrha 格尔哈，14，17，21，131
Ghassān 加萨尼王国，44
al-Gīzah 吉萨，21
Glass: Roman 罗马玻璃器，133，135—136，138，150，154
God's Land 神的土地，8
Golden Chersonese 黄金半岛，35；参见马来亚（Malaya）
Goths 哥特人，59
Greenwich Museum 格林威治博物馆，91—92
Guardafui, Cape 瓜达富伊角，18，80，135，138；另请参阅词条香料之角（Cape of Spices）
al-Gūb 古卜，143
Gujarat 古吉拉特/胡茶辣国，113，129，133
Guyot de Provins 普罗旺斯的教士古约，109

H

Ḥaḍramawt（Shiḥr Lubā）施遏香岸（哈达拉毛），4，26，33，155
Hadrian 哈德良，34
Hainan 海南，62
al-Ḥajjāj 哈查只，63，79
al-Ḥakam, ibn-'Abd 伊本·阿卜杜·哈克木，59，61
Han 汉朝，15，35，48，62
Hangchow 杭州，72
Hanoi 河内，72

索　引

239

Happy Isles 极乐岛，22；另请参阅词条索科特拉岛（Socotra）
al-Ḥarīrī 哈里里，92，99，154
Harkand, Sea of 哈尔干海，117；另请参阅词条孟加拉湾（Bengal, Bay of）
Hārūn al-Rashīd 哈伦·拉希德，82
al-Ḥasa 哈萨，14
Hatcher wreck 哈彻号沉船，150
Hatshepsut 哈特谢普苏特，7—8
Heis 希斯，138
Hellenistic 希腊化的，11，19，22，101，130—131，134
Heraclius 希拉克略，55，56
Herodotus 希罗多德，9，11
Hieraconpolis 希拉孔波利斯，7
al-Ḥijāz 希贾兹，39，45，54，61，120—121
Ḥimṣ 霍姆斯，57
Ḥimyar 希木叶尔，3，31，36，39，41；另请参阅词条霍默利泰（Homeritae）
al-Hind 印度，47
Hippalus 希帕卢斯，24—28
al-Ḥīrah 希拉，42，44，47
Hiram 希兰，8—9，20
Hirth 夏德，76
Ḥiṣn al-Ghurāb 乌鸦城堡，32，136；另请参阅词条盖纳（Kane）
History of the Tang《唐书》，62—63
Homeritae 霍默利泰，31；另请参阅词条希木叶尔（Ḥimyar）
Horse trade 马匹贸易，145
Hou-han-shu《后汉书》，36
Huang Chʻao 黄巢，77—78
Hurghada 古尔代盖港，151
Hurmuz 忽鲁谟斯，70，95，98，141，153
Hurmuz Strait 忽鲁谟斯海峡，16—17，142
Hwi-chao《往五天竺国传》，62

I

Ibāḍite 艾巴德派，63，66，142
ibn-Baṭṭūtah 伊本·白图泰，83，87，91，96，145，152

Ibn al-Faqīh 伊本·法齐赫，67，82
Ibn Ḥauqal 伊本·豪卡勒，67
Ibn Jubayr 伊本·朱巴伊尔，87，90，92—98，110，113—114，122
Ibn-Khurdādhbih 伊本·胡尔达兹比赫，66—67，69，70—72，78—79
Ibn-Mājid, Shihāb al-Dīn Aḥmad 希哈卜丁·艾哈迈德·伊本-马吉德，83，89，107—108，143
Ibn-Rustah 伊本·鲁斯塔，41，67，82
ibn-Yāmin 伊本·亚明，3
I-ching 义净，46，62
al-Idrīsī 伊德里西，88，91—93，96—98
Ikaros（Failaka）费莱凯岛（伊卡洛斯），131
India 印度，130，132—134，136，146，150，152
Indian Ocean 印度洋，129，134，139，150
Indo-China 印度支那，71
Indonesia 印度尼西亚，78，83，90—91，102，146，149，另请参阅词条东印度群岛（East Indies）
Indus River 印度河，11，22，24—25，33，54，129，135，144
Inner "India" 内"印度"，111
Iran 伊朗，133，138
al-ʻIrāq 伊拉克，76，78，131
Irodo 伊罗多遗址，148
Iṣfahān 伊斯法罕/哑四包闲，64
Isidore of Charax 喀拉塞的伊西多尔，16，17，48，94
Ismāʼīlawayh 伊斯玛仪，81
Iṣṭakhr 伊什塔克尔，54，140
al-Iṣṭakhrī 伊斯塔赫里，67，69—70，80，82
Italian 意大利语，93，103—104

J

Jabal Ḥajar 哈贾尔山，142—143
Jafūna 我的船（阿拉伯语），81
al-Jār 贾尔港，45，60，78，82
Jātaka《佛陀本生经》，11

Java 爪哇岛/阇婆，71，78，102，146
Jazīrat al-Ḥulayla 赫莱拉岛，143—144
Jehoshaphat 约沙法，9
Jews 犹太人，41，76，78
Jiangsu province 江苏省，145
al-Jibāl 贾巴尔山区，64
Jih-nam 日南，35
Jordanus 约旦努思，93—95，98
al-Jubayl 朱拜勒，131
Judah 犹大王国，9
Juddah（Jeddah）久达（吉达），60，78—80，82，113，120—122，149，151
Julanda b. Mas'ūd 朱兰达·本·马苏德，143
Julfār 朱尔法，141—143
Julio-Claudian emperors 朱里亚·克劳狄王朝，28
al-Jumayra 朱美拉古城，144
Junde-Shāpūr 琼德—沙普尔，106
Justinian 查士丁尼，40，43

K

Ka'bah 克尔白，45
Kabul 喀布尔，135
Kalah Bār 箇罗，71，74—75，78，110
Kane（Cana、Cane、Kanneh、Ḥiṣn al-Ghurāb）盖纳（迦南、坎尼、干尼、乌鸦城堡），9，17—18，25，29，32—33，35，136—137
Kan-ying 甘英，15—16
Karachi 卡拉奇，144
Karkheh 卡尔黑，131
Kārūn 卡伦河，10，14；另请参阅词条埃拉姆斯河（Eulaeus River）、乌莱河（Ulai River）
Kassala Province 卡萨拉省，130
Kassites 加喜特人，130
Kathiawar 卡提阿瓦半岛，70
Kayal（Cail）加异勒（加一港），145
Kedah 吉打，71
Kenya 肯尼亚，93，146，153
Khālid ibn-al-Walīd 哈利德·本·瓦利德，47
Khānfu 汉府，72，76；另请参阅词条广州（Canton）
Khānju（Chu'an-Chow-Fu）汉久（泉州府），72
Kharg Island 哈尔克岛，132
al-Khayyām 海亚姆，106
Khurāsān 呼罗珊，63，64
Khusraw Anūshirwān 霍斯劳·阿努什尔旺，44
al-Khwārizmi 花拉子密，106
Kia Tan 贾耽，66，76
Kilwa 基尔瓦，146—148
Kings, First Book of《列王纪·上》，8—9
Kirmān 克尔曼/怯迷城，114；另请参阅词条卡尔马尼亚（Carmania）
Kish Island 基什岛，141
Kisimani Mafia 基西马尼·马菲亚，148
Kitāb 'Ajā'ib al-Hind（*Wonders of India*）《印度珍奇录》（《印度奇迹之书》），65，68
Kitāb al-fawā'id《航海守则》，108
Kitāb al-Tanbīh w-al-Ishrāf《箴言书》，67
Ko Kho Khao 郭各考遗址，146
Kolhapur 戈尔哈布尔，135—136
Koran《古兰经》，45，51，89，98，106
Korea 朝鲜半岛，72，150
Kua 库亚，148
al-Kūfa 库法，146
Kūlam Malī（Quilon）故临（奎隆），50，70—71，73—75，110，145，152
Kūr 库尔，64
Kurk 库基哈尔，70
Kuwait（Quwayt）科威特，84
Kwang-chou 广州，46，63；另请参阅词条广州（Canton）
Kwang-tung 广东，46

L

Laccadive Islands 拉克代夫群岛，71，91，93
Ladrone Islands 莱德隆群岛，105

索引　　241

Laem Pho 林门波遗址，146
Lagash 拉伽什，6
Lamu 拉穆，93，137，147—149，152
lapis lazuli 青金石，135
Latin 拉丁，38，104
Layth ibn-Kahlān 莱斯·伊本-卡赫兰，108
leather 皮革，134
Lebanon 黎巴嫩，10，91
Leuce Come 雷乌凯克美，16，30—32，34，40
Li-chien 犁鞬，16；另请参阅词条佩特拉（Petra）、大秦（Ta-ts'in）
Liu Hua, tomb of 刘华墓，145
Liverpool 利物浦，69
Loukos Limen 琉克斯·里门遗址，134
Lūqīn (Hanoi) 河内（龙编），72
Lycian 吕西亚，56，58—59

M

Ma Huan 马欢，145，151
Macedonia 马其顿，13
Madagascar 马达加斯加，80—81，148
al-Madā'in "双城"泰西封，41
al-Madīnah 麦地那，56，60，82
Magan 马甘，6，129
Magellan 麦哲伦，105
al-Maghrib 马格里布，64
Magian "麻葛"，62，76；另请参阅词条马兹达派教徒（Mazdean）、琐罗亚斯德教徒（Zoroastrian）
Maharashtra 马哈拉施特拉邦，135
Mahomet et Charlemagne《穆罕默德和查理曼》，51
Mahrah 马赫拉，24，73
Majūs "穆护"，62
Makrān 莫克兰/木克郎，70
Malabar 马拉巴尔/马八儿国，24，26，29，33，41，70—71，74，83，92，96，98，100，145
Malacca Strait 马六甲海峡，71，74—75，78

Malalas 马拉拉斯，40，42—44
Malaya 马来亚，35，62，71，100
Maldive Islands 马尔代夫群岛，71，91，93，145，150—152
Male 马累（位于印度），41；另请参阅词条故临（Kūlam Malī）
Male 马累（位于马尔代夫），145
Malindi 马林迪/麻林地，83
al-Ma'mūn 马蒙，106
Manchester 曼彻斯特，69
Manda 曼达，146—148
Mandeville, Sir John 约翰·曼德维尔爵士，95
Mannar, Gulf of 马纳尔湾，145，153
al-Manṣūr 曼苏尔，64
al-Manṣūrah 曼苏拉港，63，70
Mantai 曼泰，144，152—153
Manuel 曼努埃尔，56
Maqāmāt of al-Ḥarīrī 哈里里的《玛卡梅集》，92，99，154
al-Maqdisi 麻合地昔，67—70，79—80，89，107—108，142
al-Maqrīzī 马格里兹，151
Marco Polo 马可·波罗，87，93—96，98，100，113—114，145
Marcus Aurelius 马可·奥勒留，35
Mare Erythraeum 厄立特里亚海，11
Mari 马里，8
Martyrdom of St. Arethas《圣阿雷塔斯殉道记》，40
al-Marwazī 马卫集，63，67，73
Masqaṭ 马斯喀特，17，70，74—75，91，142
Al-Mas'ūdī, 'Alī ibn Husain 阿里·伊本·侯赛因·马苏第，47，67—69，74—76，78，81—82，90，93，96，98，100，104，110，146—147
Mauritius 毛里求斯，150
Maurya 孔雀王朝，23
al-Mayd 迈义德，70
Mazdean 马兹达派教徒，36，45；另请参阅词条麻葛（Magian）、琐罗亚斯德教

徒（Zoroastrian）
Mecca 麦加，9，45，60，82，130，153
Mediterranean Sea 地中海，11，13—14，27—28，34—35，51—52，55—57，59，61，62，78，82，96，99，103—105，109，138，153
Melkite 默尔启派，56
Melukhkha 梅禄克哈，6，129
Memphis 孟菲斯，11
Menouthias Island 梅努西亚斯岛，137
Mesopotamia 美索不达米亚，129，130，138
Milesian 米利都人，20
Milton 弥尔顿，23
Minaei 米奈，21—23
Ming 明朝，50
Mişr 埃及，79
Mombasa 蒙巴萨，152
Montecorvino, John of 若望·孟德高维诺，87，93—94，97—98，100
Mopharitic 摩法里蒂克，33
Morocco 摩洛哥，101
Mosul 摩苏尔，64
Mozambique 莫桑比克，80，94，101，140，147
Mu'allaqāt《悬诗》，3
Mu'āwiyah 穆阿维叶，54—57
Muḥammad 穆罕默德，9，51，129；另请参阅词条先知（Prophet）
Muḥammad ibn-Bābishād 穆罕默德·伊本-巴比沙德，117—118
Muḥammad ibn-Shādhān 穆罕默德·伊本-沙丹，108
Muir's Caliphate 缪尔的《哈里发的兴起，衰落和衰亡》，54
Muja'a b. Shi'wa 穆贾阿·伊本·什瓦，142
Mukha 穆哈，32，另请参阅词条穆扎（Muza）
Murūj al-Dhahab wa Ma'ādin al-Jawhar《黄金草原与珠玑宝藏》（即《黄金草原》），67；另请参阅词条马苏第（Al-Mas'ūdī）
Muṣandam 穆桑代姆角，Cape，13，17
Muza 穆扎，29，32—35
Muziris 穆吉里斯，26，29，33，136
Mylae 米拉城，58
Myus Hormus 米乌斯·赫尔穆斯，28—29，31，134

N

Nabataea 纳巴泰，16，20，30—32，34，137
Nadir Shah 纳迪尔·沙，143
Nahr 'Īsa 纳赫尔·伊萨，64
al-Najaf 纳杰夫，47
nārgīl 椰子，91
Narmada River 讷尔默达河，133；另见词条纳尔布达河（Nerbudda River）
Narseh 纳尔斯，38
Nāṣir-i-khusraw 纳赛尔·霍斯鲁，69，91
Natural History of Pliny 普林尼的《自然史》，19
al-Naẓar ibn-Maymūn 纳扎尔·伊本-迈明，66
Nearchus 尼阿库斯，13—14，25
Nebuchadnezzar II 尼布甲尼撒二世，10
Necho 尼科运河，11
Negus 尼格斯，46
Nelcynda 尼尔辛达，11
Neo-Babylonian 新巴比伦王朝，10；另请参阅词条巴比伦（Babylon）
Nerbudda River 纳尔布达河，17，133；另见词条讷尔默达河（Narmada River）
Nero 尼禄，18，29
Nestorian 聂斯脱利派，40，144
Nicobar Islands 尼科巴群岛，71，110
Nikon 尼肯，137
Nile River（al-Nī）尼罗河，3，5，8—9，11，20，29，34，42，60，82，102，138，152；
Nineveh 尼尼微，1，10
Nishapur 内沙布尔 / 乃沙不耳，146
Nizwa 尼兹瓦，143

Nonnosus 农诺苏斯，42，44
Nubia 努比亚，60

O

Ocelis 奥塞利斯，11，26，29，33，35
Omana 阿曼那，11，16—17，33，90
'Omān ('Umān) 阿曼，4—6，17，35，41，45，47，53，55，63—64，68，70，73，75，77—82，91—92，97，99，117，129，141—142，147，150—151
Ophir 俄斐，8—9，130
Opone 欧波尼，29，135，138
Ostrogoths 东哥特人，59

P

Pacific 太平洋，103，105
Pakistan 巴基斯坦，140
Palembang 巨港，62
Palestine 巴勒斯坦，20—21，56
Palk Strait 保克海峡，71，145
Pallava 帕拉瓦 / 拔罗婆，101
Palmyra 帕尔米拉，15，34，132
Pan-Ch'ao 班超，15
Pandyas 潘地亚，145
Paracel reefs 西沙群岛，72
Parthia 帕提亚，14，16，38，48，52，131，138，144
Patala 帕塔拉，22
Pemba Island 奔巴岛，137，148
Periplus of the Erythraean Sea 《厄立特里亚海航行记》/《红海回航记》，15—19，23—27，31—33，35，90，99，134—137
Periyapattinam（？Fattan）波离耶般提南（？发塘港），145
Persepolis 波斯波利斯，54，140
Persian Gulf 波斯湾，130—133，140，147，153—154
Persian Wars of Procopius 普罗柯比的《波斯战争》，40
Persis 波西斯，22，23
Petra 佩特拉，16，34

Pharaohs 法老，7，151
Pharos 灯塔，61
Philostorgius 菲罗斯托尔吉乌斯，40
Phoenicia 腓尼基，7—11，13，20—21，57，101，106
Phoenix 菲尼克斯，56，58
Photius 佛提乌，18
Pirenne 皮朗，51—52
Plaster molds 石膏模具，135
Pliny the Elder 老普林尼，15—17，19，24—27，29，35，94，109—110，131
Polybius 波利比乌斯，14
Pontic Tauri 庞蒂克的塔乌里人，20
Poppaea 波培娅，29
Portuguese 葡萄牙人，83—84，88，93，143
Poseidon, statue 波塞冬雕像，135
Po-sse 波斯，46，62—63，144
Pottery 陶瓷，129，131，133，136—139，141，143—146，150，154
Prakrit 婆罗克利特语，90
Procopius 普罗柯比，40，42—44，48，59，93，95，98
Prophet 先知，46，54，129；另请参阅词条穆罕默德（Muḥammad）
Proto-Malagasy 原始马尔加语，149
Ptolemies, Ptolemaic 托勒密王朝，18—24，28，30，34，52
Ptolemy Claudius 克罗狄斯·托勒密，35—36，106，137
Ptolemy II Philadelphus 托勒密二世—斐勒达奥弗乌斯，18—21，23
Ptolemy VII Euergetes, II 托勒密七世—厄葛提斯二世，11，24
Punic amphorae 迦太基双耳细颈陶瓶，137
Punjab 旁遮普，129
Punt 蓬特，7—8，130
Puteoli 普特奥利，31

Q

Qanbalu 干贝鲁，80—81，147—148
Qānṭu（Qānṣu）刚苏（刚突），72

al-Qasimi 卡西米酋长，143
al-Qaṭar 卡塔尔，70，143
Qays Island 基什岛，142
Qishm 格什姆，67
Qudamah 库达麦，
al-Qulzum 古勒祖姆，60，78，80，82—83，97；另请参阅词条克里斯玛港（Clysma）、苏伊士（Suez）
Quraysh 古莱什，45
al-Quṣeir al-Qadīm（al-Quṣayr）古塞尔地区，8，134

R

Ramesses III 拉美西斯三世，7—8
Al-Rams 拉姆斯，143
Rann of Kutch 库奇兰恩，129；另请参阅词条卡奇湾（Cutch, Gulf of）
al-Raqqah 拉卡，64
Ra's Fartak 费尔泰克角，80
Ras's al-Ḥadd 哈德角，129
Ra's Hafūn/Xaafuun 哈丰角，135，137—138
Ra's al-Khayma 哈伊马角，142—144
Ra's Mkumbuu 姆坎皮角，148
Ra's al-Qal'at 卡拉特角，132
Raysūt 赖苏特，73，75，117—118
Red Sea 红海，129—130，133—134，136，140，151，153
Renaud de Chatillon 沙蒂永的雷纳德，82
Rhapta 拉普塔，33—35，134，137
Rishahr 里沙赫尔，132
rock crystal 水晶，135
Rockhill 柔克义，76
Rudaysīyah 鲁达伊斯雅，23
Rufigi delta 鲁菲吉三角洲，137

S

Saba, Sabaean, Sabaei 示巴，9，11，21—23，29，31，33，36，38，118；另请参阅词条示巴（Sheba）
Sā-bo 萨薄，38
Sagittarius 人马座，74
Sahl ibn-Āban 萨赫勒·伊本—阿班，108
Sahure 萨胡拉，7
Salāht 海峡，71
Salwayn 萨勒温，138
Sanchi 桑奇，92
Şandar Fūlāt 占不劳山，71，74，115
São Gonçalo wreck 圣贡萨洛号沉船，150
Sanji, Sankhi Sea 涨海，115；另请参阅词条中国海（China, Sea of）、涨海（al-Baḥr al-Sankhi）
Sanskrit 梵语，95，130
Sarandīb 细轮叠岛，71；另请参阅词条锡兰（Ceylon）
Sassanid 萨珊，36，38，44—47，52，55，61，79，90，101，133，139，142—144
Sauvaget 索瓦杰，68，108
Şaymūr 赛姆尔，118，120
Scythia 西徐亚，25，33，144
Sealand 海国王朝，9—10，130
Seleucia 塞琉西亚，14
Seleucid 塞琉古王朝，13—15，17，19，52，131—132
Sembiran 仙美莲遗址，146
Semitic 闪米特，15
Sena Gallica 塞纳·加利卡，59
Sennacherib 西拿基立，10，91
Serçi Liman 斯泽·利曼沉船，150，154
Seres 赛里斯，41，48
Severus ibn-Mugaffa' 塞维鲁·伊本·穆卡法，58
Shahriyāri, Captain 沙赫里亚里船长，115
Shanga 上加遗址，146—149
Shāpūr II 沙普尔二世，38
Sharaf al-Zamān Ṭāhir, Marvazī 马卫集，67—68
Shaṭṭ al-'Arab 阿拉伯河，10
Sheba 示巴，9，另请参阅词条示巴（Saba）
Shī'ah 什叶派，63
Shiḥr 席赫尔/施遏，73
Shiḥr Lūbān Ḥaḍramawt 施遏香岸哈达拉毛，110
Shipwrecks 沉船，150

Shīrāz 设拉子, 69, 79
al-Shu'aybah 舒艾巴港, 45
Shulgi 舒尔吉, 6
Siam 暹罗, 90
Sicily 西西里, 56, 151, 153
Sidon 西顿, 10
al-Sīla 朝鲜半岛, 72, 新罗 al-Shila
silk 丝绸, 135
silver plate 银盘, 135
Sima 希玛, 148
al-Ṣīn 中国, 47, 75, 114, 另请参阅词条秦奈 (Sinae)
Sinae 秦奈, 41, 48, 另请参阅词条中国 (al-Ṣīn)
Sinai 西奈, 8, 22, 60
Sinan wreck 新安沉船, 150
al-Sind 信德, 61, 63, 70—71, 78, 129, 144—146
Sindān 辛坦, 118
Sindabād 辛巴达, 68, 74, 112, 150
Singalese 僧伽罗语, 42, 44; 另请参阅词条锡兰 (Ceylon)
Sīr Bānī Yās Island 锡尔巴尼亚斯岛, 143—144
Sīrāf 尸罗夫, 64, 66, 68—71, 73—80, 115—116, 118, 120, 133, 140—141, 146—147, 154
Socotra (Dioscorida Island, Dvipa Sukhatara, Happy Isles, Usquṭrah) 索科特拉岛 (狄奥斯科里达岛、极乐岛、极乐岛、索科特拉岛), 22—23, 29, 33, 39, 41—42, 70, 79—80
Solomon 所罗门, 8—9, 20
Somalia 索马里, 7, 18, 29, 32—33, 38, 42, 46, 80, 135, 138, 152
Sophōn Indos 印度智者, 23
South Asia 南亚, 138, 140
South China Sea 南海, 150
Spain 西班牙, 61, 94
Spasinus 史帕西纳, 15; 另请参阅词条喀拉塞 (Charax)
St. Helena 圣赫勒拿岛, 150

Strabo 斯特拉波, 14, 18—20, 28—30, 38—39
Sudan 苏丹, 46, 96, 102, 130, 134
Suez 苏伊士, 8, 11, 60, 78, 82, 84, 91, 152; 另请参阅词条古勒祖姆 (al-Qulzum)、克里斯玛港 (Clysma)
Suez, Gulf of 苏伊士湾, 4, 7, 20, 30, 34
Sufālah 索法拉, 80—81, 140, 147, 149
Ṣuḥār (Sohar) 苏哈尔, 17, 70, 133, 141—143
Sulaymān al-Mahrī 苏莱曼·马赫里, 87
Sulaymān the merchant 商人苏莱曼, 68
Al-Ṣūli 苏利, 74
Sumatra 苏门答腊, 46, 62, 71, 78, 81, 108, 149
Sumerian 苏美尔语, 6, 130
Sung 宋朝, 78
Sung-shu《宋书》, 48
Swahili 斯瓦西里, 89, 147—148, 152
Syene 赛伊尼, 20

T

al-Ṭabarī 泰伯里, 38, 41, 43—46, 54—55, 59, 64, 70, 80, 114
takkīya "抢风", 149
Tall al-Khulayfah 凯利费废丘, 8—9
Tamil 泰米尔, 130, 145
Tānah 塔纳, 53, 118
Tanbīh 提醒, 70
Tang 唐代, 61, 77, 129
Tanzania 坦桑尼亚, 134, 137, 146
Ṭarafah 塔拉法, 3, 42
Tarshish 他施, 75
Tarut 塔鲁特, 131
Ta-shih 大食, 62—63, 66
Ta-ts'in 大秦, 15—16, 35, 38, 48
Tayy 塔伊, 66
Ta-zik 塔吉克, 66; 另请参阅词条大食 (Ta-shih)
Teredon 特里顿, 10, 14, 38
Terra sigillata 红精陶, 137

Textiles 纺织物, 134
Thailand 泰国, 140, 146
Thaj (?Gerrah) 萨吉 (?格尔哈), 131
Thaqafite 塞盖菲部落, 53
Thebes 底比斯, 7—8
Theophanes 塞奥法尼斯, 59
Theophilus 西奥菲勒斯, 39
Theophrastus 狄奥弗拉斯图, 19, 90, 132
Theophylactus Simocatta 塞奥菲拉克特·西摩卡塔, 41
Thucydides 修昔底德, 11
T'iao-chih 条支, 15
Tiberius 提比略, 18
T'ien-chu 天竺, 48
Tigris River 底格里斯河, 5, 14, 41, 64, 69—70
Timsāḥ, Lake 提姆萨赫湖, 60
Tiuman Island (Tiyūmah) 潮满岛 (梯优麦赫岛), 71, 145
Tīz 蒂斯, 70, 120
Tongking 东京, [河内], 66
Tongking, Gulf of 东京湾, [北部湾], 71
Trajan 图拉真, 15—16, 34, 60
Tsinistan 秦尼斯坦, 41
Tumbatu 图姆巴图岛, 153
Turkey 土耳其, 63, 152, 153
Tylus Island 太拉斯岛, 90, 132; 另请参阅词条巴林/白莲 (al-Baḥrayn)、迪尔蒙 (Dilmun)
Tyre 推罗, 8—10, 57

U

'Ubayd 乌拜德, 129, 141
'Ubaydah, abu- 阿布·乌拜达, 63
al-Ubullah 伍布拉/乌剌, 41, 45—47, 64, 69, 73, 76—78; 另请参阅词条阿坡洛古斯 (Apologus)
Ugarit 乌加里特, 8
Ulai River 乌莱河, 10; 另请参阅词条埃拉亚斯河 (Eulaeus River)、卡伦河 (Kārūn River)
Umayyad 倭马亚, 61, 63, 140, 142

Umm al-Qaiwain 乌姆盖万酋长国, 133
underwater archaeology 水下考古, 150
Ur 乌尔, 8, 129—130
'Uthmān b. Abī al-'Aṣ 奥斯曼·本·阿比·阿绥, 142
'Uthmān the Caliph 哈里发奥斯曼, 56
'Uthmān the Thaqafite 塞盖菲部落的奥斯曼, 53

V

Varthema 瓦尔泰马, 98—99
Vasco da Gama 瓦斯科·达·伽马, 83, 104
Vegetius 韦格蒂乌斯, 96
Vergil 维吉尔, 95
Vietnam 越南, 150
Vung Tau wreck 头顿沉船, 150

W

Wādī Ḥammāmāt 哈玛玛特干谷, 7—8
Wādī Tūmīlāt 图米拉特干谷, 11
Wahhābī 瓦哈比, 143
Wahriz 瓦里兹, 44
Wāqwāq 瓦克瓦克, 80, 147—148
Wāsiṭ 瓦西特, 64
Wei-shu《魏书》, 38
wine 酒, 135
Witte Leeuw wreck 白狮号沉船, 150
Wonders of India (Kitāb 'Ajā'ib al-Hind)《印度奇迹之书》(《印度珍奇录》), 65, 68, 73

Y

al-Yamāmah 叶麻麦, 64
al-Yaman 也门, 4, 9, 15—16, 30, 32—33, 39—41, 43, 55, 75—77, 80, 90, 97, 99, 136
Yangzhou 扬州, 145
al-Ya'qūbī 雅库比, 64, 67, 69, 74, 76, 82, 93
Yāqūt, ibn 'Abd Allāh al-Ḥamawī 伊本·阿卜杜拉·哈玛维·雅库特, 68

Yuan-chao 圆照的《贞元释教录》, 62

Z

Ẓafār, 佐法尔/祖法儿（位于哈达拉毛）, 91
Ẓafār, 佐法尔（位于也门）, 31
Zand Afrik Shah 赞德-阿弗里克-沙赫, 38
Zang, Zanj 僧祇，赞吉, 38, 78—80, 146
Zanzibar 桑给巴尔, 33, 137, 148, 153
Zaqāzīq 扎加齐格, 11
Zayd, abu-, al-Ḥasan ibn-al-Yazīd 阿布—宰德·哈桑·伊本·亚兹德, 76—80, 82, 91, 93, 98, 100
Zayd-II 宰德二世, 21
Zeugma 宙格马, 48
Zoroastrian 琐罗亚斯德教徒, 62；另请参阅词条麻葛（Magian）
Zull 祖图, 146

守望思想　逐光启航

阿拉伯人的大航海：从古代到中世纪早期
［英］乔治·胡拉尼 著
［英］约翰·卡斯威尔 修订
孙　博 译

责任编辑　肖　峰
营销编辑　池　淼　赵宇迪
装帧设计　甘信宇
审 图 号　GS(2025)0462号

出版：上海光启书局有限公司
地址：上海市闵行区号景路159弄C座2楼201室　201101
发行：上海人民出版社发行中心
印刷：山东临沂新华印刷物流集团有限责任公司
制版：南京展望文化发展有限公司

开本：880mm×1240mm　1/32
印张：8.5　字数：190,000　插页：2
2025年3月第1版　2025年3月第1次印刷
定价：89.00元
ISBN：978-7-5452-2021-6/F·5

图书在版编目(CIP)数据

阿拉伯人的大航海：从古代到中世纪早期/(英)
乔治·胡拉尼著；孙博译. -- 上海：光启书局, 2024.
ISBN 978-7-5452-2021-6
Ⅰ. F551.9-49
中国国家版本馆CIP数据核字第20243HN375号

本书如有印装错误，请致电本社更换 021-53202430

Arab Seafaring in the Indian Ocean in Ancient and Medieval Times
by George F. Hourani

Copyright © 1951 by Princeton University Press; copyright © renewed 1979 by Princeton University Press; new introduction and notes by John Carswell
copyright © 1995 by Princeton University Press
All Rights Reserved.
No part of this book may be reproduced or transmitted in any form or by any means, electronic or mechanical, including photocopying, recording or by any information storage and retrieval system, without permission in writing from the Publisher.

Simplified Chinese translation Copyright © 2025 Luminaire Books
A division of Shanghai Century Publishing Co., Ltd.
ALL RIGHTS RESERVED